L'ARCHITECTURE

AU

SIÈCLE DE PISISTRATE

L'ARCHITECTURE

AU

SIÈCLE DE PISISTRATE

PAR

E. BEULÉ

PROFESSEUR D'ARCHÉOLOGIE A LA BIBLIOTHÈQUE IMPÉRIALE.

PARIS
TYPOGRAPHIE DE Mme Vve LACOUR
18, RUE SOUFFLOT
1860
1859

L'ARCHITECTURE

AU

SIÈCLE DE PISISTRATE

CHAPITRE I.

PRINCIPES GÉNÉRAUX.

LES ORIGINES ORIENTALES.

Il est impossible de marquer dans l'histoire l'époque où un art finit, l'époque où un autre art commence. Les liens qui unissent des peuples voisins et des civilisations contemporaines sont nombreux autant qu'invisibles : ils

---

L'histoire de l'*Architecture au Siècle de Pisistrate* a paru, par articles, dans les XVe et XVIe volumes de la *Revue générale de l'Architecture et des Travaux publics*.

échappent à l'analyse de l'historien, qui en trouve les indices plus aisément qu'il n'en démontre l'existence.

Les Grecs, par mépris pour les autres nations ou par amour pour leur propre gloire, ont nié, en général, leur parenté avec l'Orient : ils se sont attribué toutes les inventions, tous les progrès; ils ont voulu être le principe de toutes choses et l'aurore même de l'humanité. Qu'ils aient été ou non de bonne foi, la postérité ne les croit plus, aujourd'hui que l'archéologie a étendu ses découvertes au milieu des contrées qui semblaient ensevelies pour jamais dans l'oubli. Pour l'architecture, en particulier, nous apprenons, par la comparaison des monuments, que l'Égypte et l'Asie ont servi plus d'une fois de modèles aux artistes des temps primitifs. Les colonies et le commerce répandaient peu à peu dans les pays barbares l'expérience et les usages des pays plus avancés. On s'accorde, depuis les explorations nouvelles de la science, à trouver en Asie certains éléments qui ont constitué plus tard, sous l'influence du génie grec, l'ordre ionique; tandis que, en Égypte, on reconnaît des germes déjà développés et des applications déjà significatives de l'ordre dorique. Je ne parle point de l'ordre corinthien, né plus tard, à une époque de perfection et de raffinement, et que l'on pourrait encore rattacher aux principes de la décoration égyptienne, qui emprunte tant de détails à la nature végétale.

Les monuments de la haute Asie et de l'Assyrie, qui fut en contact avec les Lydiens et les races de l'Asie-Mineure, sont encore trop peu connus (je parle des détails de l'architecture), pour qu'on puisse établir des conclusions bien assurées. Les bas-reliefs, les ornements peints, l'ivoire sculpté, sont la principale source d'enseignements, mais une source non suffisante.

L'Égypte, au contraire, nous présente des édifices admirablement conservés et qui remontent, si l'on en croit les savants qui déchiffrent les hiéroglyphes, à l'antiquité la plus haute. Tels sont les tombeaux de Beni-Hassan et cette remarquable façade où l'on a depuis longtemps salué le protype du dorique grec.

Pour moi, j'avoue que les proportions de ce tombeau excitent mon étonnement. Ce ne sont point les propor-

Fig. 1.

tions égyptiennes, ou du moins ce sont les proportions du

siècle des Ptolémées. Je citerai encore un chapiteau d'Élé-

Fig. 2.

phantine, qui ne peut manquer de frapper tous ceux qui se souviennent des chapiteaux les plus archaïques de Corinthe, de Sélinonte et de Pæstum. Il n'est pas jusqu'aux imitations d'un jonc cinq fois roulé au-dessous du lobe, qui ne rappelle les filets du chapiteau grec.

Mais je ne m'arrêterai point à rechercher des comparaisons dont le résultat ne me semble point très-fécond. Il est curieux de surprendre quelques traits de transition, de redresser l'histoire par les monuments, et le témoignage des hommes par le témoignage de la pierre. Mais s'ensuivra-t-il que nous comprendrons mieux l'art grec et que nous en démêlerons mieux les principes? Je ne le pense pas. Les Grecs eux-mêmes auraient pu avouer hautement ce qu'ils avaient emprunté et ce qu'ils devaient aux civilisations leurs aînées; ils auraient pu établir la filiation des formes et des procédés, sans diminuer pour cela ou leur génie ou leur gloire : car si certains éléments d'architecture, si des combinaisons, des lignes, des germes d'ornementation leur viennent de l'Orient ou de l'Egypte, les principes nettement formulés, la science des proportions, la beauté et l'unité de l'ensemble, le choix admirable des détails, le sentiment de la perfection entrevue, poursuivie, atteinte, en un mot, tout ce qui constitue la création, l'originalité vraie, le génie, tout cela n'en appartient pas moins aux Grecs. Le grand art européen commence avec eux.

Si fantastiques que nous paraissent les monuments de l'Inde ou de la Chine, si vastes et si riches qu'aient pu être les palais de l'Assyrie, si grandioses que soient les temples et les tombeaux de l'Egypte, immuables comme la théocratie religieuse qui a comprimé le pays pendant des milliers d'années, nous sentons que ces merveilles nous étonnent plus qu'elles ne nous touchent. La vie et l'avenir de l'art ne sont point là : comme les civilisations dont elles sont l'œuvre, ces créations doivent demeurer une lettre morte et une grandeur stérile.

Ni la question de race, ni la question de climat, ni la raison politique ne peuvent expliquer par quel divin privilége les Grecs ont eu cet esprit de clarté, d'initiative, de progrès militant, de tradition féconde, qui les a rendus dignes de servir de modèle à toutes les sociétés qui se sont succédé en Europe depuis deux mille ans. Les grands peuples ne s'expliquent pas plus que les grands hommes. Il est certain, toutefois, que les Grecs, en empruntant aux Orientaux tout ce qu'ils ont pu, les ont effacés, et, s'ils leur ont pris plusieurs éléments notables de l'ordre dorique et de l'ordre ionique, ce sont eux qui ont constitué les ordres. En créant cette admirable et philosophique division des beautés que l'architecture sait produire, ils ont marqué à leur sceau le patrimoine commun de l'antiquité ; ils peuvent bien en revendiquer toute la gloire.

Une comparaison m'aidera à faire saisir ma pensée. La langue grecque ne s'est point formée seule : ses racines, ses lois génératrices sont celles du sanscrit. Dira-t-on cependant qu'Homère ou que Platon procèdent des Indiens et leur doivent leur grandeur ? Dira-t-on que le Dante doit ses beautés à la littérature de Rome, parce que la langue qu'il a employée était une corruption du latin ? Eh bien ! les éléments, les formes, que l'architecture grecque a empruntés à l'architecture orientale, ce sont ses mots, c'est l'expression de ses idées ; mais ses idées, sa puissance, son originalité, sont tout aussi incontestables que l'originalité de Platon ou d'Homère.

QUAND COMMENCE L'ART GREC.

Ce que je disais tout à l'heure des difficultés de marquer une limite précise dans les arts, où tout n'est que transition et transformation insensible, doit expliquer l'embarras où se trouvent ceux qui veulent dire avec quelque vraisemblance : Ici commence l'art grec.

Les anciens habitants de la Grèce se sont bâti des demeures, des murs, des forteresses, mais uniquement pour pourvoir aux nécessités de la vie ou à leur sûreté. Le sentiment du beau n'a rien à voir dans les constructions massives que les Pélasges ont élevées pendant leurs mystérieuses migrations, non-seulement dans la Grèce, mais dans l'Asie-Mineure et l'Italie.

L'art, au temps d'Homère, est tout différent, et, autant que les descriptions du poëte peignent les objets, on sent une civilisation orientale. Les mœurs et l'industrie se sont formées au contact de l'Asie; le commerce, la navigation, la piraterie, ont fait encore plus que la guerre de Troie pour ce progrès, et, lorsque l'art se dégage au vi^e siècle avant J.-C., nous le trouvons encore pénétré de traditions orientales. Les pyramides dont il reste des débris auprès d'Épidaure et d'Argos, les monuments de Mycènes, et surtout les débris de décoration qui ont été transportés de Mycènes au Musée britannique, les tombeaux et les vases les plus anciens que ces tombeaux contiennent, les témoignages involontaires qui échappent aux auteurs grecs, tout concourt à nous démontrer quel lien étroit unissait l'ancien art de la Grèce à l'art des Orientaux.

J'ai choisi le vi^e siècle pour début de cette histoire, parce qu'alors, en effet, l'art fait un pas décisif : non-seulement il prend son essor, mais son essor est indépendant. L'état de la société, les événements, le développement d'un peuple qui grandit, nous expliquent alors clairement les causes de ce progrès.

Après de longs déchirements, les peuples si divers qui se partageaient la Grèce avaient trouvé leurs limites, leur constitution, leur équilibre. Les anciens habitants du pays, dépossédés ou opprimés par les Doriens, avaient reconquis leur force par l'agriculture, le commerce, l'industrie. Ils voulaient leur part dans les affaires publiques ; aidés de chefs puissants qu'ils laissèrent usurper la tyrannie, ils obtinrent des concessions capitales des aristocraties conquérantes ou les renversèrent. Le vieux moule social fut brisé, et une jeune société, ardente, désireuse d'essayer sa puissance, d'étendre sa richesse, de jouir de l'une et de l'autre, parut simultanément dans la plupart des villes grecques. Alors les législateurs dictent leurs sages lois ; alors le droit des gens est reconnu et la sûreté des mers proclamée. Les jeux olympiques et les fêtes nationales établissent des relations amicales entre des peuples qui ne s'étaient vus que les armes à la main. La population croît à la faveur du bien-être ; des colonies s'élancent de toutes parts et vont répandre le nom et les idées grecques chez les Barbares de la Thrace, de l'Italie et de la Sicile. Est-il besoin de marquer avec plus d'insistance ce qu'un tel mouvement a de favorable au développement et à l'indépendance de l'art ?

En outre, ces tyrans, qui se mirent partout à la tête des vaincus émancipés, voulurent signaler leur règne éphémère par de belles choses. Soit par goût du luxe et des jouissances, soit pour imiter les rois asiatiques, soit pour occuper leurs sujets et les appauvrir, ils entreprirent de grands travaux qui durent former promptement les architectes. Cypsélus et Périandre à Corinthe, Orthagoras et Clisthène à Sicyone, Polycrate à Samos, Phalaris à Agrigente, Théagène à Mégare, Lygdamis à Naxos, Pittacus à Lesbos, Pisistrate et ses fils à Athènes, tous ces tyrans eurent le goût des arts, et, quelque motif secret qu'il faille chercher à ce goût, il n'en fut pas moins profitable au progrès du vi^e siècle. Ceux qui s'indignent de voir l'art fleurir à la cour des despotes doivent prendre patience en attendant le siècle de Périclès. Au siècle de Pisistrate, les arts grandissent sous une tutelle despotique : au siècle de Périclès, ils atteindront leur divine perfection au sein de la liberté.

J'ai donné au vie siècle, à cet âge des tâtonnements archaïques et des naïves traditions, le nom de *siècle de Pisistrate*, par une raison qu'il n'est point inutile de mentionner. D'abord, comme la forme générale des gouvernements grecs, à cette époque, était la monarchie usurpée, c'est-à-dire le pouvoir d'un seul, il convenait de choisir un type parmi ces petits tyrans. J'ai choisi Pisistrate, non parce qu'il valait beaucoup mieux que les autres (en général, les hommes politiques de cette époque sont à la fois éclairés, perfides et cruels comme les tyrans de l'Italie au Moyen-Age), mais parce qu'il était Athénien.

De tout temps Athènes fut, par sa position, un centre pour les peuples du monde ancien. La vie grecque était concentrée dans le sud de la Grèce et vers l'Orient : elle se retirait du Nord et de l'Occident, qui avaient été le siége de la vie héroïque et des royaumes chantés par Homère. Le golfe d'Athènes touchait à l'Argolide, au territoire de Corinthe, de Mégare, de Trœzène : il joignait Égine et Salamine et poussait ses flots jusqu'aux pointes de la Laconie. Par terre, Athènes confinait à la Béotie ; un détroit de quelques pas la séparait de l'Eubée : l'isthme de Corinthe le mettait en relations avec tout le Péloponèse. Pour la navigation également elle était un centre, qu'on vînt de l'isthme, qu'on fît le tour du Péloponèse, qu'on allât vers l'orient ou vers l'occident.

De plus, le génie plus humain et plus hospitalier des Athéniens leur avait fait accueillir dans le passé les races successivement dépossédées. Les Pélasges, les Héraclides, les Ioniens avaient tour à tour trouvé un asile dans cette pauvre Attique : aussi toutes les colonies ioniennes de l'Asie-Mineure regardaient-elles Athènes comme leur mère-patrie, et, quand le feu sacré venait à s'éteindre dans leurs temples, c'était à Athènes, au prytanée d'Athènes, qu'on l'envoyait rallumer : symbole prophétique que les arts devaient plus tard réaliser.

En même temps, les relations politiques et les luttes elles-mêmes mettaient Athènes en contact avec les Doriens, de sorte qu'elle en vint, dans les arts comme dans les lettres, à un singulier esprit de conciliation, en réunissant les principes et les tendances opposées des deux races. Ainsi, ses mœurs tenaient également de l'austérité des Doriens et de l'élégance des Ioniens. Sur la scène athénienne, on devait chanter un jour les chœurs de Sophocle et d'Aristophane dans la langue des Doriens. C'est à Athènes que l'ordre dorique a trouvé son expression la plus parfaite, l'ordre ionique, sa grâce la plus exquise. En un mot, Athènes possédait par excellence, et cela dès le VIe siècle, ce génie d'assimilation qui constitue un centre, une capitale. Elle s'annonçait déjà comme la capitale future des arts. C'est pour cette raison que j'ai préféré, parmi les tyrans, celui qui représente Athènes, et nommé ce siècle, le *siècle de Pisistrate*.

L'ORDRE DORIQUE. — SON PRINCIPE.

L'architecture a été la mère, l'institutrice des autres

branches de l'art. Dans la Grèce, où toutes les productions de l'esprit humain ont suivi le développement le plus naturel et le plus logique qui se puisse imaginer, l'architecture a grandi la première et présidé à la naissance et au progrès de la sculpture et de la peinture. Il y a même cette déduction merveilleuse : chacune des trois branches ne se produit qu'à son tour sur la scène antique et comme à son siècle. Au siècle de Pisistrate, l'architecture seule est déjà florissante et voisine de la perfection ; au siècle de Périclès, la sculpture vient lui disputer la palme et prendre place à côté d'elle ; ce n'est qu'au siècle d'Alexandre que la peinture, la dernière née, et qui a été longtemps sous la tutelle de l'architecture, jette enfin son plus vif éclat.

Si l'on pose cette question : A quels caractères reconnaît-on chez un peuple que l'architecture n'est plus une industrie, mais un art? tout le monde saura répondre que c'est lorsqu'elle crée, lorsque, au lieu d'entasser de la pierre, du bois, de la brique pour les besoins de la vie, elle produit des œuvres propres à satisfaire les besoins plus élevés de notre imagination et de notre goût. Mais si l'on demande ce que signifie le mot *créer*, peut-être sera-t-on plus embarrassé pour trouver une définition satisfaisante.

Je crois, en effet, que l'architecture est l'art créateur par excellence. Mais quel est le sens du mot *créateur?* La sculpture et la peinture créent, mais en copiant : l'homme et la nature leur fournissent de constants modèles, parmi lesquels elles ne font que choisir ; même les beautés idéales qu'elles créent, elles en trouvent dans la nature tous les éléments et réunissent ce qui est disséminé. Quels sont les modèles de l'architecture? que copie-t-elle?

L'homme n'invente rien, il combine. Les monstres les plus fantastiques ne sont qu'une combinaison d'animaux et de formes connues, que l'on divise et que l'on réunit à plaisir. Dieu lui-même, l'idée la plus puissante qui nous possède, l'idée innée par excellence, les plus grands peintres, Raphaël et Michel-Ange, n'ont pu lui donner une autre forme que celle de l'homme.

Aussi, dans le principe, l'homme a-t-il cherché les éléments de l'architecture dans la nature extérieure, organique ou inorganique, animée ou végétale. Les grottes ont fourni des modèles aux habitations, les collines (*tumuli*) aux tombeaux; les arbres et les monolithes ont donné l'idée du support isolé : tantôt on a fait porter l'édifice par des animaux, comme les Assyriens, tantôt par des hommes, comme les Égyptiens. Pour la décoration, les feuilles, les fleurs, les œufs dans leur coquille, les fruits dans leur enveloppe entr'ouverte, les perles, le lis marin, le lierre, la vigne, le palmier, l'acanthe, les flots de la mer, les offrandes suspendues autour des autels, les cornes de bélier, les bucrânes, les guirlandes, les boucliers, les tresses et les entrelas, les vases, tout a pu servir de motif. On vit bien, au siècle même de Périclès, un théâtre se bâtir sur le modèle de la tente du roi de Perse.

Cependant tout cela n'est rien encore : c'est un essai d'art, ce n'est pas de l'art; ce sont des matériaux de construction et des objets d'imitation. La plupart, cela est certain, n'ont point été inventés par les Grecs. Mais qu'ont fait les Grecs? Ils les ont transformés, dénaturés, transfigurés, de sorte qu'on n'y trouve plus qu'une lointaine assimilation; ils leur ont donné une forme abstraite, idéale, si bien que le point de départ échappe souvent et que le modèle original se perd complétement de vue. Ce qui constitue proprement l'art, c'est l'intervention de l'esprit humain qui agit, réagit, remanie les éléments que lui fournit l'expérience, change les contours, les simplifie, les rend méconnaissables, en fait quelque chose de neuf, d'original, avec des lignes plus pures, des arrangements conventionnels, adaptés à la décoration, avec un sentiment exquis des exigences géométriques de l'architecture.

Il est impossible d'assister, même par l'analyse de l'imagination, au progrès à la fois lent et méthodique de ce travail d'assimilation et de transformation. Les architectes eux-mêmes l'oublièrent promptement, dès que les éléments eurent été choisis et les types arrêtés. Ils travaillaient sur ces types, et chaque perfectionnement, en les rapprochant de l'idéal, les éloignait de la nature. Bientôt l'architecture en vient à se servir à elle-même de modèle, à se copier elle-même ; c'est pourquoi, dans les temps modernes, on voit l'érudition tuer le génie, et les artistes, au lieu de chercher des motifs nouveaux d'imitation, copier servilement les siècles passés.

Les auteurs anciens qui ont écrit sur l'architecture avaient sans doute présent à l'esprit cet ordre d'idées, lorsqu'ils se sont plu à comparer les deux ordres essentiels de l'architecture à plates-bandes, l'ordre dorique et l'ordre ionique, aux deux sexes qui sont la grande division de l'humanité. Nous verrons plus tard comment il faut comprendre cette théorie et jusqu'à quel point on peut l'admettre.

Que le dorique soit ou non l'ordre mâle et l'ionique l'ordre femelle, nous ne considérons en ce moment que l'ordre dorique et nous rechercherons quel a pu être son principe. Des systèmes divers ont été soutenus : l'un veut que le rocher taillé et les piliers naturels ou façonnés, qui soutiennent les grottes ou les habitations creusées dans le roc, aient servi de modèle au temple grec ; l'autre rapporte aux conditions et aux améliorations successives de la construction en bois les principes doriques. J'avoue que j'adopte sans hésiter ce dernier système ; le premier ne me semble guère justifié que par les temples druidiques et par les tombeaux de Beni-Hassan, qui remontent, si l'on en croit les inscriptions, à une époque reculée, depuis laquelle l'art égyptien, en cela semblable à l'art chinois, n'a fait que dégénérer.

Partout où il y a des arbres, les hommes ont dû commencer par bâtir en bois. Le bois est d'une exploitation autrement prompte et facile que la pierre. Dans toute l'étendue des pays où les races helléniques ont poussé leurs migrations, depuis l'Asie-Mineure, par-dessus la Thrace et la Macédoine, jusqu'au fond de la péninsule grecque, les forêts n'ont pas manqué Nous voyons même les Étrusques, ce rameau de la race grecque, bâtir encore en bois, au temps d'Auguste, l'entablement et le faîte de leurs temples. Les Hellènes eux-mêmes maintiennent le plus souvent le bois dans les parties hautes de leurs édifices : les incendies souvent mentionnés et la tradition conservée par les basiliques chrétiennes nous l'attestent ; seulement ils couvraient le bois d'un revêtement de terres cuites peintes aussi souvent qu'ils le peignaient. L'ouvrage de M. le duc de Luynes sur le temple de Métaponte ouvre des idées toutes nouvelles sur ce sujet.

Nous accusons les Grecs d'exercer à plaisir leur subtilité et de substituer des explications ingénieuses à la vérité. Le principe du bois servant de type à l'architecture en pierre a paru fournir des déductions si aisées et si bien enchaînées, qu'on n'y a parfois voulu voir qu'un jeu de leur imagination. Il semble cependant que cette logique devrait inspirer l'idée contraire et recommander singulièrement une théorie que nous trouvons, en outre, justifiée par l'histoire.

J'ouvre les auteurs, ceux-là même qui ne se sont point occupés des principes de l'architecture ou de l'art, et qui n'ont pu altérer les faits au profit de leur doctrine, et je suis frappé de voir construits en bois les plus anciens temples de la Grèce, ou ceux dont les débris étaient pieusement conservés par la religion.

Je ne dis rien du temple primitif de Junon Argienne, qu'on attribuait à Dorus, créateur fabuleux de l'ordre dorique. On reconnaît le procédé ordinaire des Grecs, qui, pour expliquer une origine ou une invention, supposent aussitôt un personnage dont le nom n'a de réel que son étymologie.

Mais lorsque Pausanias (V. 20) nous apprend qu'il a vu à Olympie, auprès du temple de Jupiter, une colonne en bois, débris de la maison d'Œnomaüs, ancien roi du pays, pourquoi ne pas admettre le témoignage de Pausanias? La colonne remontait-elle jusqu'à Œnomaüs? Le fait importe peu : ce qui est intéressant, c'est que l'on conservait soigneusement, au second siècle de l'ère chrétienne, une colonne en bois, débris d'un antique édifice, vermoulue, tombant en morceaux, maintenue par des ligaments en fer et entourée par quatre colonnes plus modernes qu'on avait élevées pour soutenir le portique.

Peu de pays avaient autant qu'Olympie, cette terre sacrée pour toute la Grèce, le respect du passé. On y conservait avec soin les monuments les plus propres à prouver l'antiquité des cérémonies et des fêtes. Aussi, lorsqu'un architecte, que les Éléens ne purent nommer à Pausanias (**V.** 16), rebâtit le temple de Junon, en pierre cette fois et d'ordre dorique, il dut épargner une des colonnes du temple primitif et l'employer à soutenir le posticum, partie couverte, où le bois, mieux protégé, ne craignait point le soleil ou la pluie. Cette colonne était en chêne, d'une grandeur médiocre, puisque le temple tout entier n'avait que 63 pieds grecs (20 mètr. 16 c.) de longueur.

De même, les habitants de Métaponte, colonie grecque dans le sud de l'Italie, montraient un temple de Junon dont les colonnes n'étaient autre chose que des ceps de vigne, d'une grosseur considérable, séculaires sans doute et tels que l'Italie en produit encore aujourd'hui (Pline, H. N. XIV, 2.). Il est curieux de trouver ainsi le germe des colonnes tordues en spirale, que les Byzantins ont employées si volontiers. Je crois cependant que le modèle de ces colonnes torses fut le triple serpent enlacé que les Grecs avaient consacré à Delphes, et qui formait une véritable colonne sur laquelle était placé le trépied d'or. Transportée à Constantinople, dans l'hippodrome où elle existe encore en partie, cette colonne dut inspirer les artistes des temps postérieurs. Ils oublièrent les serpents, motif primitit d'imitation, et ne gardèrent que le principe et les lignes : voilà encore un exemple du travail d'assimilation et d'abstraction dont je parlais tout à l'heure.

Près de Mantinée, se trouvait un temple de Neptune, construit tout entier en bois et formé de troncs de chêne entrelacés. On l'attribuait à des architectes qui appartiennent à la fable, Agamède et Trophonius. Mais le temple n'en existait pas moins, et Pausanias, qui n'avait aucun souci des théories sur l'architecture, nous raconte simplement qu'il l'a vu (**VIII**, 20). Les troncs de chêne étaient entrelacés à la façon des châlets suisses : rapprochement assez singulier, car Mantinée est une ville d'Arcadie, et l'Arcadie n'est point sans ressembler à la Suisse. Ses montagnes accumulées, ses ravins profonds, ses riantes vallées, son climat dur, ses pâtres aux mœurs simples et au chant harmonieux, ses bons soldats qui vendaient leur sang aux étrangers, son respect de l'hospitalité, sa fidélité au serment devant la cascade du Styx, son amour pour la liberté, bien des traits communs la font comparer involontairement à la Suisse.

Ce temple de Mantinée, d'une antiquité si respectable, fut sauvé de la destruction par l'empereur Adrien, qui s'était épris d'un goût très-vif pour l'archaïsme et les monuments primitifs. Il faut songer que certains monuments de la Grèce avaient déjà huit ou neuf siècles d'existence au temps d'Adrien. Il fit bâtir un temple plus grand, qui entourait le temple en bois, qui le contenait dans son enceinte ; de même qu'à *Santa Maria degli Angeli*, auprès de Pérouse, la maison de la Vierge est enfermée dans une vaste église.

Ainsi, les plus vieux temples que la Grèce eût conservés étaient en bois. L'histoire confirme par là le système d'interprétation que les auteurs, Vitruve le premier, appliquent à l'ordre dorique. Dans l'origine, en effet, la statue informe du dieu était placée dans le creux d'un arbre, dans quelque tronc d'un chêne séculaire qui servait de temple. Ainsi la statue de Jupiter à Dodone (Scol. de Sophocle, *Trachin. V.* 1169); ainsi la statue de Diane à Orchomène; cette dernière était placée sur un cèdre et s'appelait pour cette raison *Cédréatis* (Paus. VIII, 13). Une médaille de Myra en Lycie (*Revue numismatique*, 1849, p. 418, et de Witte, *Catalogue Greppo, Pl. III*, f. 1063) confirme cet usage. On voit une statue placée au sommet d'un arbre. Deux hommes, deux impies, portent la cognée sur

Fig. 3.

cet arbre sacré, et deux serpents s'élancent du tronc pour les punir. Le chêne druidique chez nos ancêtres les Gaulois, le frêne chez les Scandinaves, ont été plus d'une fois rapprochés des arbres qui servaient de temples aux premiers Grecs.

Il n'est pas impossible, dès lors, que la religion elle-même ne poussât les architectes dans cette voie d'assimilation et ne leur apprît à prendre le travail du bois comme but d'imitation. Si les âmes pieuses étaient accoutumées à regarder les forêts vastes et silencieuses comme le temple de la Divinité, l'art sentait tout ce que les troncs droits et élancés des arbres, à travers lesquels la vue pénètre et se perd, avaient de pittoresque, de grand, d'architectural, et l'on entoura les temples d'un péristyle qui n'est qu'une forêt de colonnes.

Tout en acceptant les influences orientales qui allèrent toujours s'effaçant à mesure que l'art grec se développait, il faut chercher dans le génie hellénique, si indépendant, si créateur, si amoureux de la clarté, de la logique et de la tradition régulièrement constituée, les principes de l'architecture dorienne. Je ne nierai point que les constructeurs phéniciens ne fussent habiles à employer le bois et qu'ils n'aient pu, à leur tour, donner des leçons aux Grecs. Mais une fois la leçon reçue, le travail d'assimilation, la déduction des principes, l'unité, le perfectionnement des formes, tout se produira par l'effort spontané de l'esprit grec.

Le tronc d'arbre devient le type de la colonne ; mais bientôt le type sera transformé de telle sorte, qu'il ne gardera plus de commun que les conditions de solidité. Avant cette époque, toutefois, les premiers constructeurs remarquèrent que les arbres diminuaient de grosseur à mesure qu'ils s'éloignaient du sol ; les colonnes diminuèrent aussi en s'élevant, et, sur les plus beaux temples doriques, cette diminution devait rester, en perdant seulement ce qu'elle avait d'abord d'exagéré.

En équarrissant les troncs d'arbres, la hache avait produit des pans, une série de surfaces planes sur une surface circulaire. Ces pans furent coupés régulièrement, puis évidés, et servirent de modèle aux cannelures.

Les supports en bois qui portaient la toiture s'enfonçaient dans le sol : les colonnes posèrent sur le dallage, sans base, paraissant s'enfoncer dans le sol également.

Afin que les parties hautes eussent une assiette plus large et plus solide, en portant sur le sommet des piliers en bois, on avait dû élargir ce sommet, glisser une tablette carrée qui étendait la surface de soutien. Ce fut l'origine du chapiteau et du tailloir, qui satisfont aux conditions de solidité au moins autant qu'au besoin de décoration. Les poutres des architraves avaient des portées franches de support en support : il ne pouvait en être autrement pour la pierre; mais, au-dessus des architraves, paraissaient les têtes des poutres qui formaient la charpente intérieure. Ces têtes de poutres devinrent le motif des triglyphes, et, pour que l'assimilation fût plus sensible, les gouttes des triglyphes rappelèrent les boulons en fer qui fixaient les têtes des poutres et les empêchaient de jouer.

Entre les triglyphes, un espace restait vide. Les récits des auteurs anciens nous le font bien sentir. Ainsi, dans *Iphigénie en Tauride*, Pylade engage Oreste à se glisser entre les triglyphes du temple de Diane, afin d'enlever la statue de la déesse. Oreste, à son tour, raconte dans une autre tragédie (*Oreste*, v. 1366), qu'il s'est échappé en passant par les ouvertures des triglyphes. Agavé (*Bacchantes*, v. 1216) appelle son fils Penthée pour clouer entre les triglyphes une tête qu'elle croit être celle d'un lion, et qui est celle de son malheureux fils. Ces récits montrent comment étaient disposées les frises de beaucoup de petits temples, même au siècle d'Euripide. L'idée vint promptement, sur les temples périptères, de masquer cette ouverture ; ce fut l'origine des métopes. Les métopes sont de véritables planches, des panneaux glissés à coulisse entre les triglyphes. On y peignit des ornements : le jour où on les fit en marbre, on y sculpta des bas-reliefs ; mais toujours le marbre resta une simple plaque, un panneau glissé à coulisses.

Parlerai-je du fronton, qui est la figure, la représentation manifeste du toit et de ses deux pentes? La construction de la couverture ne rappelle-t-elle pas les dispositions d'un édifice en bois? Les chevrons, les clous eux-mêmes, sont marqués d'une façon conventionnelle sur la pierre et demeurent comme nécessaires à ce système général d'architecture figurée, si claire, si bien déduite, si faite pour nous présenter les images les plus nettes de la solidité, de l'assemblage et de la durée.

Je connais peu de monuments plus propres que les tombeaux de la Lycie à nous faire reconnaître, d'une manière sensible et comme palpable, comment l'application du principe de la construction en bois explique toutes les dispositions de l'ordre dorique.

Des traditions recueillies par Hérodote et par Strabon nous montrent, en Lycie, une colonie crétoise, conduite par un frère de Minos, et une colonie athénienne conduite par Lycus, qui donna son nom au pays. De plus, voisins de la Carie et des îles où s'était établie une vaste migration dorienne, les Lyciens avaient beaucoup emprunté aux Doriens. Hérodote dit que leurs mœurs et leurs costumes étaient un mélange des mœurs et des costumes de la Crète et de la Carie, pays doriens, s'il en fut. L'influence athénienne ne se fit sentir que très-tard, au moment où les Athéniens étaient maîtres de la mer. Alors peut-être fut propagée, par intérêt politique, la fable de Lycus

Il n'est point besoin de longs commentaires pour démontrer comment les tombeaux lyciens ont pour principe de construction l'assemblage du bois, quoiqu'ils soient taillés dans les rochers de Patara, de Xanthus, de Cadyanda, de Myra, d'Antiphellus. Un simple dessin aura beaucoup plus d'éloquence que toutes les démonstrations.

Je donne un premier type, des plus communs, qui représente, comme soutiens essentiels de l'édifice, des solives, de fortes poutres quadrangulaires en bois. Ces poutres, tantôt sont verticales, afin de soutenir la couverture (ce sont alors les poteaux), tantôt horizontales, afin de maintenir les poteaux et de servir aux parois (ce sont les traverses). Les traverses horizontales s'engagent les unes dans les autres, à leur extrémité, par un système de mortaises; on voit la tête des poutres paraître sur la façade et sur les côtés. Sur les parois sont figurés des panneaux, panneaux en bois, en planches, que la pierre copie exactement, sans moulures, sans autre appareil qu'une série de plans qui se coupent à angle droit, travail de menuiserie par excellence. Parfois, ce qui est plus rare, les traverses sont unies entre elles par des chevrons, et l'on a poussé la délicatesse d'imitation jusqu'à reproduire sur le rocher ces chevrons eux-mêmes. La poutre qui sert de base forme un bec; on dirait une anse destinée à enlever cette cabane, cette *arche*,

Fig. 4.

car l'on ne peut s'empêcher de songer à l'Arménie et aux traditions bibliques.

Au-dessus du monument ainsi disposé, il faut une toiture ; non-seulement la toiture est figurée, mais le plafond intérieur de l'édifice est accusé de la manière la plus claire. Le plafond est formé, non point de poutres, mais de troncs d'arbres, de rondins juxta-posés et qui s'avancent en saillie en dehors de l'édifice, de façon à protéger les murs et à former une véritable corniche. On aperçoit la suite non interrompue de ces rondins, qui sont censés traverser tout l'intérieur et vont paraître sur l'autre façade; au-dessus de cette corniche, on aura tantôt un toit plat, avec une pente insensible pour l'écoulement des eaux, tantôt un toit à double pente, qui se figure alors sur la façade par un fronton; tantôt, et c'est là une des particularités des tombeaux lyciens, tantôt un toit bombé comme un couvercle, et qui affecte une forme ogivale.

On ne peut que s'étonner de trouver, au milieu de poutres rectangulaires, des troncs d'arbres avec leur forme naturelle, c'est-à-dire ronds. Aussi, sur d'autres monuments, ces rondins sont-ils mis en harmonie avec la construction générale. On les voit équarris à leur tour, et ils deviennent des poutres, plus petites, dont les extrémités forment les denticules, avec un léger espacement.

C'est là, en effet, le point de départ des denticules, et il est assez remarquable qu'on ait continué d'attacher aux corniches à denticules une idée funéraire, peut-être parce qu'on était accoutumé à les voir partout sur les tombeaux de l'Asie-Mineure. Ce ne fut que plus tard que l'ordre corinthien les adopta pour les édifices de tous genres. Même dans un des temples d'Athènes, dans l'Érechthéion, au-dessus des belles caryatides qui forment la petite tribune annexée au temple, on remarque une corniche à denticules, et c'est une des raisons les plus décisives pour placer dans cette tribune le tombeau de Cécrops et la regarder comme un monument funéraire.

Je viens de dire qu'un certain nombre de tombeaux lyciens avaient un toit, une sorte de couvercle de forme ogivale; voici un dessin qui représente ce second type. Les

Fig. 5

deux arcs de l'ogive sont très-nets et ne prêtent pas à la

moindre équivoque; du reste, les exemples en sont pour cela trop fréquents.

Ce couvercle ogival se continue sur toute la longueur du monument avec sa pente convexe, formée par des ais, des traverses, qui viennent se présenter sous la pente du fronton et se terminer par de véritables mutules.

On pourrait comparer ce curieux type à un coffre de bois retenu par des liernes, par des poutres transversales; mais je préfère l'assimilation à une carène, à une quille de vaisseau renversée, parce que, au sommet du toit ogival règne une crète, sur toute la longueur, qui imite l'arête saillante d'une quille de vaisseau, et cette crête, en se terminant sur la façade, est couronnée, en guise d'acrotères, par des cornes et des oreilles de taureau. Or, Hérodote, dans le dénombrement des troupes de Xerxès, cite un peuple de l'Asie-Mineure, dont le nom est malheureusement effacé dans le manuscrit. « Les guerriers, » dit-il, « avaient « des casques en airain, et le sommet de ces casques était « surmonté d'oreilles et de cornes de bœuf également en « airain. » Peut-être le nom du peuple qu'il faut restituer est-il le nom des Lyciens, car l'historien grec ajoute que ces mêmes guerriers portaient à la main deux épieux fabriqués en Lycie (VII, 76).

Par conséquent, le casque, emblème du guerrier valeureux, aurait-il été représenté au sommet des tombeaux, de même que le turban est sculpté et peint au sommet des stèles qui sont plantées sur les sépultures des Turcs? Faut-il supposer encore qu'une partie du bucrâne, du squelette de la tête de bœuf, aurait été suspendue après les sacrifices comme offrande funéraire? Du reste, je dois m'en rapporter à l'unique spécimen publié par M. Fellows dans son ouvrage sur la Lycie. S'il est vrai que, conduit par le texte d'Hérodote, il ait interprété l'acrotère quelque peu effacé qui surmontait ce tombeau, et qui rappelle les acrotères des tombeaux phrygiens avec un croissant et trois globules dans l'intérieur du croissant, l'interprétation est bien ingénieuse. De même que le tombeau des Lyciens était l'image de leur demeure, de même un brave guerrier avait pour symbole, comme couronnement de son tombeau, l'ornement qui surmontait son casque dans des batailles. Ainsi l'architecture emprunte ses éléments de décoration à la vie réelle, à des objets qu'elle copie d'abord et qu'elle présentera ensuite d'une façon plus abstraite, plus idéale.

Cette réflexion nous ramène naturellement aux principes de l'architecture dorique, qui me semblent avoir présidé à la conception des tombeaux lyciens. Je n'ignore point que M. Fellows, qui a beaucoup étudié la Lycie, et qui même y a découvert, par des fouilles justement célèbres, des monuments d'une importance capitale, je n'ignore pas que M. Fellows attribue les tombeaux lyciens à l'influence du génie ionien et à l'art ionique. Mais je ne puis que combattre cette opinion. Qu'y a-t-il d'ionique, en effet? Des ornements, si l'on veut les denticules, et encore les denticules sont en réalité de véritables triglyphes, ce sont les poutres, les rondins équarris à leurs extrémités, qui, après avoir formé le plafond intérieur, viennent se présenter au-dessus de l'architrave et former à la fois les frises et les corniches, de même que les triglyphes sont les têtes des poutres qui forment le plafond du temple et traversent le temple dans toute son étendue.

Mais cette idée d'imiter la construction en bois, de donner au rocher ou à la pierre l'aspect d'une cabane ou d'une carène, d'accuser toute la charpente intérieure et extérieure, de rendre avec clarté, avec une simplicité logique et naïve tous les membres de l'architecture, tout ce qui est sa force, sa constitution, son corps, voilà assurément le principe dorien. Car il faut bien remarquer qu'il n'y a point de vains ornements, qu'il n'y a que de la construction. Des poutres, des traverses, des rondins, des mortaises, des panneaux, des ligatures, des clous dans les panneaux, voilà tout ce qu'on observe; les ornements viendront à des époques plus raffinées; mais sur les tombeaux que je crois les plus anciens, il n'y a point d'ornements, il n'y a que les membres, les parties essentielles de l'architecture, les éléments constitutifs de la construction en bois, rendus sur la pierre de manière à faire illusion. Le principe de l'ionique, au contraire, nous le verrons plus tard, est d'effacer les saillies de la charpente, de dissimuler les os, la musculature, les attaches, d'empêcher les parties intérieures de se figurer au dehors. L'ionique efface les souvenirs du bois, type primitif, pour répandre sur les monuments des lignes douces et continues, des ornements qui ne sont que de fantaisie et n'ont rien de logique, rien de solidaire avec l'architecture elle-même. Plus de triglyphes, ni de métopes, ni de mutules; les architraves sont divisées en plusieurs plans, les tailloirs des chapiteaux amincis. On ne cherche que des formes plus arrondies et plus élastiques. Je ne crains point de l'affirmer hautement, les tombeaux lyciens doivent être rattachés à l'ordre dorique; alors même que les Lyciens auraient ignoré l'ordre dorique, leur architecture n'en procède pas moins du même principe.

Mais l'histoire ne s'oppose point à de telles conclusions. Non-seulement les colonies qui se fixèrent en Lycie étaient doriennes, puisqu'elles venaient de Crète, île occupée en partie par les Doriens; mais la Carie, siége de l'émigration dorienne en Asie, était le pays limitrophe de la Lycie, et Hérodote nous dit expressément que les mœurs et les costumes des Lyciens étaient un mélange des mœurs et des costumes de la Carie et de la Crète. Rien de plus naturel, par conséquent, que l'introduction de l'art dorien.

Seulement, il ne faut point prendre ce mot d'art dans un sens trop étendu ni trop complet. C'est moins l'art lui-même qui a présidé au travail de ces tombeaux qu'un principe, le principe de l'art dorique, c'est-à-dire l'imitation du bois. Les monuments, en effet, n'ont que peu d'importance; ils ne prêtent guère aux proportions, qui sont l'essence et l'âme de l'architecture. Plus tard, on ajoutera des scupltures sur le soubassement, dans les panneaux, sur le couvercle bombé, où l'on voit quelquefois Bellérophon dans un char à quatre chevaux, tuant la Chimère; au temps des Romains, on ajoutera même, en guise de gargouilles, des lions qui s'avancent aux quatre angles des couvercles engagés à mi-corps, tendant les pattes en avant, et l'on inventera des motifs, des ajustements tout à fait contraires au style lycien. Mais les tombeaux de l'époque primitive, et je les crois très-anciens, bien que rien n'en marque la date, n'ont pour eux qu'une grande simplicité, une application logique et naïve de la réalité.

Je le répète, comme exécution, c'est à peine de l'art: l'imitation est trop directe, trop servile, il n'y a point assez d'abstraction, de création, d'originalité; mais, comme principes, il faut reconnaître les principes de l'art dorique.

Je suis même tenté d'aller plus loin, et je me demande si cette copie de la maison, de la cabane, de la hutte, n'est point précieuse pour l'histoire : si les antiques tribus de la grande famille indo-européenne qui passèrent d'Asie en Thrace et dans les îles, de Thrace en Grèce, qui revinrent sur leurs pas, se poussant, se repoussant tour à tour, comme les flots d'une mer agitée; je me demande si ces antiques tribus, qui dépossédèrent peu à peu les Pélasges, n'avaient point des cabanes en bois à peu près pareilles aux cabanes de la Lycie. Les Pélasges étaient des constructeurs en pierre par excellence ; leurs œuvres se retrouvent encore

Fig. 6.

partout où ils ont demeuré ; elles se retrouvent innombrables et sont éternelles par leur solidité. Les tribus helléniques, au contraire, longtemps nomades, errantes, qui s'avançaient vers l'Occident par des marches et des migrations successives, construisaient en bois des demeures faciles à porter ou faciles à refaire. Le bois fut le principe de leur architecture. Au siècle de Périclès, les Athéniens avaient, dans la campagne, des demeures construites en bois, et au commencement de la guerre du Péloponèse, ils apportèrent dans la ville les poutres et les planches dont leurs cabanes étaient formées. Les monuments lyciens nous offriraient une image singulièrement réduite, mais fidèle, de ces anciennes demeures des tribus helléniques. Si l'on me

Fig. 7.

dit que c'est impossible, que de telles constructions seraient impraticables, inhabitables, je montrerai les demeures que se construisent encore aujourd'hui les habitants du pays. Les villages habités par les Grecs ont conservé surtout le toit à double pente, tandis que les villages turcs présentent plutôt des terrasses.

J'ai donné, aux pages précédentes, les deux spécimens différents, qu'il est inutile de commenter; assurément, la vue des tombeaux au milieu desquels ils vivaient a dû soutenir la tradition parmi les habitants modernes de la Lycie. Ils avaient là des modèles qu'ils copient encore après tant de siècles; mais on ne peut dire que des cabanes semblables aux tombeaux lyciens fussent inhabitables, puisqu'il en existe, puisqu'on en fait de nos jours.

CHAPITRE II.

HISTOIRE DE L'ORDRE DORIQUE PAR LES PROPORTIONS.

Ce qui constitue la supériorité de l'architecture grecque, ce ne sont point ses plans, simples, subordonnés directement aux besoins de l'homme ; ce ne sont point ses détails, peu nombreux, peu variés, se reproduisant par tradition et uniquement destinés à faire valoir les moulures et les formes générales du monument ; son essence, son génie propre, ce sont les *proportions*. Vous lui déroberez ses plans, ses colonnes, ses frises, ses corniches, ses plafonds, ses détails : vous ne lui déroberez point ses proportions.

Il n'est point à craindre que personne confonde le mot *proportion* et le mot *dimension*, c'est-à-dire la grandeur absolue et la grandeur relative, la grandeur idéale et la grandeur matérielle. L'excellence de l'architecture grecque, du temple grec, qui est le type le plus parfait de l'art et sa formule suprême, consiste dans les proportions. Les artistes anciens ont poussé à un degré inimitable ce sentiment des rapports entre les divers membres de l'architecture, de l'harmonie de toutes les parties d'un édifice entre elles, harmonie qui seule constitue l'unité.

Cette idée des proportions et de l'unité, où l'homme la puise-t-il ? Où en trouve-t-il le modèle, si ce n'est en lui-même? Après avoir emprunté les éléments d'imitation à la nature, organique ou inorganique, il assemble ces éléments, il construit, en prenant la création pour exemple. Les proportions sont empruntées à l'homme, qui se fait la mesure de toutes choses et rapporte tout à lui. Le monument deviendra un être, qui n'est qu'un, avec des membres tous nécessaires, avec une relation, bien plus avec une solidarité entre ces divers membres. Le temple est un être qui vit, capable également de se développer ou de se réduire : qu'il soit grand, qu'il soit petit, toutes ses parties, jusqu'aux éléments les plus délicats de la décoration, grandissent ou diminuent également.

Vitruve disait qu'un temple devait avoir les proportions et les rapports de l'homme bien fait. Aussi les architectes mesuraient-ils leurs temples comme les sculpteurs mesuraient leurs statues : le module était pour eux ce que la tête était pour l'école de Polyclète et de Lysippe, si curieuse des proportions. Les anciens allaient plus loin encore, lorsqu'ils introduisaient dans l'architecture la distinction des sexes, le principe masculin et le principe féminin. Le dorique, simple, puissant, d'une austère nudité, leur semblait l'opposé de l'ionique, élégant, frêle, efféminé, avec ses bases ornées comme une chaussure de femme, ses colonnes élancées, ses cannelures imitant les plis d'une robe, son gorgerin semblable à un collier, son chapiteau où l'on retrouvait les boucles d'une chevelure et les perles qui se mêlaient à la coiffure. Vitruve allait jusqu'à trouver dans l'ordre corinthien, plus délicat encore, une image de la jeune vierge.

Que les critiques grecs des temps plus récents aient exagéré cette assimilation et l'aient poussée à son dernier raffinement, c'est ce dont je ne doute point. Mais l'idée première de cette assimilation, ils ne l'ont point inventée :

elle est naturelle, elle appartient à l'homme. Nous voyons de même, dans la formation des langues, un sexe attribué à toutes choses : les objets inanimés, les abstractions elles-mêmes sont mâles ou femelles, tant il est vrai que l'homme rapporte tout à lui.

Le temple était donc un être soumis aux lois qui régissent la nature humaine. En retrouvant une de ses parties seulement, on peut deviner quelle était la dimension, le style, la proportion de ses autres parties, de même qu'un sculpteur, étant donné un fragment de statue, dit la proportion de cette statue, de même qu'un naturaliste, étant donné un ossement fossile, reconstruit un monstre antédiluvien. En peut-on dire autant des monuments indiens, égyptiens, assyriens, gothiques? Non, certes, et c'est par là que se manifeste le côté créateur du génie grec. Cicéron disait que si l'on bâtissait un temple dans l'Olympe, où il ne pleut pas, il faudrait que ce temple fût également couronné d'un toit et d'un fronton, tant il lui paraissait impossible de mutiler cet être admirablement construit qu'on appelait un temple : en séparer une seule partie, c'était le déshonorer, c'était le détruire.

L'architecture grecque est-elle arrivée d'un seul coup, par l'effort d'un seul homme, à une telle unité? Personne ne le croira, et Dorus, cet inventeur supposé de l'ordre dorique, ne sera jamais, à nos yeux, qu'un mythe. Mais il est remarquable que, sur les plus anciens temples, on trouve déjà tous les principes clairement accusés et les proportions établies. Ces proportions sont loin d'être irréprochables ; elles s'amélioreront avec le progrès de l'art: elles existent toutefois, et, si les formules ne sont point arrêtées, la conception de l'ensemble est nette et l'unité complète. Comment cette unité, au lieu de demeurer le privilége de quelques talents et de disparaître avec eux, s'est-elle transmise, développée jusqu'à une idéale perfection? Il suffit de prononcer un seul mot pour que tout soit expliqué, un mot qui résume l'esprit grec, qui nous livre le secret de sa puissance et de sa clarté incomparable; ce mot, c'est la *tradition*.

Dans l'architecture surtout, la tradition suivie, fidèle, patiente, est nécessaire; les Grecs l'ont admirablement comprise. Les principes et les procédés se transmettent comme un héritage sacré. L'art s'avance pas à pas, sans écarts, sans révoltes, sans un fatal souci de l'originalité, par le développement le plus simple, le plus logique, que jamais l'humanité ait présenté. Faire comme le maître, le copier, refaire son œuvre, était le premier sentiment des artistes; ils s'emparaient ainsi de tout le patrimoine du passé et profitaient de l'expérience des générations qui les avaient précédés. Après avoir fait comme le maître, on s'efforçait, non pas de faire *autrement*, ce qui est une cause d'anarchie dans l'art moderne, mais de faire *mieux*, et, en suivant la voie tracée, d'aller un peu plus loin. Un architecte inventait-il une forme plus heureuse, une proportion plus belle, tous aussitôt l'imitaient, et la tradition avançait. C'est pourquoi tous les monuments du même temps, en Grèce, ont un air de famille si frappant : à quelques détails près, on les dirait tous du même architecte, tant l'artiste était peu préoccupé de sa personnalité et s'associait au mouvement général. Tous les temples, à mesure qu'on passe d'âge en âge, dénotent les mêmes progrès et montrent les mêmes proportions.

Il faut dire que les Grecs avaient de l'art l'intelligence la plus juste; ils savaient que les œuvres de l'homme ne durent que par la forme, et que la pensée la plus belle n'est rien, si l'expression qui la traduit n'est pas plus belle encore. Ils acceptaient donc un motif simple, un plan naïf qui se répétait sans cesse, parce que les mêmes besoins étaient toujours répétés ; mais ils appliquaient toute leur science, toute leur industrie, à l'exécution, attachant une importance capitale aux détails techniques. C'est par l'exécution que le Parthénon est un chef-d'œuvre ; car son plan est le plan de tous les temples grecs, et on y chercherait en vain quelque idée nouvelle que n'aient point eue les architectes des autres pays.

De même que les grands siècles littéraires ont pour le style un culte qui est leur plus forte inspiration, de même les architectes anciens ont assuré à l'art une perfection qui ne sera jamais dépassée par le respect de la matière et le soin infini de l'exécution. Un artiste de Naxos a-t-il inventé les couvre-joints, c'est-à-dire l'art de protéger les joints de la toiture par des tuiles en marbre de Paros, on lui élève une statue, et toute la Grèce emploie son procédé. En toutes choses, la passion de la forme et la recherche des procédés qui permettent de l'obtenir aussi parfaite que possible, est le fond du génie grec. Les raisins de Zeuxis et le rideau de Parrhasius, ces fables charmantes qui nous font sourire d'ordinaire, ont à mes yeux une portée plus haute : je n'y crois point, mais elles me montrent jusqu'où les artistes souhaitaient de pousser le fini d'exécution.

L'esprit moderne est en opposition directe avec l'esprit antique. Les anciens faisaient passer la forme avant tout : nous faisons passer avant tout la pensée. Il s'ensuit que les idées ayant besoin d'être toujours neuves, nous renions précipitamment nos maîtres ; au contraire, la forme ayant besoin d'être toujours plus belle, les Grecs s'attachaient à apprendre tous les secrets de leurs instituteurs, pour ne les dépasser qu'après les avoir copiés. De là, chez eux, la grandeur de la tradition, que je comparerais à un large fleuve qui coule à travers les pays les plus divers, sans changer la couleur ni le goût de ses eaux, mais qui en augmente le volume et la beauté.

Grâce à la fermeté de la tradition dans l'architecture grecque, nous pouvons aujourd'hui reconstruire son histoire, malgré le silence des auteurs, malgré la nuit profonde qui environne la plupart des monuments encore debout. L'ordre dorique, en particulier, qui est le type constitutif et dont les autres ordres ne sont qu'une transformation, l'ordre dorique se raconte lui-même avec une suite qui n'étonnera personne. Pesant d'abord, court de proportions, décoré sobrement et peint de tons austères, il passe, par une progression lente, à sa perfection juste, à une grandeur pleine de fermeté, à une richesse pleine de mesure, à des couleurs éclatantes à la fois et harmonieuses ; puis, franchissant cette limite, il atteint des proportions plus élancées, recherche la délicatesse, change sa force en élégance et s'achemine vers la décadence. Non-seulement le dorique du siècle de Pisistrate se distingue du dorique du siècle de Périclès et du siècle d'Alexandre, mais dans chaque époque il y a des nuances et comme une transition continue : c'est par là que s'établit l'enchaînement historique, si rares que soient les ruines que nous a léguées l'antiquité.

L'échelle des proportions nous fournit donc une méthode vraiment scientifique, qui supplée au témoignage des hommes par le témoignage de la pierre. L'étude des monuments est réglée par la succession des nuances qui les distinguent : ils se classent eux-mêmes, et ce n'est point la critique qui crée un ordre factice. Quand un texte ou une inscription ne nous donne point une date précise, il est évident que les ruines ne nous la peuvent apprendre, mais elles nous apprennent leur époque à quelques années près. Supposez réuni un certain nombre d'hommes d'âge différent, depuis la première adolescence jusqu'à la vieillesse, vous ne devinerez point avec exactitude le nombre de leurs années; mais, d'après leur développement, leur caractère extérieur, leur état de croissance ou de défaillance, de faiblesse ou de force, vous les classerez par rang d'âge et vous ne vous tromperez que sur des distances très-rapprochées. Ainsi pour les temples grecs, sans pouvoir déterminer leur date, on les classe par ordre chronologique selon leurs proportions, leurs détails, leur physionomie. Nous avons des points de repère, des monuments dont l'époque est connue, par exemple le vieux Parthénon, détruit par les Perses, le Parthénon d'Ictinus, le temple de Thésée, bâti sous Cimon, le temple de Jupiter Olympien à Agrigente, arrêté par le siége des Carthaginois. Non-seulement nous pouvons apprécier quelles modifications l'art a subies entre ces diverses limites, mais nous sommes autorisés à reporter avant les guerres médiques les temples dont les proportions plus puissantes ne sont point exemptes d'une certaine pesanteur et à placer après le gouvernement de Périclès les temples plus élancés et plus grêles que le Parthénon ou les Propylées.

Nous n'essaierons donc point de fixer des dates à tous les monuments que nous étudierons, mais seulement de les classer, en laissant flotter quelquefois leur époque, comme on laisse flotter les grandes époques de l'histoire d'Égypte, où les dynasties et les règnes s'enchaînent, sans qu'on puisse encore les fixer sur le grand cadre de la chronologie humaine.

Par exemple, si l'on considère la hauteur des colonnes par rapport à leur diamètre, le diamètre de la base étant pris pour module, on reconnaît que les colonnes des plus anciens temples n'ont que quatre fois leur diamètre en hauteur; puis elles ont quatre diamètres 1/2, cinq diamètres, cinq diamètres 1/2, six diamètres : on aurait une progression continue, si tous les monuments de la Grèce

Fig. 8.

subsistaient ou étaient restés debout, progression qui serait réglée par la succession des années.

Les entablements nous donnent le progrès inverse, c'est-à-dire qu'à mesure que les colonnes sont d'une proportion plus élancée, les entablements diminuent afin d'être moins pesants et d'un rapport harmonieux.

Les formes sont une autre indication qui vient toujours confirmer le témoignage des proportions. Prenez la partie caractéristique et la plus notable parmi les formes des temples doriques, le chapiteau, vous reconnaîtrez comment, avec les années, le galbe du chapiteau se transforme, aplati d'abord, refouillé sous lui-même, puis se redressant peu à peu, à mesure que le sommet de la colonne est moins étranglé, finissant par offrir une ligne d'une fermeté admirable, en même temps que le contour a je ne sais quelle volupté plastique, présentant un des jets les plus simples et les plus sublimes du sentiment architectural. Les chapiteaux de Corinthe, de Pæstum, d'Egine, du Parthénon, si on les rapproche l'un de l'autre, marquent bien les jalons principaux de cette série de perfectionnements et de nuances.

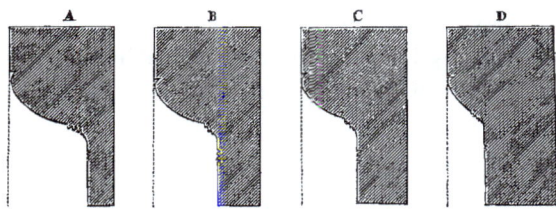

Fig. 9.

Ce qui prouve combien les architectes grecs attachaient d'importance aux proportions, c'est qu'ils ont écrit sur leur art; bien plus, ils ont commenté leurs propres monuments. Ainsi, Théodore de Samos avait décrit le grand temple de Junon qu'il avait bâti; Chersiphron et Métagène, leur temple de Diane d'Ephèse; Polyclète, aussi habile architecte que grand sculpteur, qui construisit le théâtre d'Epidaure tant admiré des anciens, Polyclète avait composé un traité sur les *symétries*, c'est-à-dire sur les *proportions*, où l'architecture devait tenir autant de place que la sculpture. Ictinus avait fait un ouvrage sur le Parthénon, et je n'ai pas besoin de dire quelle perte irréparable est la perte de ce précieux manuscrit.

Qu'on ne s'étonne pas de voir les architectes des anciennes époques écrire sur leur art : ils avaient la forte éducation, le sens réfléchi, les aptitudes variées, la fécondité inépuisable qui sont le privilége des créateurs et qui se remarquent également pendant la Renaissance italienne. Rhœcus et Théodore de Samos étaient en même temps architectes et sculpteurs; Mandroclès de Milet, Bupalus de Chio étaient peintres dès qu'ils cessaient de bâtir; Gitiadas, à Sparte, n'était pas seulement architecte et sculpteur, il était poëte, et après avoir élevé un temple à Minerve, fondu sa statue, il célébrait la déesse par ses vers. L'architecture avait le pas, dans les premiers temps, sur les autres branches de l'art qu'elle inspirait et qu'elle dirigeait. Je crois qu'à toutes les époques cette direction n'aurait rien que de salutaire, mais à condition que les architectes fussent universels, comme ils l'étaient aux belles époques de l'art.

Vitruve, décrivant les qualités d'un bon architecte, voulait qu'il possédât la théorie aussi bien que la pratique, qu'il fût dessinateur, géomètre, qu'il eût étudié la perspective, la philosophie, cette science du raisonnement, la musique, qui laisse je ne sais quelle soif secrète d'harmonie; il voulait qu'il eût une teinture de médecine, afin de pourvoir à la salubrité des villes et des habitations dont il choisissait l'emplacement; d'astronomie, pour bien connaître les conditions atmosphériques; de jurisprudence, pour les questions de propriété, de voisinage, de servitudes. Après tant d'exigences, on comprend le mot de Platon, qui dit que rien n'était plus rare en Grèce qu'un bon architecte. Aussi, dès les anciens temps, les bons architectes voyaient-ils leur gloire se répandre de toutes parts : on les appelait de bien loin : on les accueillait avec des honneurs et des récompenses tels que les Grecs seuls ont su en prodiguer aux artistes de talent. Eupalinus était appelé de Mégare à Samos, pour construire le magnifique canal qui était réputé une des merveilles du monde; Spintharus de Corinthe était mandé par les Amphictyons de Delphes pour reconstruire le temple d'Apollon; Chersiphron de Gnosse bâtissait le temple colossal des Éphésiens; Théodore de Samos était mandé à Sparte et y tenait école; les architectes qui avaient élevé les temples de Pæstum (Posidonia) étaient appelés par les Phocéens pour fonder la ville de Vélia.

Les monuments du siècle de Pisistrate méritent donc une étude sérieuse, et j'espère montrer qu'alors l'architecture atteignit une grandeur qui ne laisse rien à inventer au siècle de Périclès, mais qui n'atteignit pas cette beauté suprême, cette fleur de perfection, ce sentiment divin qui sont le sceau des chefs-d'œuvre. Du moins les monuments du vi[e] siècle arrivèrent-ils jusqu'à cette limite : c'est dire quelle place considérable doit leur être réservée dans l'histoire de l'art.

Je prévois une objection qui serait assez grave si je la laissais sans réponse. On me demandera peut-être si l'échelle des proportions et le progrès des formes ne sont point une chimère et une indication trompeuse. L'art et la tradition se développèrent-ils également dans toutes les parties de la Grèce? Les colonies lointaines de la Sicile et de la Grande-Grèce n'étaient-elles point en arrière du mouvement général? Le goût provincial n'altérait-il point le caractère de l'art, tout en l'empruntant à la métropole? N'y avait-il pas, comme aujourd'hui, des centres privilégiés, des capitales où se concentrait le génie? Les architectes des villes de moindre importance égalaient-ils les architectes des villes de premier ordre?

J'ai peur que, dans les temps pour lesquels l'histoire est si avare de renseignements, nous ne nous figurions le monde grec plus isolé, plus inactif, plus stérile qu'il ne l'était. L'histoire nous parle de guerres, de grands événements; mais dit-elle les relations de chaque peuple, les voyages, les échanges, le commerce constant de marchandises et d'idées? Elle nous montre les flottes qui traversent quatre ou cinq fois par siècle la Méditerranée, ce lac du monde ancien, et portent de grandes expéditions; mais nous montre-t-elle ces innombrables barques que montent d'audacieux navigateurs, des marchands intéressés, et qui sont comme les liens innombrables et invisibles qui relient tous les points de la Grèce et répandent la civilisation et les arts? Aujourd'hui même, l'histoire nous dira-t-elle les cinq mille bâtiments de commerce de cette pauvre petite Grèce, si peu apparente auprès des grandes Puissances, qui n'a pas de marine de guerre, qui n'a pas une seule frégate, mais qui compte trente-deux mille marins dans le commerce, tandis que la France, cette puissance maritime si formidable auprès de la Grèce, en compte à peine le double? L'histoire raconte les événements, les guerres et le plus souvent les malheurs des peuples; elle ne dit point leur vie de chaque jour.

Il ne faut donc pas jeter çà et là, sur quelques villes et sur quelques colonies de la Grèce, un regard de complaisance et laisser dans l'ombre, en dehors du mouvement et du progrès, tous les autres peuples. Souvent même les colonies devancèrent dans les arts leurs métropoles, parce que, dès le premier jour, elles furent commerçantes, bientôt riches et éclairées, puis amollies par le bien-être. Il est vrai qu'elles furent éphémères, comme ces arbres transplantés qui n'ont que de faibles racines et que l'orage renverse sans effort. La mer n'isolait point les villes grecques, elle les unissait: c'était leur grande route, et la tradition, également répandue, ne laissait point les tendances locales altérer le goût.

Les poëtes naissent partout, à Céos comme à Sparte, à Lesbos comme à Athènes, en Sicile comme en Asie. Nous demandons-nous, quand il s'agit de poésie, quand les œuvres sont là, qui ne permettent ni les vaines suppositions ni l'erreur, nous demandons-nous quelle a été l'influence de la localité, du goût provincial? Non; mais tout en remarquant certains centres privilégiés, nous sentons alors la vraie et saine unité du génie grec, qui a pu, en revêtant des formes diverses, en parlant des dialectes différents, en cédant à des tendances opposées, se développer partout, de sorte que la vie intellectuelle était répandue, partagée, commune, autant que les intérêts et les peuples étaient divisés. C'est un des plus singuliers caractères de l'histoire grecque : l'hostilité des villes n'était point un obstacle aux échanges des écoles, à la rivalité amicale des artistes, rivalité qui provoquait et stimulait si vivement le progrès.

Nous remarquons en Europe, aujourd'hui que les communications sont presque instantanées, combien les peuples de race et de langue différentes, ennemis pendant des siècles, ont cependant les uns avec les autres une facile communauté d'idées. Les systèmes philosophiques et littéraires, les styles de peinture et de sculpture, la renaissance ou la décadence de l'art se propagent avec autant de promptitude que d'ensemble. La Méditerranée était pour la race grecque ce que sont pour nous les chemins de fer. Déjà il en était de même au XVIe siècle. Il n'est pas plus étonnant de voir Zeuxis, né en Italie, vivre à Athènes, travailler pour Agrigente, que de voir Raphaël d'Urbin à Florence et à Rome, le Bernin à Paris, le Guide à Naples, le Primatice à Fontainebleau. Au XVIe siècle, Rome demandait de grands et d'illustres architectes — à qui? — aux petites villes du nord de l'Italie, et je ne crois pas que Bramante apportât dans la capitale de Léon X des routines arriérées et un goût provincial.

Nous verrons donc, dès le siècle de Pisistrate, les belles

eaux de la Méditerranée sillonnées par d'innombrables vaisseeux. Cinquante lieues de terre ferme établissaient peut-être, entre deux Etats ou deux provinces, des relations rares et peu importantes ; mais toutes ces villes grecques si bien situées, toutes ces colonies assises au bord de la mer, si riches, si enivrées de leur rapide puissance, elles ne voulaient point rester en arrière de leurs métropoles : les ruines sont demeurées pour nous attester leur splendeur. Syracuse ne parait-elle pas aujourd'hui autrement grande, autrement ornée que Corinthe, qui l'avait fondée? Pæstum fut bâtie par les Trœzéniens, accueillis d'abord à Sybaris, puis chassés. Que reste-t-il de Trœzène? tandis que tout le monde sait combien de monuments imposants a conservés Pæstum. Quel sujet d'étonnement fut pour la science moderne la découverte de fabriques de vases magnifiques dans les petites villes isolées et, pour ainsi dire, perdues de l'Italie, soit à Nola, soit à Vulci; vases innombrables, couverts de compositions et de dessins du style grec le plus pur, qui ne le cèdent en rien à ceux de Corinthe ni d'Athènes, qu'ils ont d'abord copiés! Je ne sais si les fabriques athéniennes ont produit des vases plus parfaits que la fabrique d'Agrigente. Chercherons-nous là les travers et les lenteurs du dégoût provincial? Les sculptures de la Lycie, pays perdu, barbare, où l'on ne parlait même pas la langue grecque, mais où pénétrait le commerce grec, ne sont-elles pas dignes de l'école attique et ne respirent-elles pas les plus belles traditions de l'art? Enfin, car je pourrais multiplier les exemples, n'oublions pas qu'une colonie égarée sur les côtes d'Afrique, Cyrène, nous a fourni (était-ce une importation? je le veux bien, c'est une preuve de plus), nous a fourni une partie des charmantes statuettes, des figures en terre cuite, qui remplissent une des salles de notre Louvre.

Aussi pouvons-nous, sans crainte, poursuivre nos études de pays en pays, classer par ordre de chronologie, d'âge et de beauté, les monuments dispersés sur la surface des terres classiques, démêler et renouer, autant qu'il est possible, la chaîne des traditions. La Grèce, qu'elle soit en Italie ou en Asie, en Sicile ou en Afrique, dans les îles ou au fond de la mer Noire, la Grèce est toujours la Grèce; c'est un corps aux cent bras, comme ce Titan dont parle la fable, mais dans ce corps tout entier circule le même sang : je ne veux pas dire que tous les Grecs ont été animés d'un égal génie (le génie est le privilége de si peu de peuples comme de si peu d'individus !) mais au moins ils ont été animés du même goût.

CHAPITRE III.

CORINTHE ET MÉGARE.

Il y a un grand charme à visiter des lieux célèbres, l'histoire à la main et à étudier les édifices qui ont survécu au temps. Leurs ruines sont encore aujourd'hui le plus bel héritage de la Grèce, la parure d'un pays qui n'a point besoin de parure, mais où les monuments de l'art complètent les beautés de la nature, au point qu'ils semblent leur donner la poésie et la vie.

Le temple qui doit nous occuper le premier est le temple de Corinthe : d'abord parce que c'est le temple dont les proportions et le style accusent l'antiquité la plus reculée; ensuite parceque Corinthe est la ville où l'architecture s'est développée avec le plus de rapidité. Je ne parle pas de l'ordre corinthien, qui ne se produisit que plus tard, mais de l'ordre dorique, qui, de bonne heure, fut en honneur chez les Doriens de Corinthe et reçut chez eux de notables accroissements. C'est là que les frontons furent, pour la première fois, décorés de terres cuites, ainsi que les bords du toit et les sommets du temple. On dit que de toutes les branches de l'art, l'architecture, avec ses dispendieuses constructions, est celle qui donne la plus juste mesure de la prospérité d'un peuple. Or, aucun peuple dans toute la

Grèce, et cela bien avant le siècle où nous enfermons nos études, aucun peuple n'atteignit un aussi haut degré de prospérité que les Corinthiens. Déjà Homère donne à Corinthe le titre d'opulente (*Iliade*, II, v. 570), qui lui restera attaché durant toute son histoire et qui la désignera à la feinte colère, c'est-à-dire à la cupidité des Romains. La conquête des Doriens interrompit à peine un développement que les nouveaux maîtres avaient intérêt à favoriser, puisqu'ils en profitaient. Aristocratie avide, ils établissaient sur le commerce des droits qui faisaient affluer l'or dans leur palais. Pleins de mépris pour le reste des citoyens, ils ne s'alliaient qu'entre eux ; c'était Venise moins le Livre d'or. Ils étaient deux cents, et avaient établi une sorte de royauté annuelle : de sorte que chacun possédait le pouvoir à son tour et le possédait tout entier.

Mais pendant ce temps, la race éolienne, la race conquise, grandissait et sentait sa force. La richesse, le bien-être éveillent promptement le désir de liberté, ou, du moins, le désir d'un pouvoir plus modéré. Le peuple préféra un seul maître à deux cents tyrans : ce maître fut Cypsélus.

Cypsélus ne s'appliqua, dès le premier jour, qu'à réformer les mœurs, qu'à appauvrir son peuple : il s'attaqua à la richesse, comme à une source de précoce corruption. Cette politique fut continuée par Périandre, son fils, Périandre, le rival de Solon, un des sept sages de la Grèce. Sa pensée constante fut d'arrêter le luxe et la corruption. En même temps qu'il dirigeait les esprits vers un but plus élevé que le commerce, vers les combats, vers la gloire, il construisait de nombreux vaisseaux, s'illustrait par ses victoires et saisissait tous les prétextes de guerre.

A l'intérieur, au contraire, il poursuivait l'oisiveté et la mollesse, défendait d'acheter un trop grand nombre d'esclaves (les Corinthiens en eurent plus tard jusqu'à quatre cent soixante mille); il forçait les propriétaires à quitter la ville, à demeurer dans leurs terres, à présider à leur culture; il instituait un tribunal de vieillards chargés de veiller à ce que personne ne dépensât plus que son revenu — il paraît qu'en cela, comme en bien des choses, les anciens nous avaient devancés.

Mais quelle que soit la puissance d'un souverain, quelque populaires que soient ses lois les plus sévères, il ne force point la civilisation, la richesse, la corruption même à rebrousser chemin; il ne renverse point la destinée d'un peuple; c'est à peine s'il en suspend quelques années le cours. La destinée de Corinthe, c'était d'être grande par le commerce, c'était d'être riche. Or, le secret de cette destinée, c'est la position de Corinthe.

Placée sur un isthme qui unissait les deux moitiés de la Grèce, Corinthe était le lien de ces deux contrées, la clef du commerce; les Grecs eux-mêmes l'appelaient *les Entraves de la Grèce*. Dans le principe, les échanges entre le Péloponèse et le Nord se faisaient par terre. Les droits qu'on payait en traversant l'isthme, un système des douanes auquel il fallait bien se soumettre, voilà la source des premiers revenus de Corinthe. On se dirigeait vers l'isthme, comme le font aujourd'hui les bateaux à vapeur du Lloyd autrichien et l'on transportait, ou bien la charge des bâtiments, ou bien les bâtiments eux-mêmes, par un système de machines, d'une mer à l'autre. Corinthe devint ainsi l'entrepôt des marchandises de l'Asie et de l'Italie; l'isthme fut un pont jeté entre l'Adriatique et l'Archipel, entre la mer de Sicile et la mer d'Ionie.

Dans de telles conditions, une ville ne pouvait refuser sa destinée; elle ne pouvait repousser la fortune qui se présentait d'elle-même. Corinthe fut commerçante, riche avec les excès qu'entraine à sa suite la richesse. Le luxe, les plaisirs, la mollesse, les vices brillants qui perdirent les grandes cités commerçantes de l'antiquité, et Tyr et Sybaris, on les trouve à Corinthe; on les trouve dans une ville éminemment grecque, dans une métropole, dans une ville dorienne, c'est-à-dire qui sera toujours maintenue par un sage gouvernement, par les principes conservateurs de la race dorienne et par d'habiles politiques dont le commerce avait été l'école. Le propre du génie grec, c'est de garder la mesure, même (ce que je vais dire n'est point un paradoxe) même dans ses excès. La mollesse des Corinthiens ne les empêchera point de soutenir de longues guerres. Ils n'aiment point les camps — ils paieront des mercenaires. Ils craignent de manier la rame et de conquérir ces mains calleuses que les Athéniens montraient avec orgueil et qu'Aristophane louait si fort — ils empliront leurs galères de rameurs recrutés dans les pays voisins. Grâce à ces faciles sacrifices, qui ne sont que des sacrifices d'argent, ils supporteront, avec plus de persévérance que Sparte elle-même, cette longue et désastreuse guerre du Péloponèse qui doit aboutir à la prise d'Athènes.

D'ailleurs, ces riches Corinthiens, ces parvenus, ils ressemblent aux nobles Vénitiens, aux nobles Génois, aux Médicis, des marchands sur le trône. Ils aiment le beau, ils encouragent les arts; au sein d'une oisiveté intelligente et épicurienne, ils dirigent un peuple d'artisans et d'artistes. Ce sont là des passions qui maintiennent les âmes, qui ne leur permettent pas de descendre plus bas qu'une corruption élégante, et qui les sauvent de la dégradation. Peuple aimable, en effet, plein de goût, hospitalier, aimé plutôt qu'envié par le reste de la Grèce, qu'attirait l'appât du gain, des belles choses, des plaisirs, et, s'il faut l'avouer, des voluptés. Il lui manqua, pour être grand, le malheur qui éprouve et fortifie, il lui manqua un amour plus vif de la gloire, de la gloire, ce mot si cher à toute âme grecque.

Le temple de Corinthe est situé au pied de l'Acropole, sur le penchant même de cette puissante citadelle, non loin de la fontaine Pirène. Il ne reste plus que sept co-

Fig. 10.

lonnes du péristyle; cinq ont conservé leur architrave, une autre n'a plus que son chapiteau.

Quand Spon et Wheler visitèrent la Grèce, en 1676, il y avait encore douze colonnes debout : une des colonnes appartenait même au posticum, ainsi que l'indiquait un léger degré sur lequel elle posait. Car les portiques du pronaos et du posticum sont exhaussés d'ordinaire d'un degré au-dessus du sol du péristyle. Au temps de Stuart, c'est-à-dire quatre-vingt-dix ans plus tard, ce temple était dans le même état.

En 1785, quand Mayer passa à Corinthe, la colonne du posticum avait disparu. En 1795, dix ans après, Hawkins trouva le temple dans l'état où il est aujourd'hui. Les Turcs avaient détruit les colonnes qui les gênaient et conservé seulement celles qui servaient à soutenir leurs maisons : car ils s'étaient bâti des demeures, en prenant pour appui le temple qui garde de tristes traces de ce voisinage.

Il est possible de restaurer le temple par la pensée, avec ses six colonnes sur la façade, treize sur les longs côtés. Sa largeur était de soixante pieds ; il surpassait donc en grandeur le temple d'Égine, celui de Phigalie et le Théséion d'Athènes. La frise est donnée par l'architrave sur laquelle les gouttes sont figurées, suivant l'usage. Ces gouttes indiquent la dimension et la disposition des triglyphes. On supposera naturellement des frontons, avec les terres cuites, œuvre de Dibutade, et les antéfixes qui décorent le toit. C'était une invention de l'artiste corinthien, si l'on en croit le témoignage des Corinthiens eux-mêmes. Puisqu'il y avait un posticum, il faut établir, comme pendant nécessaire, un pronaos, ce qui nous donne une cella et un opisthodome. L'orientation doit guider, pour déterminer quel est le portique du pronaos, quel est le portique du posticum. De même, pour décider quelles colonnes appartiennent à la façade ou à l'un des longs côtés, il convient de considérer non-seulement l'orientation, mais le joint de l'architrave sur la colonne d'angle. On sait que, pour les colonnes d'angle, les Grecs ne faisaient point tomber le joint des architraves sur l'angle des façades principales, mais bien sur l'angle des façades latérales. La raison en est bien simple, et déjà ce principe est appliqué au temple de Corinthe.

Ces ruines ont un aspect de force, de puissance et surtout de pesanteur qui surprend au premier coup d'œil. Les colonnes, en effet, n'ont pas même en hauteur quatre fois leur diamètre : leur diamètre, à la base, est de cinq pieds et demi : leur hauteur est de vingt pieds. Ce sont les proportions les plus courtes que je connaisse. Les fûts sont monolithes, ce qui atteste un art moins confiant en lui-même, qui n'osa point employer les tambours et composer sa colonne par sections.

La colonne d'angle est plus rapprochée que les autres : nous voyons donc déjà appliqué ce principe qui sera maintenu au beau siècle, mais atténué. La colonne d'angle sera toujours un peu plus forte que les autres, parce que, étant baignée d'air de toutes parts, elle paraîtrait plus petite par la perspective aérienne : peut-être aussi voulait-on donner aux supports une plus grande apparence de force dans les angles, où la poussée devait s'exercer. Mais ce n'était là qu'une délicatesse de déduction et de logique : Vitruve veut que la colonne d'angle soit plus grosse d'un cinquantième, ce qui n'ajoute rien à la solidité, mais suffit pour prévenir les jeux de perspective.

On observe encore des restes de stuc sur la pierre. Par conséquent, en choisissant des monolithes, on n'avait point songé à la décoration, mais cédé à la timidité. Qu'importaient les joints des tambours, puisqu'ils devaient disparaître sous le stuc?

Chaque colonne compte vingt cannelures : quelquefois le vieux dorique n'en a que seize.

Le chapiteau est écrasé, sa courbe rentre sous elle-même; sa saillie, au-dessus de la colonne, est exagérée parce que l'amincissement du sommet de la colonne est lui-même exagéré.

Vu d'en bas, le lobe du chapiteau avait trop d'importance et paraissait nu : c'est pourquoi on l'orna de filets. Plus tard, quand le col de la colonne se renfle, quand le galbe du chapiteau se redresse, ces filets descendront plus bas et viendront orner le gorgerin.

Les colonnes sont renflées d'une façon très-sensible; c'est l'*entasis*, qui demeurera comme un principe d'élasticité, de courbe harmonieuse, même sur les colonnes du Parthénon.

L'architrave est pesante. Il faut remarquer que les gouttes ne tiennent pas à l'architrave, mais qu'elles s'en

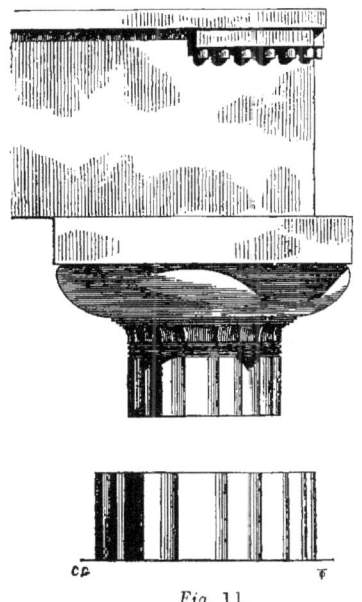

Fig. 11.

détachent, étant des morceaux travaillés séparément. Furent-elles ajoutées à une époque postérieure? Était-ce une économie de temps et de matière? Voilà ce que je ne puis dire. On remarque la même particularité sur le larmier du temple de Phigalie, où les gouttes étaient en marbre blanc.

Lorsqu'on arrive devant les ruines du temple, l'effet en est incertain et l'on est surtout frappé de sa pesanteur. Mais si l'on oublie un instant les admirables ruines d'Athènes, on ne peut s'empêcher de reconnaître un caractère de force, de solidité imposante, qui constitue une certaine grandeur. L'examen des détails empêche d'ailleurs de remonter à une époque trop reculée. Si l'on ne trouve pas le fini d'exécution, la précision exquise d'appareil des temps plus récents, il faut songer que le type, s'il est déjà complet, n'est pas parfait; il faut laisser quelque chose au progrès. Le stuc recouvrait d'ailleurs le grain inégal de la pierre et offrait sans doute plus de finesse. Les monuments de Sélinonte et d'Agrigente nous en fourniront la preuve. Le stuc fait nécessairement supposer l'application de couleurs qui ont disparu.

A quelle divinité ce temple était-il consacré? A Minerve Chalinitis ou à Junon Bunéenne? On peut hésiter entre ces deux attributions, que suggère la lecture de Pausanias. Quant à décider si le monument est du temps de Cypsélus ou des Bacchiades, c'est une question que je me garderai de trancher. Car, dans notre classification, vouloir préciser les dates serait une chimère : je dirai seulement que ce temple, par ses proportions et l'observation des lois de construction, paraît le plus ancien temple qui soit demeuré debout sur le sol de la Grèce.

Sa situation est magnifique; mais pour goûter tous les avantages, toutes les beautés de la position de Corinthe, il faut monter au sommet de l'Acropole, c'est-à-dire de la ville haute, car tel est le sens exact de ce mot. En effet, dans les temps où les invasions et les attaques des pirates étaient si fréquentes, les cités naissantes de la Grèce s'établissaient sur les hauteurs; c'étaient des refuges plutôt que des villes. L'Acrocorinthe est bien autre chose qu'une colline, c'est une montagne de 1,800 pieds de haut, qui semble formée d'un seul rocher, escarpée, taillée par la nature comme par une main puissante, et teinte de chaudes couleurs.

Au sommet de cette montagne, qu'on distingue même d'Athènes, s'élevait le temple de Vénus, au-dessous duquel jaillissait et jaillit encore la fontaine Pirène, célèbre parmi les poëtes par le volume et la fraîcheur de ses eaux, où le cheval Pégase se désaltérait quand Bellérophon le saisit. Aussi Euripide fait-il dire à Bellérophon, dans le prologue d'une de ses pièces, malheureusement perdue :

« Je viens de l'Acrocorinthe, montagne arrosée d'eau de « toutes parts, demeure sacrée de Vénus. »

Je me souviens d'être monté à l'Acrocorinthe par

Fig. 12.

une de ces matinées du mois de juin, déjà si chaudes en Grèce. Le soleil répandait sur les montagnes et sur les deux mers une lumière à la fois pénétrante et limpide, tellement transparente que la vue saisissait les détails les plus lointains, défiant les horizons eux-mêmes qui se dérobaient par leur courbe naturelle. A cette heure, l'air n'est agité par aucune brise; il est si pur, si subtil, que les bruits mourants de la plaine montent jusqu'à vous; on distingue la clochette des béliers et le chant plaintif des laboureurs. Aussi le regard domine-t-il sans peine les lieux les plus remarquables de la Grèce, les lieux qu'ont illustrés les noms les plus poétiques.

Au pied de la montagne, c'est l'isthme cher à Neptune, théâtre des fêtes et des jeux qui rassemblaient toute la Grèce. Il semble à peine séparer les deux mers dont les beaux flots viennent mourir sur ses rives opposées. C'est bien, selon l'expression de Pindare, un pont jeté sur l'abîme. D'un côté, s'étend le golfe de Corinthe, étroit, découpé par des promontoires sans nombre, resserré au point qu'on dirait un immense fleuve, si un fleuve pouvait égaler l'azur et le calme de ses eaux. Au nord, le Parnasse, l'Hélicon, qui dressent leurs sommets dont toutes les neiges ne sont point encore fondues; le Cithéron, où le pâtre corinthien recueillit Œdipe enfant. Au sud la riche plaine de Sicyone, que couronne le lointain Cyllène : plus au sud, le défilé de Némée, qui conduit à Mycènes, la ville d'Agamemnon; à l'orient, le golfe Saronique, le golfe d'Athènes; les roches Scironiennes, encore redoutées des voyageurs, l'île d'Égine, aimée des arts, Salamine, nom glorieux, Athènes, enfin, Athènes, assise à gauche de l'Hymette et derrière laquelle le mont Pentélique s'élève doucement, comme un fronton de temple. Plus loin encore, le cap Sunium, et son temple de marbre d'où Minerve étendait son bras protecteur sur les flottes athéniennes.

Il ne reste rien des anciens monuments de Mégare : une tour du moyen âge attire seule l'attention du voyageur. La ville moderne est aussi dans un état de ruine

Fig. 13.

et de misère qui attriste. Cependant je cite Mégare immédiatement après Corinthe, parce qu'elle n'a point été sans influence sur les progrès de l'architecture au vɪ^e siècle. D'abord, elle était voisine de Corinthe et appartenait aux Doriens; elle était l'extrême limite du monde dorien, car au delà, c'était Eleusis, l'Attique et le génie longtemps opposé des Ioniens. Mégare dut à cette position une grande importance, en même temps qu'elle dut à Corinthe un développement plus précoce de l'art. Elle fut de bonne heure ornée de monuments somptueux, et quand nous étudierons les ruines de Samos et de Sélinonte, notre pensée sera nécessairement ramenée vers Mégare : à Samos, parce que Polycrate appela le Mégarien Eupalinus pour bâtir cet aqueduc qui fut une des merveilles du monde;

à Sélinonte, parce que c'était une colonie mégarienne, et qu'il est permis de supposer que les architectes qui bâtirent ses nombreux temples furent appelés de la mère-patrie. Je cite donc d'avance Mégare, afin de ressaisir, autant que cela est possible, le fil de la tradition. Le voyageur Pausanias vit à Mégare un assez grand nombre de monuments, mais sans en marquer l'époque. Nous ne savons donc point quels étaient ceux qui remontaient jusqu'au siècle de Pisistrate. Il y avait, toutefois, un grand aqueduc soutenu par une multitude de colonnes; Théagène, tyran de Mégare, l'avait fait construire. De sorte qu'il faut sans doute chercher là le premier type des aqueducs et des belles fontaines qui s'élevèrent aussitôt à Samos et à Athènes.

CHAPITRE IV.

LE TEMPLE DE DELPHES.

Quoique nous ne devions reconstruire l'histoire des temples doriques qu'à l'aide de l'échelle des proportions, nous aurions mauvaise grâce à accuser toujours le silence de l'histoire ; car c'est elle qui va nous livrer en ce moment un des fils de la tradition, et qui nous permettra de suivre les architectes corinthiens en dehors de leur pays. Tout en quittant Corinthe, nous retrouverons son influence et le progrès qu'elle avait imprimé à l'art dans d'autres villes : à Delphes, qui appelle un architecte corinthien Spintharus, pour construire son temple célèbre d'Apollon; à Syracuse, colonie corinthienne, fondée au siècle de Cypsélus et dont les plus anciens monuments, il est naturel de le croire, furent bâtis par des architectes partis de Corinthe.

Dirigeons-nous d'abord vers Delphes, bien que le temple de Spintharus n'ait été construit que dans la seconde moitié du siècle de Pisistrate. Mais, comme ses ruines n'ont point encore été rendues à la science par des fouilles dont le succès serait cependant certain, comme nous ne pouvons en parler que d'après les récits des voyageurs grecs, il vaut mieux rappeler en quelques mots son histoire, et réserver toute notre attention pour les temples de Syracuse, qui existent et qui réclameront des études plus techniques et nécessairement plus arides.

Nous partons de Corinthe, nous nous embarquons au port Léchée, doublons le promontoire sur lequel s'élevait le temple de Junon Acræa, laissons à droite ce repli profond du golfe de Corinthe que les anciens appelaient la mer des Alcyons, longeons les côtes de la Béotie, et le mont Hélicon, cher aux Muses, où chantent encore aujourd'hui d'innombrables rossignols. Nous sommes à Cirrha qui n'est plus, depuis la guerre Sacrée, que le port de Delphes. Nous prenons terre, en nous dirigeant vers le Parnasse, afin de remonter la vallée du fleuve Pleistos, à l'ombre de magnifiques oliviers qu'il ne faut point comparer aux maigres oliviers de la Provence, mais plutôt aux oliviers de Tivoli. Ce sont de grands arbres au tronc séculaire, au pied desquels de constantes irrigations entretiennent une humidité féconde : leurs feuilles, dont le dessous est gris et comme argenté, se détachent légèrement sur le ciel si pâle, si transparent de la Grèce. Bientôt nous sommes à l'entrée d'un ravin immense du Parnasse : à gauche s'élèvent les deux sommets célébrés par les poëtes.

A l'endroit même où s'arrête la vaste fissure qui sépare ces deux sommets, sur le flanc escarpé de la montagne, on aperçoit un village placé sur une étroite terrasse, disposé en forme de théâtre, dominé par des rochers à pic, aux couleurs éclatantes et en même temps d'un aspect sévère. C'est là, à la place de ce village qui s'appelle Kastri, c'est là qu'était Delphes; et, afin que notre imagination ne craigne point de se former de ce site une idée trop grandiose, afin qu'elle se repose sur d'exactes proportions, il faut se rappeler que le Parnasse, couronné de neige pendant huit mois de l'année, est haut d'environ sept mille pieds.

Il serait hors de propos de retracer l'histoire de Delphes et le grand rôle qu'a joué dans la société antique l'oracle d'Apollon. Pouvoir spirituel sur lequel s'appuyaient les pouvoirs temporels et que l'on ne dédaignait pas impunément, guide des rois, des généraux, des fondateurs de colonies,

Fig. 11.

sanction des législateurs, de Solon comme de Lycurgue, conseil journalier des particuliers, arbitre de la guerre et de la paix, selon qu'il prédisait la victoire ou menaçait de la colère des dieux, mélange de politique généreuse et de vues intéressées, de haute sagesse et de puériles supercheries, l'oracle de Delphes fut, jusqu'à Périclès, le lien moral de la Grèce. Il perdit alors de son autorité, parce qu'il resta fidèle à Sparte et au principe dorien, et surtout parce que la philosophie et l'incrédulité avaient gagné les hommes d'État. Mais au siècle de Pisistrate, l'oracle jouissait de tout son crédit, et Delphes pouvait se dire avec quelque vraisemblance le *centre* (ὀμφαλός) de la terre, c'est-à-dire du monde grec. De toutes parts affluaient les offrandes, de toutes parts arrivaient les ambassadeurs, ceux de Crésus comme ceux de Tarquin, ceux de Rome républicaine, de l'Étrurie, de Marseille, de la Sardaigne, de l'Occident en un mot, comme ceux de la Macédoine, de l'Asie et des îles les plus reculées de l'Orient. Que de dons magnifiques! que de statues! que de monuments! Chaque peuple de la Grèce élevait un édifice nommé ***Trésor***, où il consacrait ses trophées : chaque vainqueur, chaque athlète apportait sa statue; on en compta plus tard jusqu'à trois mille. Et les autels, et les portiques, et les bas-reliefs votifs, et les inscriptions! Tout cela était accumulé sur un espace assez étroit, sur cette terrasse naturelle dont nous venons de parler, et qui était disposée en demi-cercle comme un théâtre.

Toutes ces richesses de l'art se pressaient, non pas avec symétrie, avec les vastes intervalles, les places, les avenues, les vides qu'aiment les modernes, et qui répugnent au goût antique : le Forum romain, l'Acropole d'Athènes en sont la preuve. Au contraire, tout était placé, groupé au hasard, avec une certaine irrégularité que l'art ne redoutait point, avec une apparence de désordre, plus pittoresque qu'une froide ordonnance, qui donnait à l'ensemble le mouvement, la variété, et qui n'excluait point l'harmonie. Car c'est là la différence profonde du goût ancien et du goût moderne : dans nos plans, dans nos élévations, dans nos dispositions, nous voulons la symétrie, les anciens cherchaient l'harmonie. La symétrie établit partout l'équilibre, la régularité; ce qui existe à gauche, elle le répète à droite; elle promène le cordeau et l'équerre et se fait exacte comme la géométrie;

en un mot, c'est une science. L'harmonie, au contraire, ne force ni les terrains ni les niveaux : elle accepte les obstacles, elle respecte toutes les convenances, elle en profite, elle aime les caprices du hasard, naît des oppositions et parfois des discordances : c'est un sentiment. Si l'on hésite à reconnaître combien, en matière d'art, le sentiment est supérieur à la science, que l'on compare nos ensembles de monuments les plus vantés aux ensembles de ruines — oui, même de ruines que nous offrent Rome et Athènes.

Cependant, de cette cité de Delphes, de cet immense sanctuaire qui appartient à l'art autant qu'à la religion, que reste-t-il? Beaucoup sous le sol, sous les débris accumulés, sous les terres entraînées par les pluies du sommet de la montagne; rien, ou peu s'en faut, à la surface du sol. Par malheur, le village de Kastri, bâti sur l'emplacement des monuments anciens, rend leur découverte difficile et dispendieuse. On peut les montrer du doigt assurément : ici est le temple de Minerve Pronæa, entouré d'un péribole dont tous les joints forment un segment de cercle : voici le Gymnase, la fontaine Castalie, douce à boire, le théâtre, la fontaine Cassiotis et l'enceinte du temple d'Apollon marquée par une petite église, d'où partent encore les processions portant des flambeaux et des torches pendant la nuit de la Résurrection. Mais tous ces précieux restes sont enfouis et attendent que des fouilles généreuses et intelligentes les fassent reparaître au jour.

Le temple d'Apollon fut rebâti cinq fois ; mais il convient de faire, dans sa légende, une large part à la fable. C'est la fable qui nous raconte que le temple primitif fut en bois de laurier, puis en cire : les abeilles le fabriquèrent en forme de ruche avec leur cire et leurs propres ailes. Plus tard il fut en bronze, comme le thalamos de Danaé et le temple de Minerve Chalciœcos à Sparte. Ensuite des architectes encore fabuleux,

Agamède et Trophonius, le bâtirent en pierre. Il fut de nouveau détruit, par le feu cette fois. On remarquera que les temples grecs brûlaient souvent, à cause des couvertures en charpente. Les basiliques modernes, qui reproduisent l'intérieur des temples grecs, brûlent de même; Saint-Paul hors les murs et Montréal en sont la preuve. Les églises grecques de Constantinople ne brûlaient pas moins souvent, avant qu'on eût commencé à les couvrir de coupoles en pierre, par l'ordre de Justinien.

Ce fut l'an 548, au milieu du siècle de Pisistrate, que le vieux temple de Delphes fut incendié. Aussitôt les Amphictyons firent des quêtes dans le monde entier pour le reconstruire; ils obtinrent des secours, même d'Amasis, roi d'Égypte: c'est ainsi (ce rapprochement est singulier) que Saint-Paul a été rebâti aux frais de la chrétienté et qu'un musulman, viceroi d'Égypte, a donné les magnifiques colonnes d'albâtre oriental qui ornent le maître-autel. Lorsqu'on eut réuni trois cents talents (1,680,000 francs de notre monnaie), les Alcméonides prirent à entreprise la construction du temple. Les Alcméonides étaient une des plus grandes familles d'Athènes. Exilés par Pisistrate, ils cherchaient à lui susciter partout des ennemis. Afin de se concilier la faveur des Amphictyons et de l'oracle de Delphes, ils bâtirent la façade principale du temple, non pas en pierre, selon les conditions du marché, mais en marbre de Paros. Ainsi Pisistrate servait les arts, même par les haines qu'il inspirait. L'emploi du marbre dans l'architecture est une nouveauté remarquable : les Athéniens en avaient donné déjà l'exemple; mais chez eux on peut croire qu'ils ne voyaient dans le marbre qu'une matière plus durable, plus propre à être taillée avec précision et finement travaillée. Pline dit cela quelque part (*Hist. nat.*, XXXVI, 5), et il y a des architectes modernes qui sont de son avis. Le marbre, disent-ils, était couvert d'un enduit ou d'une couleur qui en cachait la qualité brillante et le confondait avec la pierre. — Pourquoi donc alors les Alcméonides, par ostentation et pour gagner la faveur d'un peuple et d'une caste sacerdotale, auraient-ils fait la façade du temple de Delphes en marbre de Paros? Qu'auraient-ils gagné à cette fastueuse dépense, si le marbre avait été recouvert aussitôt de couleurs propres à le rendre méconnaissable? Je suis plus partisan que personne de la polychromie, c'est-à-dire de l'architecture peinte, surtout dans le siècle de l'archaïsme, j'espère le prouver bientôt; mais l'emploi du marbre complique singulièrement ce problème, et mérite toutes les réflexions des artistes et des savants.

L'architecte chargé de cette importante construction fut appelé de Corinthe : il se nommait Spintharus. Nous ne savons rien de plus que cet hommage rendu à l'école dorienne de Corinthe par un peuple voisin. Lorsque le temple d'Apollon aura été découvert, on pourra apprécier le style d'un monument que les auteurs n'ont point suffisamment décrit, mais qui n'en a pas moins un grand intérêt pour nous, c'est de nous montrer le fil de la tradition corinthienne.

Le temple de Spintharus, l'argent manquant, ne fut achevé que beaucoup plus tard (Eschine, *contre Ctésiphon*, § 116). Il fut orné par la suite de sculptures. Calamis, Praxias, Androsthène furent chargés de compléter par cette décoration magnifique l'œuvre inachevée : autant de promesses nouvelles pour le gouvernement qui voudra s'illustrer par des fouilles sur l'emplacement de Delphes.

Si l'on s'embarque au port de Delphes et qu'on sorte du golfe de Corinthe, pour se diriger vers le Sud, en longeant la côte du Péloponèse, on arrive bientôt à l'embouchure de l'Alphée. L'Alphée, après avoir traversé les gorges sauvages de l'Arcadie et la plaine riante d'Olympie, devient le plus beau fleuve du Péloponèse, et se jette promptement dans la mer. Mais la mer n'était point un tombeau où se perdaient son nom et ses eaux. Les flots, touchés de l'amour du fleuve pour la nymphe Aréthuse, le laissaient pousser son cours, sans y mêler leur amertume, jusqu'aux côtes de la Sicile, et s'unir à la fontaine qu'il aimait : fiction charmante qui transporte notre pensée sans effort d'un bord de la mer Ionienne à l'autre, et nous conduit naturellement vers Syracuse. C'est là, dans la petite île d'Ortygie, que la fontaine Aréthuse répand ses belles eaux, à quelques pas à peine du rivage; tandis que, non loin, dans le port même que l'île protége, on voit jaillir du fond de la mer un flot d'eau douce qui arrive, par la force de son jet, jusqu'à la surface. C'était l'Alphée pour les anciens, et par cette naïve croyance, les premiers colons se rattachaient au sol natal, à travers l'étendue des mers.

CHAPITRE V.

LES TEMPLES DE SYRACUSE.

Par un rapprochement remarquable, les plus anciens temples doriques qui soient restés debout sont ceux de Corinthe et de Syracuse. Syracuse était une colonie corinthienne, fondée au siècle de Cypsélus, alors que l'architecture, cet art qui est souvent la mesure de la prospérité publique, s'y développait avec éclat. De sorte que ces deux villes, unies déjà par tant de liens, se trouvent unies aussi dans l'histoire de l'art.

Sur la côte occidentale de la Sicile, en face du mont Hybla, dont les teintes bleues et cendrées rappellent le mont Hymette, se trouve l'île d'Ortygie. Ce n'est qu'un rocher, mais ce rocher, que quelques mètres à peine séparent de la terre ferme, vient s'arrondir de manière à former un des plus beaux ports de la Méditerranée. Là descendit un jour une colonie corinthienne qui avait pour chef Archias. On se retrancha dans l'île, on fit reculer les Sicules, possesseurs légitimes du pays, et l'on nomma la nouvelle ville Syracuse, du nom d'un marais voisin.

Rien n'est plus obscur que l'histoire primitive des colonies siciliennes: Diodore, leur historien, vint trop tard pour recueillir avec suite les vieux souvenirs de son pays, déjà effacés. Mais rien n'est plus rapide que l'accroissement de ces colonies, par le commerce et par les armes. A peine la race grecque avait-elle pris pied au milieu des Barbares et fondé un comptoir, qu'elle trafiquait avec eux après les avoir battus, s'avançait sans relâche, appelait les aventuriers et les mercenaires, réduisait en esclavage tous ses voisins et montrait bientôt une ville florissante sur une plage déserte ou sur un îlot. La Sicile était, d'ailleurs, un poste singulièrement favorable au commerce : elle était comme le centre de l'Espagne, de l'Italie, de la Grèce et de l'Afrique. Voilà pourquoi Syracuse, soixante-dix ans après sa fondation, fonda à son tour des colonies, Acres, Enna, Casmène, Héloros, Nétum. Un pont fut jeté pour unir l'île d'Ortygie à la côte, et la ville continua de s'étendre. Elle couvrit les collines voisines, monta jusqu'à leur sommet, se disposa sur ce vaste amphithéâtre, jusqu'à ce qu'elle comptât près de six lieues de tour, formant cinq quartiers qui égalaient autant de villes, l'Ile, Tyché, l'Épipolis, l'Achradine, la Néapolis. Quelle ne dut pas être, en effet, la puissance d'un peuple qui refoula les Carthaginois, détruisit les flottes et les armées d'Athènes, arrêta Rome elle-même pendant trois ans sous ses murs ! Carthage, Athènes, Rome, les trois capitales du monde ancien !

Les ruines de Syracuse racontent encore ce que fut cette ville magnifique. Si les ruines ont disparu, le rocher taillé pour supporter les édifices, d'immenses carrières d'où une ville entière est sortie, les fortifications qui défendaient cette ville, ne parlent pas avec moins d'éloquence. Athènes possède des monuments plus beaux et plus complets ; Agrigente a conservé, debout sur leurs hautes collines, toute une suite de temples, mais aucune cité grecque n'a laissé d'aussi vastes traces que Syracuse ; aucune ne retient plus longtemps les recherches du voyageur.

Je n'essaierai point de montrer Syracuse dans toute sa grandeur, ses murs, sa citadelle, son théâtre creusé dans le roc où les noms des reines sont gravés sur les gradins, l'amphithéâtre, les temples, le grand autel de Jupiter, long de cinq cents pieds, les rues qui gardent le sillon tracé sur le rocher par les chars, les tombeaux innombrables, les carrières à ciel ouvert où les prisonniers athéniens mouraient jadis et que remplissent aujourd'hui les orangers, les figuiers, les nopals gigantesques, de sorte que la végétation la plus riante se marie aux formes grandioses et sévères des rochers, tandis qu'une lumière éclatante se joue dans ces humides profondeurs. Je passerai sous silence la célèbre *Oreille de Denys*, reconnue, sans trop d'invraisemblance, non point par un savant, mais par un peintre, par Michel-Ange de Caravaggio, et dont la disposition sonore permettait au tyran d'épier ses victimes dans leur cachot. Car je me propose uniquement d'étudier les anciens temples bâtis par les architectes corinthiens, soit qu'ils eussent suivi le chef de la colonie, Archias, soit qu'on les eût demandés plus tard à la mère-patrie, comme on lui demandait des généraux et des devins. Il faut donc rester dans la ville naissante que renfermait encore la petite île d'Ortygie, comme elle renferme de nouveau aujourd'hui la cité déchue, rentrée dans son berceau. .

Le plus ancien temple paraît le céder de peu en antiquité au temple de Corinthe, et, si l'on ne devait s'interdire de mettre les simples suppositions à la place de l'histoire, on serait tenté de le rapporter à l'époque de la fondation de la ville. Pour trouver les débris dont il s'agit, il faut se diriger vers la rue *Salibra* ou *Resalibra*, et pénétrer dans la maison Santoro. On monte au premier étage : là, dans une chambre, on voit s'ouvrir la porte d'une vaste armoire et l'on est en face de deux énormes chapiteaux de colonnes (*fig.* 15).

Les colonnes elles-mêmes descendent sous le plancher et se perdent dans la maçonnerie du mur, car elles ont servi à soutenir les constructions modernes et y ont été enclavées. Leur sommet seul est resté apparent, et il n'est point difficile de se figurer l'effet d'un spectacle aussi étrange; les chapi-

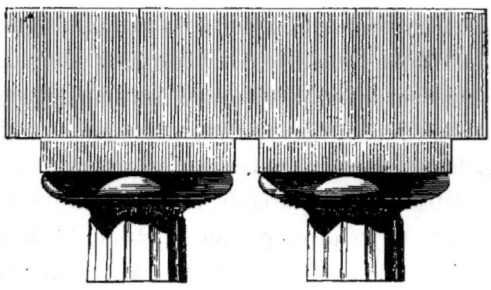

Fig. 15.

teaux sont grossis encore par leur disproportion avec la tête de l'homme qui se trouve à leur niveau. On dirait le portrait d'un géant enfermé dans un petit cadre et exposé à hauteur d'appui.

En 1840, la commission préposée aux antiquités de la Sicile et présidée par le duc Serra di Falco fit entreprendre des fouilles au-dessous des constructions. Ces fouilles furent gênées par la maison qu'il eût été coûteux d'acheter et de démolir; mais on trouva la base des colonnes et par conséquent l'on put déterminer leur hauteur. Une assise de l'architrave fournit un élément de plus pour restaurer le péristyle, qui est comme le vêtement d'un temple et sa parure. M. Hittorff, à son tour, vint étudier les ruines de Syracuse, afin de préparer un bel ouvrage sur la Sicile, qui malheureusement est loin encore d'être achevé. Je dois à son obligeance la communication des mesures qu'il a relevées et que je reproduis sommairement.

> Hauteur de la colonne. 8ᵐ 50
> Diamètre à la base. 1ᵐ 90
> Diamètre supérieur. 1ᵐ 60

Les colonnes ont donc 4 diamètres 47 cent. de hauteur, tandis que les colonnes du temple de Corinthe comptent à peine quatre fois leur diamètre. Le chapiteau est d'un galbe aussi déprimé que celui de Corinthe ; il a de la force et offre une ligne nette plutôt qu'irréprochable. Son caractère se rapproche encore du caractère des plus anciens chapiteaux de Sélinonte, ainsi qu'on le verra plus tard. Mais si les proportions sont moins courtes qu'à Corinthe, d'autres défauts semblent accuser davantage un art timide et encore inexpérimenté. Par exemple, les colonnes n'offrent que seize cannelures au lieu de vingt. Il en résulte que la cannelure est trop vaste, qu'elle a trop d'importance, tandis qu'en principe elle doit seulement donner de la variété à la surface de la colonne. Nous avons vu précédemment que, dans l'architecture primitive, les cannelures figuraient les pans réguliers laissés par la hache sur le tronc d'arbre équarri.

On remarquera combien est sensible la pesanteur de l'architrave : elle est plus haute que la colonne n'est large à sa base. La colonne n'a qu'un mètre quatre-vingt-dix centimètres à la base, tandis que l'architrave a un mètre quatre-vingt-quatorze centimètres de hauteur. Qu'il faille accuser la timidité de l'architecte ou la difficulté de soutenir de pareils morceaux de pierre, cette énormité amena une autre disproportion. On rapprocha les supports, c'est-à-dire les colonnes que l'on craignait peut-être de surcharger, et l'entrecolonnement devint moins large que le diamètre même de la colonne à sa base. Comme, d'autre part, les chapiteaux et les tailloirs ont une forte saillie qui égale presque la moitié du diamètre supérieur du fût, ils semblent se toucher, et je suis persuadé que ces défauts ne seraient pas moins choquants si les colonnes étaient dégagées des constructions modernes, et surtout si le péristyle était complet. Il ne faut point que les admirateurs de l'art grec hésitent à critiquer ses essais ou ses erreurs, surtout au lendemain de sa naissance. Si naïf qu'il soit, l'ordre dorique est déjà complet, mais la science des proportions, l'équilibre, le juste rapport de toutes les parties de l'édifice ne paraîtront que plus tard, avec le progrès des siècles. L'étude de l'architecture grecque a cela de fécond, que la logique et la clarté président même à ses tâtonnements.

L'île d'Ortygie était consacrée à Diane. Selon Pindare, les Nymphes n'avaient fait jaillir la fontaine Aréthuse que pour lui plaire, et, comme Homère donne à Diane le nom d'Ortygie, il est vraisemblable que l'île occupée par la colonie corinthienne avait pris un des noms de sa divinité protectrice. Il est donc naturel de croire que le temple le plus ancien a dû être bâti en l'honneur de Diane : dans ce temple, sans doute, était placée la statue dont parlent les auteurs et que son caractère archaïque rendait encore plus vénérable. Cicéron, dans son quatrième discours contre Verrès, justifie cette conjecture en nous assurant que c'était bien dans l'île que se trouvait le temple de Diane : « Il y a, » dit-il, « un grand nombre d'édifices sacrés « dans l'île, mais deux qui l'emportent de beaucoup sur les « autres, le temple de Diane et celui de Minerve, si riche avant « l'arrivée de Verrès. » Diane figure, en effet, sur les monnaies de Syracuse, notamment sur celles que fit frapper Agathocle. Ses fêtes étaient célèbres : pendant trois jours les bergers siciliens se réunissaient pour chanter en son honneur les poésies bucoliques dont Daphnis passait pour l'inventeur.

Minerve était chère aux Syracusains presqu'à l'égal de Diane : elle était aussi représentée sur leurs admirables monnaies. Comme son temple se trouvait dans l'île, au témoignage de Cicéron, on a été conduit à donner le nom de Minerve à d'autres ruines plus considérables qui existent encore non loin des précédentes.

Rien n'est moins certain que ces désignations; mais j'avoue qu'un édifice antique gagne toujours à ne point rester sans nom et à s'entourer de la poésie des souvenirs. En outre, le temple a été converti en église chrétienne et consacré à la sainte Vierge; ce qui laisse croire qu'il était jadis consacré à Minerve, la Vierge du paganisme. Car le christianisme, en se

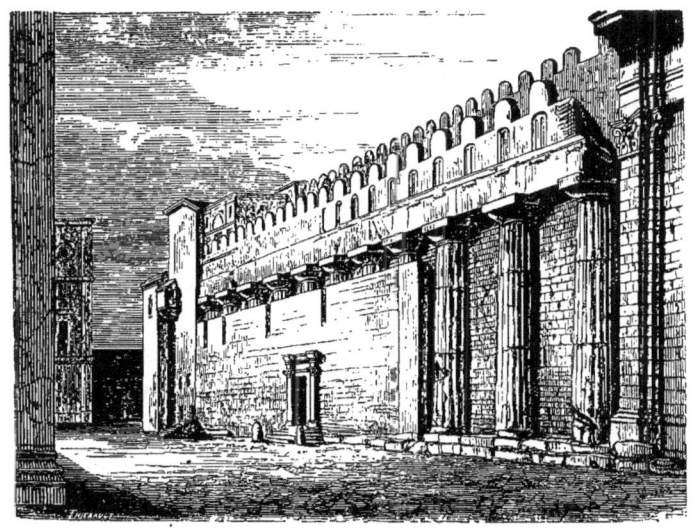

Fig. 16.

substituant à la religion grecque et en s'emparant de ses édifices, a cherché des rapprochements de noms et d'idées qui devaient ménager les habitudes locales et rendre la transition moins brusque.

Ce fut au septième siècle de notre ère que saint Zozime,

trouvant que le temple ne répondait plus aux exigences du culte, le fit démolir afin de construire une véritable église. Une partie du péristyle fut cependant conservée, et ceux qui arrivent auprès de la cathédrale de Syracuse remarquent avec surprise toute une série de colonnes doriques engagées dans les murs latéraux et leur servant de décoration. Au-dessus des colonnes, des créneaux élevés au moyen âge annoncent que la cathédrale a servi jadis de forteresse, de même que les anciens Grecs, lorsqu'une ville était prise, se réfugiaient au sommet du temple et s'y défendaient.

L'église, à cause des colonnes qui la soutenaient, a reçu le nom de *Santa Maria delle Colonne*. Le temple proprement dit, le *naos*, a donc disparu; mais cette destruction partielle a préservé peut-être de la ruine le reste du monument. Les particuliers y eussent cherché des matériaux : saint Zozime y trouva un appui pour le nouveau sanctuaire.

Vingt-deux colonnes du péristyle ont été conservées, neuf sur le long côté du sud, douze au nord, une sur la façade postérieure. La façade principale était tournée vers l'orient et en même temps vers la pleine mer, vers la Grèce. Aucun doute ne semble donc possible : les façades principales comptaient six colonnes, les façades latérales, quatorze. Il y avait deux portiques intérieurs, le pronaos en avant du temple proprement dit, le posticum en avant de l'opisthodome. Voici quelques-unes des dimensions :

Largeur, à partir de l'angle du degré supérieur.	22^m	50
Longueur.	56	»
Diamètre inférieur des colonnes du péristyle. .	2	»
Diamètre supérieur.	1	50
Hauteur des colonnes avec le chapiteau. . . .	9	80
Hauteur de l'architrave et de la frise.	2	90

La proportion des colonnes est d'un peu moins de cinq diamètres, proportion qui est plus élégante et plus voisine du beau siècle de l'art que les proportions du temple de Diane. L'entrecolonnement n'a que quarante centimètres de plus que l'entrecolonnement du temple de Diane; mais l'effet est déjà beaucoup meilleur, quoique les colonnes dussent encore paraître trop rapprochées, si elles n'étaient rétrécies et comme comprimées par les murs modernes. Elles ont vingt cannelures, tandis que le temple de Diane n'en présente que seize; l'architrave a également moins d'épaisseur et d'énormité; le chapiteau se redresse avec un galbe plus ferme, plus propre à entrer dans le sentiment architectural. Les proportions des triglyphes, la forme de leurs canaux, tout annonce les approches du beau siècle. C'est pourquoi le temple qui sert aujourd'hui de support à la cathédrale a paru de beaucoup postérieur à celui dont les débris sont renfermés dans la maison Santoro : comme il a dû prêter davantage à la décoration et à une certaine grandeur, on lui a appliqué les paroles de Cicéron, qui dit que le temple de Minerve, dans l'île, était si riche avant l'arrivée de Verrès. Alors, en effet, l'édifice était richement décoré, plein d'offrandes magnifiques que Marcellus avait respectées après la prise de la ville et que Verrès pilla sans pudeur.

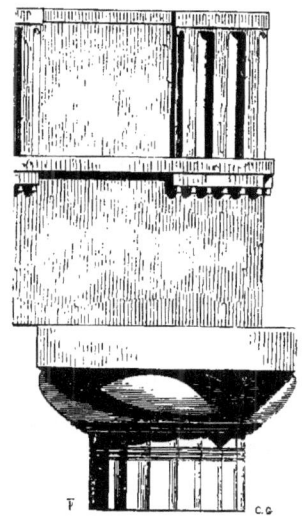

Fig. 17.

On admirait surtout les portes plaquées d'or et d'ivoire, sculptées avec un art qui frappait les anciens eux-mêmes, et que je serais tenté, pour cette raison, de rapprocher des portes du baptistère de Florence. « On ne saurait se figurer, » ajoute Cicéron, « combien de critiques grecs ont écrit sur la beauté « de ces portes. » Ces beautés ne nous sont point connues ; nous savons seulement qu'il y avait une tête de Méduse entourée de serpents ; il ne faut point douter que beaucoup d'autres sujets n'y fussent représentés. Le travail des matières précieuses, le mélange de l'or et de l'ivoire, était un luxe que Syracuse tenait de Corinthe, sa mère-patrie ; car le coffre de Cypsélus était déjà depuis longtemps un des monuments célèbres de l'art grec. Dans le temple, il y eut plus tard trente-sept tableaux, représentant les rois de Syracuse et un combat d'Agathocle, combat de cavaliers, qui couvrait un mur du pronaos.

Un autre Agathocle, qu'il faut bien distinguer du tyran, avait été chargé de la construction du temple de Minerve. Diodore nous apprend qu'il le fit construire à ses propres frais, au lieu de puiser dans le trésor public : seulement, parmi les pierres, il choisit les plus belles pour se bâtir une maison. Minerve, irritée, frappa cette maison de la foudre, et fit périr Agathocle dans les flammes. Alors les représentants de l'aristocratie syracusaine, qu'on appelait *les Géomores*, confisquèrent ses biens, quoique ses héritiers prouvassent qu'il n'avait point touché aux fonds que l'État lui avait alloués, et n'avait dépensé que son bien propre.

Cette anecdote, quelque peu digne de foi qu'elle paraisse, établit du moins que le temple fut bâti sous la domination des *Géomores*, c'est-à-dire des riches, des propriétaires ; car telle est la signification de leur nom. Les Géomores furent au pouvoir pendant un siècle, pendant tout le siècle de Pisistrate, de 596 à 495 environ ; c'est dans cet intervalle que se place la construction du temple de Minerve.

Au sommet du temple, sur la pointe du fronton, resplendissait le bouclier de Minerve, soit qu'il fût seul, dressé sur sa hauteur en guise d'acrotère, soit qu'il fût porté par une statue. Les navigateurs apercevaient d'une grande distance ce bouclier poli, étincelant, de même que les Athéniens, après avoir doublé le cap Sunium et tourné le mont Hymette, distinguaient la pointe de la lance et l'aigrette brillante de la grande Minerve de Phidias, située sur le rocher lointain de l'Acropole. Lorsqu'ils partaient pour un voyage, les Syracusains allaient d'abord dans le temple de Jupiter Olympien, hors les murs; ils y prenaient le feu sacré dans un vase, s'embarquaient, et tenaient ce vase à la main tant qu'ils n'avaient point perdu de vue le bouclier de leur divinité protectrice.

Je viens de dire que le temple de Jupiter Olympien était situé hors les murs : il était, en effet, en dehors de l'enceinte de Syracuse, à quinze cents pas des fortifications. Là campaient Himilcon, général carthaginois, et plus tard Marcellus, quand ils assiégeaient Syracuse. Là campait, au commencement du ve siècle, Hippocrate, tyran de Géla, qui assiégeait aussi Syracuse. Il blâmait sévèrement ceux qui avaient osé violer le sanctuaire et enlever les objets sacrés. Ce fait suffit pour prouver que le temple de Jupiter Olympien existait déjà au vi[e] siècle, et, si peu considérables que soient les ruines qui ont résisté au temps, elles portent de leur antiquité un témoignage qui s'accorde avec le témoignage de l'histoire.

De la cathédrale, nous descendons vers le grand port de Syracuse, port circulaire dont Ortygie ferme l'entrée à tous les vents, et qui est disposé comme un vaste amphithéâtre. Nous le traversons sur une barque, et prenons terre sur la rive droite du fleuve Anapus, auprès de son embouchure. Là, sont encore debout deux colonnes sans chapiteau, ou, pour parler plus juste, deux tronçons de colonne. Ce sont des fûts monolithes; le mieux conservé a six mètres soixante-dix centimètres de hauteur.

Les cannelures attestent que le temple était dorique ; car leurs arêtes sont vives, tandis que les cannelures ioniques ou corinthiennes, ainsi que chacun le sait, sont séparées par une surface plate, par une baguette. Ces cannelures doriques sont au nombre de seize, ce qui indique déjà une époque reculée; car il n'y en a que seize également au temple de Diane. En outre, l'emploi de monolithes pour les colonnes

Fig. 18.

n'est point un indice sans valeur : il semble que ce soit le propre d'un art moins expérimenté et par conséquent plus timide, de rechercher des supports faits d'un seul morceau plutôt que d'élever les uns sur les autres des tambours savamment ajustés.

Ces colonnes ont un mètre quatre-vingt-quinze centimètres de diamètre à la base. En leur donnant, par conjecture, quatre diamètres et demi, leur hauteur serait de huit mètres soixante-dix-huit centimètres ; en supposant cinq diamètres, la hauteur serait de neuf mètres soixante-quinze centimètres. Mais les éléments manquent pour résoudre ce problème, et je ne crois pas que des fouilles puissent l'éclaircir ; les matériaux ont été emportés ; le soubassement même des colonnes est déchaussé et le niveau actuel du sol est au-dessous du niveau antique.

C'est dans ce temple de Jupiter Olympien que Denys le Tyran enleva le manteau d'or massif qui ornait la statue du dieu. Il mit à la place un manteau de laine qui serait, disait-il, plus chaud pour l'hiver, moins lourd pour l'été. Non loin du temple de Jupiter, croissent les beaux papyrus qui ont rendu célèbre la fontaine Cyané. Avant de rejoindre le fleuve Anapus, les eaux de la fontaine coulent lentement dans une plaine marécageuse. Les papyrus se plaisent dans un courant tranquille et tapissent le lit de Cyané de leurs racines qui ne s'enfoncent point dans le sol. De toutes parts, ces grands joncs triangulaires dressent leur tige lisse et brillante, et balancent, au moindre souffle, la houppe légère qui les surmonte. J'ai rapporté de Syracuse des feuilles fabriquées avec la moelle spongieuse du papyrus. Un Syracusain, M. Politi, sait la traiter d'après les procédés indiqués par Pline le Naturaliste. Assurément ces feuilles n'ont rien de la finesse ni de la beauté des papyrus anciens : on y écrit toutefois facilement, même avec les plumes et l'encre dont nous nous servons aujourd'hui.

Les ruines de Syracuse sont bien moins célèbres que celles d'Agrigente ; car Agrigente ne présente pas seulement un nombre de temples plus considérable, mais ces temples sont d'une conservation et d'un intérêt qui les recommandent à l'attention du voyageur. Par une rencontre singulière, aucune des ruines d'Agrigente ne paraît remonter jusqu'au siècle de Pisistrate ; leur style les déclare postérieures. Seul le temple de Jupiter Polieus, dont quelques débris sont cachés sous une église de Girgenti, pourrait nous faire hésiter; cependant la forme du chapiteau et les proportions de l'entablement se rattachent beaucoup plus vraisemblablement au siècle de Périclès. Nous passerons donc devant Agrigente sans nous y arrêter, mais non sans jeter un regard sur le site admirable qu'elle occupe. Bâtie au sommet d'une série de collines qui s'élèvent par degrés, elle domine une plaine fertile et la vaste mer. Des champs, des vallons repliés sur eux-mêmes, de beaux arbres séculaires, des oliviers au feuillage léger qui ne cache point les lignes du terrain, une nature riante qui brille au soleil et se baigne dans la lumière, tout, jusqu'à la brise de mer qui semble apporter les parfums voisins de l'Afrique, tout contribue à répandre un charme plus vif sur les ruines.

Au sommet de chacune des collines qui montent en amphithéâtre, apparaît un débris grandiose, une colonne, un portique, un temple à demi renversé ou tout entier, assis comme sur un piédestal immense, doré d'un ton bistre qui se marie si bien avec la verdure, le bleu du ciel et l'azur des flots. Toutes ces ruines illustres ont des noms, retrouvés par les savants ou donnés par le peuple. Voilà Vulcain, Castor et Pollux, Esculape, Junon Lacinienne, le temple le plus élevé de tous; la Concorde, le plus complet; Jupiter Olympien, le plus grandiose, mais couché à terre; Hercule, le plus parfait de style. Plus loin, Cérès et Proserpine; derrière un pli de terrain, le tombeau de Théron avec sa frise dorique sur des colonnes ioniques; là-bas, auprès de cette grande ferme sicilienne, l'oratoire de Phalaris, naïve dénomination des modernes qui veulent que là ait prié le plus sceptique et le plus féroce des tyrans. Ce grand ravin, où coule un faible ruisseau, est l'ancienne piscine creusée par les Carthaginois captifs; non loin sont les égouts phéaciens, plus grands que les cloaques de Rome, et qui faisaient dire des Agrigentins qu'ils bâtissaient comme s'ils ne devaient jamais mourir.

Enfin les murs eux-mêmes, taillés dans le rocher intérieurement et extérieurement, attestent combien puissante

Fig. 19.

était une ville qui contenait 200,000 citoyens et 800,000 esclaves. Tant de grandeur tomba tout à coup, car telle fut la destinée des colonies siciliennes. On pourrait les comparer à des plantes transportées dans un sol trop gras et sous une température trop favorable : elles y croissent en quelques matinées, donnent des fleurs magnifiques, puis s'affaissent subitement.

CHAPITRE VI.

LES RUINES DE SÉLINONTE.

Sélinonte devait son nom au fleuve Sélinus, près de l'embouchure duquel elle était située. *Selinon*, en grec, signifie ache, persil : aussi une feuille de persil, armes parlantes, était-elle représentée sur les monnaies de Sélinonte. La ville fut fondée au milieu du viie siècle avant J.-C., l'an 655 selon Eusèbe, 651 selon Diodore, par une colonie partie d'Hybla-Mégara, sous la conduite de Pammilus. Hybla-Mégara avait été fondée elle-même par les Mégariens de Grèce. Selon l'usage attesté par Thucydide (l. 1, ch. 24), la colonie sicilienne, voulant devenir métropole à son tour, avait demandé un chef aux Mégariens : ils lui envoyèrent Pammilus.

Il n'y a point de témérité à essayer de nous figurer quelle joie orgueilleuse répandait dans une cité grecque, surtout dans une cité de second ordre, le message suivant :
« La colonie que vous avez envoyée, il y a cent ans, au-
« delà des mers, en Sicile, est devenue riche, puissante,
« trop nombreuse. Elle veut à son tour porter plus avant
« chez les barbares le nom grec et la domination grecque :
« elle vous demande un chef. » Non-seulement ce chef était choisi parmi les nobles; le plus souvent il était de

sang royal, car son pouvoir devait égaler celui d'un roi. Il est naturel aussi de supposer qu'il ne partait point seul, mais qu'il emmenait avec lui, outre le devin, qui interprétait la volonté des dieux, des amis braves et expérimentés pour l'assister dans les conseils ou dans les combats, des architectes pour bâtir la nouvelle ville, une suite, en un mot.

Or, Mégare avait depuis longtemps atteint une prospérité qui devait décliner seulement lorsque la puissance athénienne prendrait son essor. Déjà nous avons remarqué combien le commerce l'avait enrichie, placée qu'elle était au seuil du Péloponèse, limite des Doriens et des Ioniens. Distante de Corinthe d'une journée de marche à peine, elle avait participé au développement de l'art chez les Corinthiens.

Nous sommes donc autorisés à supposer que les temples de Sélinonte ont été bâtis par des architectes grecs, par des Mégariens peut-être. Dans ce cas, nous reconnaîtrions encore ici l'influence de l'architecture corinthienne. D'un autre côté, si l'on fait venir les architectes qui construisirent Sélinonte de la Mégare sicilienne, on sait qu'elle est située sur la côte de l'île qui regarde l'orient, au nord de Syracuse, dont elle n'est séparée que par quelques lieues : or Syracuse, c'est Corinthe. De sorte qu'il paraît difficile, quoi qu'on fasse, de ne pas rattacher à l'art corinthien la tradition de l'art sélinontin, soit par Mégare de Grèce, soit par Mégare de Sicile.

Voilà donc la nouvelle colonie établie aux bords du fleuve Sélinus, sur une hauteur entourée de murs, qui ne sera plus tard que l'Acropole, mais qui alors était la ville entière. Comment s'est-elle accrue? Quel a été son gouvernement, son commerce? Quels étaient ses rois, ses monuments, ses gloires? Ne cherchons pas : l'histoire est muette.

Elle nous dira la fondation de Sélinonte; elle nous dira sa première ruine en 409, sa ruine définitive 249 avant J.-C. ; elle parlera de quelque petit territoire disputé par Ségeste, ville voisine, alliée des Carthaginois, et elle laissera aux pierres éparses sur le sol que le temps a respectées, le soin de nous attester la splendeur à peine croyable d'une ville qui n'eut que deux cents ans de liberté. Je me trompe : l'histoire nous dira que Sélinonte, seule des villes grecques en Sicile, s'unit aux Carthaginois, quand ils tentèrent de conquérir l'île entière. Elle trahit la Grèce au moment où Thèbes la trahissait sur le continent et s'alliait à Xerxès. Thèbes s'acquit ainsi le juste mépris de tous les Grecs : Sélinonte fut punie plus cruellement encore par ceux-là mêmes qui l'avaient gagnée à leur cause.

En deux traits nous pouvons deviner l'histoire de Sélinonte. Tant qu'elle fut un comptoir florissant au milieu des comptoirs phéniciens, tant qu'elle ne pensa qu'au commerce au milieu de commerçants qui trafiquaient avec elle, tant qu'elle ne fut que riche, en face d'un peuple qui estimait avant tout la richesse et qui trouvait à Sélinonte des débouchés pour ses marchandises, des marchés où s'entassaient les denrées et les produits des Grecs, Carthage vit d'un œil patient la ville qui s'avançait jusqu'aux frontières de ses conquêtes. Le jour où Sélinonte fut puissante et ambitieuse, où elle compta 30,000 citoyens capables de porter les armes et de conduire la multitude de mercenaires que ses trésors pouvaient facilement réunir, Carthage se sentit défiée; elle comprit quel danger menaçait ses dernières possessions, et la ruine de Sélinonte fut arrêtée. Les autres Grecs arrivèrent trop tard pour sauver la ville qui les avait jadis trahis : c'était justice.

Ce n'est point ici le lieu de peindre les horreurs de la prise de Sélinonte. Diodore en a fait un pathétique récit où l'on trouverait quelques détails de pure rhétorique peut-être, mais dont le fond paraît vrai, si l'on songe que des hordes d'Africains barbares composaient les armées carthaginoises. Ici, nous faisons passer l'histoire des monuments avant l'histoire des hommes. Que devinrent les monuments pendant la prise de la ville? Diodore raconte qu'Annibal fit massacrer les femmes, les vieillards, les enfants, excepté ceux qui s'étaient réfugiés dans les temples, de peur que le désespoir ne les poussât à y mettre le feu, avant qu'on en eût pillé toutes les richesses. Il semble donc que les temples furent d'abord épargnés. Mais plus tard Diodore ajoute que lorsque les temples furent remis aux mains des vainqueurs, ils commencèrent à tout saccager, à tout détruire. Les Syracusains, dit-il, envoyèrent une députation à Annibal pour le prier de laisser racheter les prisonniers et d'épargner les temples des dieux. Annibal leur répondit que les Sélinontins n'étaient point dignes d'une liberté qu'ils n'avaient point su défendre, et qu'il y avait longtemps que les dieux avaient abandonné Sélinonte; c'est-à-dire qu'il laissa ses soldats achever l'œuvre de destruction. Voilà donc un fait qu'il importe de noter : les temples furent détruits, malgré les prières des Syracusains.

Plus tard, les débris de la population, les fugitifs, revinrent habiter leur patrie; ils y vécurent en payant tribut à Carthage. S'ils retrouvèrent peu à peu une apparence de prospérité, ils ne reconquirent ni la puissance, ni une richesse réelle, ni même la liberté. Ils ne laissaient échapper aucune occasion de se révolter et de se joindre aux ennemis des Carthaginois, à Denys l'Ancien, à Timoléon, à Agathocle, au roi Pyrrhus. Mais après chaque guerre, quand Syracuse et Carthage traitaient, Sélinonte était rendue à ses maîtres. Affaiblie par les charges de la guerre, elle était appauvrie encore par les onéreuses conditions de la paix. Elle eut ainsi une apparence de vie pendant un siècle et demi jusqu'en 249. A cette époque, Carthage, attaquée par les flottes romaines, voulut concentrer toutes ses forces et former une immense place d'armes; elle transporta les habitans de Sélinonte à Lilybée et rasa leur ville, qui cette fois ne devait plus se relever. Mais dans toute cette période Sélinonte avait été trop faible, trop pauvre, pour construire de grands monuments. On répara sans doute quelques temples qui n'étaient que brûlés, on refit les plus petits; on construisit de nouveaux sanctuaires dont il reste des traces. Mais les grands temples, les six temples doriques qui se voient encore aujourd'hui à Sélinonte, renversés sur le sol, ces temples sont assurément antérieurs à la prise de la ville par Annibal, c'est-à-dire à l'an 409 avant J.-C.

En effet, le style de ces monuments confirme les suppositions qu'autorise si naturellement l'histoire. Étudiez leurs proportions, leur caractère, leurs détails, vous reconnaîtrez qu'ils sont tous, ou du siècle de Périclès, ou du siècle de Pisistrate, antérieurs par conséquent à l'an 409. Je ne parle pas du petit édifice ionique que M. Hittorff a restauré avec tant d'éclat, dans son ouvrage sur la Polychromie et qu'il appelle le temple d'Empédocle; il est, en effet, postérieur. Je parle des six grands temples qui s'élevaient au sommet de l'Acropole et sur le plateau opposé de la ville. Trois de ces temples sont du sixième siècle, et le plus ancien remonte probablement à la fondation même de la ville; deux sont du cinquième siècle et ressemblent singulièrement au temple de Thésée à Athènes et aux temples hexastyles du siècle de Périclès. Le sixième, de tous le plus vaste et le plus grandiose, porte le caractère nettement tranché des deux siècles. Commencé au sixième siècle, il a été seulement achevé au cinquième. Nous devons donc aujourd'hui étudier quatre temples de Sélinonte et en réserver deux pour une autre série d'études, lorsque nous raconterons l'histoire de l'architecture au siècle de Périclès.

Sélinonte est coupée en deux parties par un ruisseau qui sort des marais. A l'occident, les ruines se trouvent

Fig. 20.

sur une colline peu élevée qui était l'Acropole : à l'orient elles sont situées sur un vaste plateau qui domine la mer d'Afrique. Entre ces deux parties, est une vallée où coule le petit torrent quand les pluies l'alimentent; et à l'embouchure on remarque deux lignes parallèles de constructions qui annoncent l'ancien port, rectangle qui s'avançait dans les terres : les sables l'ont aujourd'hui comblé. Le fleuve Sélinus coule à peu de distance de la ville, à l'orient de l'Acropole; il porte aujourd'hui le nom de *Madiuni*.

On peut voir sur le grand plan annexé (*Pl. Ire*) les sept temples, en y comprenant le petit temple d'Empédocle; quatre sur l'Acropole, trois sur le plateau opposé.

Les temples sont tous orientés, c'est-à-dire tournés vers l'Orient, de sorte que les premiers rayons du soleil frappaient le triangle sacré du fronton et la statue du dieu, quand les portes du temple avaient été ouvertes. Ils sont, par conséquent, disposés parallèlement, mais leurs façades ne sont point sur la même ligne, étant de grandeur inégale et à d'inégales distances.

L'Acropole fut le premier abri de la colonie; c'est donc là que nous trouverons les plus anciens temples. Mais quel nom donner à ces temples? C'est ce qu'il faut nous résigner à ignorer. A quels dieux étaient-ils consacrés? L'histoire, qui ne parle avec quelque détail de Sélinonte qu'au moment où elle va périr, l'histoire n'en dit rien. Les antiquaires italiens eux-mêmes, si prompts à donner des noms pompeux à toutes les ruines, se sont trouvés en défaut. Il n'y a aucune tradition, aucun souvenir qui puisse être attaché aux monuments. Nous les désignerons donc par les lettres de l'alphabet, comme les choses sans nom, en gardant, comme déjà consacrées et familières, les lettres que le duc Serra di Falco avait employées dans son ouvrage sur les antiquités de la Sicile. Nous dirons le temple A, le temple B, le temple C, etc.

Je commence par le temple C, car c'est incontestablement le plus ancien de tous. Ce temple est un rectangle très allongé qui a vingt-quatre mètres de large sur soixante-trois mètres quatre-vingt-six centimètres de long; six colonnes sur les façades, dix-sept sur les côtés; dix-sept colonnes, le même nombre que le Parthénon, que les grands temples qui ont huit colonnes sur leurs façades.

Le plan du temple offre, tout d'abord, un caractère particulier qui se retrouve sur les anciens temples de Sélinonte, mais qui ne se trouvé point dans les autres villes grecques.

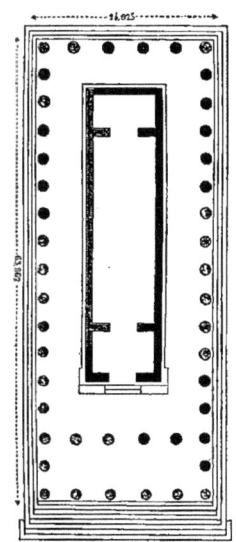

Fig. 21.

Le pronaos ou vestibule en avant du temple est sans colonnes, fermé par un mur simple et une porte. L'opisthodome, destiné aux objets sacrés, où quelquefois on enfermait le trésor public, l'opisthodome est fermé complétement. Il n'y a point de portes pour y entrer directement comme au Parthénon; on entrait par l'intérieur. Il faut remarquer qu'il n'y a point de colonnes au pronaos, mais de simples murs de séparation et une porte; que les murs de séparation sont plus épais que les murs mêmes du temple. En effet, ils devaient supporter les hautes et pesantes portes des temples grecs, qui eussent arraché un mur trop faible, et qui, en outre, roulaient sur des rainures de métal. Ces rainures forment un quart de cercle égal à la révolution des battants et l'on en retrouve les traces.

La cella étant acceptée avec cette disposition, j'appellerai l'attention sur le péristyle qui entoure le temple et qui est large, assez éloigné des murs du temple, tandis qu'ordinairement le péristyle est étroit, pressé contre la cella, à laquelle il sert de décoration. Il n'est pas destiné au peuple; la preuve, c'est que les degrés sur lesquels s'élève la colonnade sont tellement hauts que l'on n'y monte pas. Il faut les escalader, ils sont inaccessibles et destinés à faire paraître le monument plus grand; le mot *stylobate* veut dire, en effet, la place où les colonnes posent leur base. Aussi n'ose-t-on se rappeler sans sourire l'explication de Winckelmann, qui croyait que ces sortes de degrés devaient donner plus de majesté au prêtre, en lui faisant lever la jambe plus haut. On peut citer, sans manquer de respect au maître, cette légère distraction: Homère dort quelquefois, disaient les anciens.

Le péristyle était donc, en général, inaccessible. Même sur la façade, il n'y avait que les trois degrés du stylobate. En face de la porte seulement, et cela, même au Parthénon, on ajustait de petites marches intermédiaires, égales à un entrecolonnement. Ces marches-là servaient aux prêtres et aux visiteurs. Eh bien, à Sélinonte, au temple C qui nous occupe en ce moment, il y a des marches véritables sur toute l'étendue de la façade, des marches pour le pied des hommes, faciles, douces, car on en compte neuf sur une hauteur de 2 mètres 22 centimètres.

Joignez à ces marches, qui déclarent si clairement l'intention de l'architecte, le péristyle vaste qui entoure la cella et appelle la foule, joignez-y le portique intérieur, de quatre colonnes, de six en comptant les colonnes correspondantes qui précèdent le vestibule du temple, et vous arrivez à une conclusion qui est celle de M. Hittorff, et qui constitue une véritable découverte, à savoir que les portiques qui entourent le temple ne sont point seulement une décoration, ils sont une utilité; ils sont accessibles à la foule, destinés à la foule. Tandis que dans les autres temples de la Grèce, du moins dans les temples hexastyles que nous connaissons, le temple est tout entier réservé aux dieux; le péristyle se serre contre les murs de la cella, la demeure du dieu; les colonnes l'encadrent, le pressent, le décorent, n'en sont que la décoration; car l'espace étroit qui a été ménagé sous la colonnade se refuse à recevoir la multitude.

Pour quelle raison s'était-on écarté de l'usage général à Sélinonte? Était-ce pour les fêtes? était-ce pour les sacrifices? Le temple une fois fermé, abandonnait-on l'extérieur du temple, ses portiques, aux besoins de chaque jour? Était-ce un abri pour les marchands, un lieu de réunion, un petit forum protégé contre les pluies? Était-ce là que délibéraient les citoyens de la colonie naissante, trop peu nombreux, trop pauvres pour se construire une vaste agora, l'agora des Grecs, entourée de portiques sur ses quatre côtés? Le champ est ouvert aux suppositions, et les suppositions doivent craindre une forme précise et absolue. Mais ce qu'il importe de bien constater, c'est une disposition particulière, propre aux anciens temples de Sélinonte, une combinaison économique des besoins religieux et des besoins civils.

Ce temple était-il consacré à Jupiter Agoræus, qui eut plus tard un autel dans l'agora de Sélinonte, selon le témoignage d'Hérodote (v, 46), quand Sélinonte plus puissante se construisit une agora? L'autel de Jupiter Agoræus était-il primitivement sous ce portique quand le portique servait d'agora? Ce n'est là qu'une conjecture; mais elle ne manque pas de vraisemblance.

Le jour des sacrifices, le peuple se réunissait probablement sous le portique et devant le temple; tandis que dans les temples ordinaires, l'autel est en avant du temple, la foule au dehors et l'on aperçoit dans le fond du sanctuaire aux portes ouvertes, la statue du dieu, qui de loin reçoit les prières et les offrandes des mortels. La célèbre peinture de Pompéi qui représente un sacrifice à Isis donne une idée très exacte de cette cérémonie. A Sélinonte, au contraire, l'autel se rapproche et monte sous le portique;

8

la foule y monte avec lui : les hommes sont donc plus près du dieu. Pour obtenir par la perspective plus d'éloignement et plus de grandeur, le sol de la cella s'exhausse de deux degrés au seuil du vestibule, de quatre degrés au seuil du sanctuaire proprement dit. Ainsi la statue grandit et domine encore ceux qui l'adorent.

Si nous examinons le monument dans son élévation et dans ses détails, nous reconnaîtrons que son style atteste, comme à Corinthe et à Syracuse, une haute antiquité. Les colonnes ont quatre diamètres 2/5 de hauteur; leur diamètre est, en effet, d'un mètre quatre-vingt-quatorze centimètres, et leur hauteur de huit mètres soixante-seize centimètres. Chose singulière, les colonnes sur les côtés ont dix-sept centimètres de moins que sur les façades. Elles n'ont que seize cannelures, comme le temple de Diane et le temple de Jupiter Olympien à Syracuse. L'entablement est pesant, puisqu'il égale la moitié de la hauteur de la colonne. Il a quatre mètres 25 centimètres, sans le fronton et avec le fronton il a huit mètres quatre-vingt-cinq centimètres, c'est-à-dire plus de la moitié de la hauteur totale du temple. Cependant il offre déjà le grand et beau caractère des entablements grecs, des entablements sici-

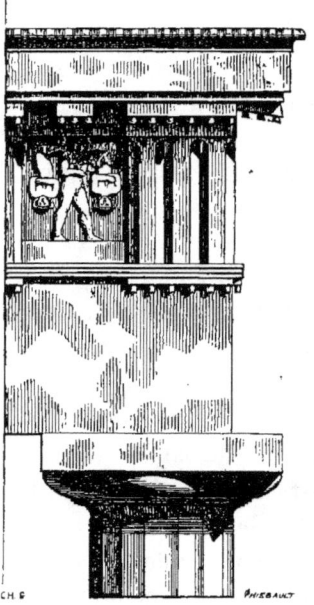

Fig. 22.

liens dont l'importance est un peu exagérée toutefois, mais que nous verrons plus tard rachetée par une légère et magnifique décoration.

Les triglyphes sont lourds, aussi larges que les métopes, et le sommet de leurs cannelures affecte une forme, non pas arrondie, surbaissée, refouillée, mais presque ogivale. Car l'on sait qu'on trouve des exemples de l'ogive en Grèce, par exemple à Thoricos, dème de l'Attique, où une porte ogivale se remarque dans les murs pélasgiques, et surtout en Lycie où un certain nombre de tombeaux taillés dans le vif de la montagne se terminent par un couvercle de courbe ogivale. La largeur des triglyphes a réduit nécessairement les métopes; aussi ne reste-t-il plus de place pour répéter régulièrement les mutules et leurs dix-huit gouttes; on a inventé alors des demi-mutules qui ne comptent que neuf gouttes, trois sur chaque rang. Ces gouttes sont coniques : mais le stuc qu'on appliquait ensuite sur la pierre les modelait et les rendait cylindriques; les débris épars en offrent la preuve sensible.

Il convient de reconnaitre aux vieux temples de Sélinonte, non-seulement les caractères et les beautés du dorique archaïque, non-seulement des particularités curieuses, mais aussi des défauts réels, des tâtonnements qui n'ont point encore été supprimés par une tradition bien établie et par un art sûr de lui-même. Si ces défauts, qui disparaissent avec les progrès du temps, ne suffisaient point à nous faire reconnaître l'an-

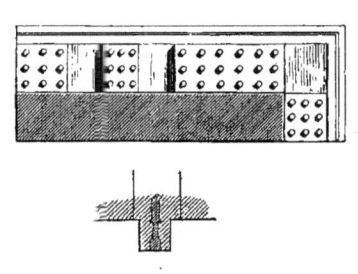

Fig. 23.

tiquité des temples, les sculptures des métopes ne permettraient point le plus léger doute. Ces sculptures célèbres, que nous ont rendues, grâce à des fouilles intelligentes, deux architectes anglais, MM. Harris et Angel, sont aujourd'hui au musée de Palerme. Le gouvernement napolitain, jaloux de conserver les antiquités du royaume, les a retenues au moment où les architectes se préparaient à les embarquer. MM. Harris et Angel ont perdu les fruits de leurs recherches; mais il leur en reste l'honneur. Ces métopes sont d'une importance capitale pour l'histoire de la sculpture en Sicile et même de la sculpture grecque en général. On y constate un caractère singulier d'antiquité, un mélange de grossièreté et de finesse, un mélange surtout de l'art grec et de l'art oriental qu'explique le voisinage des comptoirs carthaginois. Outre divers fragments, trois métopes complètes ont été retrouvées : un char traîné par quatre chevaux, Hercule portant les Cercopes, Persée tuant Méduse. Leurs moulages se voient au palais des Beaux-Arts à Paris : à côté, est le moulage d'un chapiteau du temple.

Je passerai rapidement sur le temple E, temple également situé dans l'Acropole, tout près du temple que nous venons d'analyser, au nord, et parallèle, puisqu'il s'ouvre aussi à l'orient. Je passerai rapidement, pour ne pas fatiguer l'attention par la répétition des mêmes détails, et surtout parce qu'il ne diffère point sensiblement, pour le style, du temple C : ce qui diffère, c'est le plan. Il n'y a plus de portique en avant du pronaos; il s'ensuit qu'il n'était plus besoin d'un aussi grand nombre de colonnes sur les façades latérales : au lieu de dix-sept, on n'en compte que treize. Cependant, malgré l'absence du portique, il y a encore un vaste péristyle qui s'écarte des murs du temple, qui laisse de l'espace, de l'air, et qui se rattache, comme tradition, au temple plus ancien.

Les autres particularités du plan sont aisées à saisir.

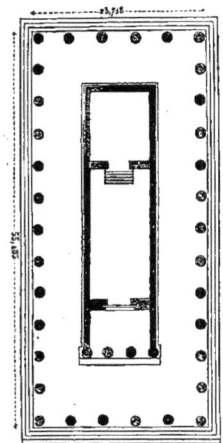

Fig. 24.

D'abord, le pronaos est précédé de quatre colonnes; mais les colonnes qui forment la tête du mur s'unissent au mur, s'engagent et précèdent ainsi, comme époque, les pilastres, que l'art dorique plus parfait saura créer, afin de terminer l'extrémité des murs et d'en orner l'arrachement. Ces colonnes ainsi engagées peuvent se comparer aux colonnes engagées du temple d'Apollon en Arcadie, temple bâti par Ictinus, l'architecte du Parthénon, qui ne fit peut-être, nous le verrons plus tard, que reproduire un plan plus ancien. En outre, le mur qui sépare le vestibule de la cella est beaucoup plus épais, parce que, seul des deux murs de séparation, il soutenait une porte d'un poids considérable. Enfin, autour de l'opisthodome, qui occupe une place assez importante, règne une sorte de banquette sur trois côtés, destinée à recevoir les objets sacrés et les offrandes.

Si l'on considère l'élévation du temple, les proportions sont à peine plus élancées que les proportions du temple C, assez cependant pour dénoter une époque un peu postérieure. Les colonnes ont un mètre soixante-six centimètres de diamètre et sept mètres cinquante et un centimètres de hauteur; par conséquent, elles mesurent quatre diamètres 1/2, tandis que les colonnes du temple C ne mesurent que quatre diamètres 2/5. En outre, les cannelures sont plus nombreuses : au lieu de seize, on en compte vingt. Les triglyphes sont toujours pesants et

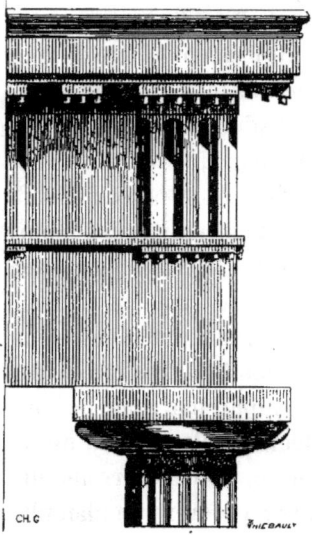

Fig. 25.

larges, de sorte que l'on retrouve encore les demi-mutules avec trois gouttes au lieu de six; mais le sommet des triglyphes n'a plus la forme ogivale. Quant aux métopes, elles n'étaient point sculptées. — A ce propos, je m'aperçois que j'avais oublié de dire que les métopes du temple C avaient été sculptées seulement sur les façades; elles étaient lisses sur les longs côtés du temple.

Ainsi, le temple D, postérieur d'un petit nombre d'années au temple C, offre déjà de sensibles progrès dans ses triglyphes, dans ses cannelures, dans les proportions de ses colonnes. Nous constaterons des progrès plus notables, si nous descendons de l'Acropole, traversons la petite vallée sablonneuse qui la sépare de l'autre moitié de la ville, et nous arrêtons devant les ruines entassées du temple désigné par la lettre F.

Ce temple présente six colonnes sur les façades, quatorze sur les côtés, en comptant deux fois la colonne d'angle, selon l'usage. Son plan reproduit, avec de légères modifications, le plan du temple C, le premier des temples que nous venons d'étudier. La cella, le temple proprement dit, a une longueur considérable en proportion de sa largeur :

car elle a neuf mètres de largeur sur quarante et un mètres de longueur. On retrouve le portique en avant du pronaos, quoique le portique serre de très près le pronaos, qui n'a ni antes, ni colonnes, mais un mur simple et des portes comme le temple de l'Acropole. Le portique serre de si près le vestibule, qu'il reste seulement assez de place pour le jeu des battants des portes sur la rainure circulaire dont on retrouve les marques. Enfin, s'il n'y a pas de marches sur la façade principale, c'est qu'on a fait plus encore: on a abaissé les degrés eux-mêmes. Le stylobate, qui n'est destiné qu'à rehausser les colonnes et à rester inabordable à la foule, a fait place à des marches continues tout autour du temple, qui n'ont que vingt-six centimètres chacune, et qui sont, par conséquent, accessibles et faciles au pied. C'est un défaut, je n'en doute pas, et, si le monument était debout dans son ensemble, on serait choqué de ce piédestal affaibli et trop mince qui ne répond pas à l'importance, à la fermeté écrasante de l'entablement, et ne semble pas fournir aux colonnes assez de force, un sol suffisamment épais et résistant pour porter leur fardeau. Si l'architecte s'est éloigné de la tradition et des modèles qu'il avait à Sélinonte même, dans l'Acropole, c'est qu'il a cédé aux convenances matérielles, c'est qu'il lui a fallu rendre son péristyle accessible de toutes parts à la multitude. En effet, lorsque Sélinonte se fut rapidement développée, quand

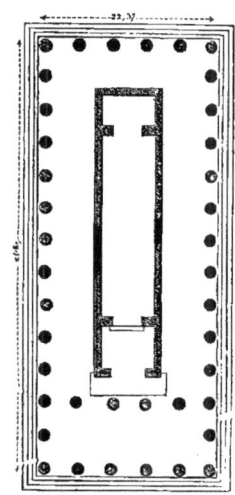

Fig. 26.

l'Acropole trop étroite ne put contenir sa population, la ville franchit le vallon que nous venons de franchir tout à l'heure par la pensée; elle s'établit sur le plateau oriental. et, dans le nouveau quartier, on bâtit un autre temple, où la religion et la vie civile conciliaient leurs exigences : c'était à la fois un temple et une agora. Le temple n'est point pour cela profané, car il est fermé; il reste toujours un sanctuaire. Le portique qui est ouvert au peuple lui sert d'annexe, d'ornement, et ne participe en rien au caractère sacré du naos, de la demeure du dieu.

Les colonnes ont un mètre quatre-vingt-deux centimètres de diamètre, neuf mètres onze centimètres de hauteur, c'est-à-dire exactement (à un centimètre près) cinq fois leur diamètre; proportion déjà plus élégante et qui dénote une époque plus avancée. Les autres temples n'avaient que quatre diamètres 1/2, quatre diamètres 2/5.

Ceux de Syracuse gardaient le même rapport : Corinthe, on se le rappelle, ne comptait que quatre diamètres. Cependant, au temple F, la diminution des colonnes vers le sommet est encore trop forte; le chapiteau et son tailloir ont une saillie exagérée; le galbe du chapiteau est toujours déprimé et mou : c'est une nécessité absolue, tant que le sommet de la colonne ne sera pas renforcé et ne permettra pas à la courbe du chapiteau qui unit la colonne au tailloir de suivre une ligne plus verticale, plus ferme, plus propre à entrer dans le sentiment général de l'architecture.

La frise a réduit la largeur de ses triglyphes, et la suite régulière et égale des mutules avec toutes leurs gouttes a pu se continuer sur les métopes. Mais ce qu'il y a de particulièrement beau et remarquable dans le temple qui nous occupe, c'est le couronnement, c'est le chéneau, qui surmonte les longs côtés du temple. Les ornements peints qui le décorent sont précieux pour l'histoire de l'art; leur conservation autant que leur style en ont fait un des éléments les plus importants pour la solution du problème de la polychromie. Ces peintures sont appliquées à nu sur la pierre; car, à Sélinonte, on employait deux sortes de pierres. La plus commune, qui servait à la construction générale de l'édifice, est un calcaire de première et de seconde formation, poreux, qui se décompose par l'action du temps. Mais la pierre destinée à recevoir les moulures supérieures, à former le couronnement et les ornements du temple, est un calcaire de troisième formation, d'un grain très dur, d'une qualité inaltérable. Les matériaux plus

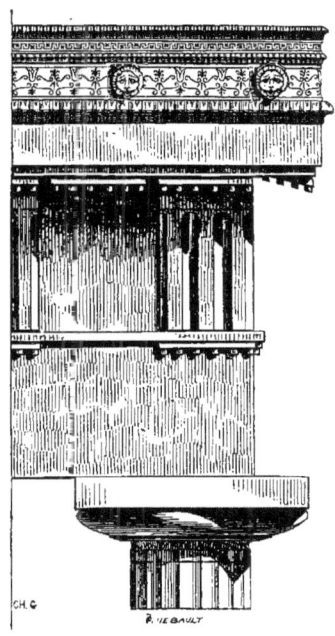

Fig. 27.

grossiers qui constituaient le corps du temple étaient revêtus de stuc; sur les couronnements, sur les moulures, la couleur est appliquée à nu. M. Hittorff a démontré cette différence par des preuves palpables.

Le portique qui précède la cella et s'élève en avant de son vestibule fermé, mérite encore notre attention. Il nous offre, en effet, une anomalie ou plutôt une innovation tout à fait remarquable. C'est qu'avec des chapiteaux doriques, les colonnes ont des cannelures qui plus tard ont été appelées *ioniques* : ce ne sont pas des cannelures à arêtes vives et tranchantes ; ce sont des cannelures séparées par des *baguettes*, par les intervalles aplatis et sensiblement épais de la colonne ionique. Sur le chapiteau lui-même, on voit se réduire le nombre des filets, c'est-à-dire des moulures creusées dans la pierre avec des arêtes tranchantes, et l'on a ajouté une *baguette*, une moulure arrondie, en bas du chapiteau. Ce mélange de détails qui, plus tard, ont été si distincts, si nettement attribués aux différents ordres, nous frappera bien plus encore lorsque nous retrouverons à Sélinonte, au milieu d'un temple dorique, du temple de Jupiter Olympien, un chapiteau d'ante avec les volutes ioniques.

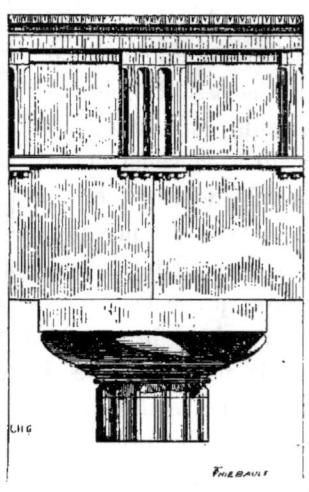

Fig. 28.

Faut-il tirer des conclusions précises de cette confusion ? Je ne le crois pas. Si le temple était plus ancien, on pourrait penser que l'ionique est encore mêlé au dorique, dont il ne se détachera que plus tard. Mais le temple de Sélinonte que nous désignons par la lettre F est voisin du siècle de Périclès ; il appartient à la fin du siècle de Pisistrate. Alors l'ionique existait : peut-être, les architectes de Sélinonte lui firent-ils un emprunt qui n'a rien, du reste, que de modéré, je dirais même rien que de naturel. Il faut, lorsqu'on critique une œuvre d'architecture, n'arriver aux explications théoriques et aux hypothèses, qu'après avoir cherché en vain les explications toutes matérielles, le besoin, la convenance, l'utilité. Ici, par exemple, qui nous dit que l'architecte n'ait pas donné aux colonnes de son portique intérieur des cannelures à baguettes, uniquement parce que la foule y était admise, parce qu'elle s'appuyait sur les colonnes, les heurtait? Au temple de l'Acropole, elle avait brisé les arêtes vives, fines, tranchantes des cannelures doriques : au temple du nouveau quartier, on mit les baguettes, dont la surface plate et moins délicate n'avait point à redouter de pareils accidents. J'emprunte le dessin de cette curieuse anomalie à l'ouvrage de M. Hittorff. M. Hittorff, qui a si longuement étudié les temples de la Sicile, qui a remué à Sélinonte, avec tant de difficulté et de patience, les amas de leurs énormes débris, M. Hittorff a découvert le premier les fragments de ces colonnes à cannelures ioniques ; le premier, il les a fait entrer avec une complète vraisemblance dans la restauration fictive du monument.

Je disais que le temple F doit être placé vers la fin du siècle de Pisistrate. Ses proportions plus élancées, la riche décoration de son entablement, me portent à le croire : ce qui m'y porte surtout, ce sont les sculptures qui ornaient les métopes, c'est-à-dire l'espace laissé vide entre les triglyphes. MM. Harris et Angel ont découvert parmi les ruines de ce temple, comme ils l'avaient fait déjà dans le temple de l'Acropole, deux métopes sculptées qui appartenaient à la façade. Sur les côtés, sur les longs côtés du temple, les métopes sont lisses et n'avaient reçu probablement que des ornements peints. Sur les façades, elles étaient sculptées ; le caractère de leurs sculptures, non-seulement montre un progrès considérable sur les sculptures du temps de l'Acropole, non-seulement atteste l'influence des écoles doriennes de la Grèce, ou plutôt de l'école éginétique (qui ne sait combien l'ile d'Egine et Mégare sont voisines?); mais le caractère de ces sculptures est déjà assez net, la tête surtout d'un Titan renversé par Minerve dénote assez d'habileté, de finesse, pour qu'on n'hésite pas à classer ce temple vers la fin du sixième siècle; ainsi se confirme le témoignage de l'architecture elle-même.

CHAPITRE VII.

LE TEMPLE DE JUPITER, A SÉLINONTE.

Il me reste à parler du plus grand temple de Sélinonte, du temple qu'on a attribué, par supposition, à Jupiter Olympien. Sa grandeur même a d'abord fait naître cette idée. A Agrigente, en effet, à Athènes, à Olympie, les Grecs réservaient pour le maître du ciel et le roi des dieux la demeure la plus vaste et la plus magnifique ; à Mégare, métropole de Sélinonte, à Mégare, qui avait peut-être envoyé des architectes avec Pammilus, le chef de la colonie, il y avait un temple remarquable de Jupiter Olympien. Les Sélinontins professaient un culte particulier pour Jupiter ; ils lui avaient consacré, à Olympie, un trésor destiné à contenir les trophées de leurs victoires. Enfin, outre l'immensité du temple, on sait, par l'étude même des ruines, que le temple était hypèthre, c'est-à-dire découvert à l'intérieur, comme une cour, et entouré de portiques. Or, quand nous discuterons, dans un de nos prochains chapitres, la question des temples hypèthres, nous verrons que les temples de Jupiter Olympien en particulier étaient hypèthres ; c'était une convenance imposée par les idées religieuses, chez les Grecs peut-être, chez les Romains assurément. Nous répéterons donc, avec tout le monde, *le temple de Jupiter Olympien*.

Avant tout, afin de concevoir une juste idée de sa grandeur, on peut citer ses principales dimensions, en les rapprochant d'un monument bien connu, que l'on regarde avec raison comme le plus grand temple des temps modernes, temple grec lui-même, quoique d'ordre corinthien et de proportion romaine. Ces rapprochements sont une communication que je dois à l'obligeance de M. Hittorff.

Le temple de Sélinonte a 50 mètres de largeur sur la façade; la Madeleine n'a que 41 mètres. La différence est de 9 mètres.

Sur ses longs côtés, le temple de Sélinonte a 110 m. 30 c.; la Madeleine n'a que 92 mètres. La différence est de 18 m. 30 c. De sorte que le temple de Sélinonte occupe en superficie 5500 mètres carrés; la Madeleine n'en couvre que 3722. Le différence est de 1878 mètres carrés.

Le diamètre des colonnes de Sélinonte, à la base, est de 3 m. 41, plus de 10 pieds. Le diamètre des colonnes de la Madeleine n'est que de 2 m. 10. La différence est de 1 m. 31, près des $2/5^{\text{èmes}}$.

La hauteur des colonnes avec l'entablement, à Sélilonte, est de 23 m. 60 c.; la Madeleine a 23 mètres. Avec l'entablement complet, le temple de Sélinonte avait 31 m. de hauteur. Avec son fronton si élevé, la Madeleine n'a que 32 mètres. Mais il faut songer que les proportions de l'ordre dorique ne permettaient de donner que quatre diamètres et deux tiers aux colonnes, tandis que les colonnes de la Madeleine ont près de onze fois leur diamètre en hauteur.

Je pourrais encore comparer le temple de Sélinonte au temple de Jupiter Olympien à Agrigente, et montrer qu'il était plus grand que le temple des Géants. Mais cette comparaison trouvera mieux sa place plus tard, lorsque nous étudierons les temples d'Agrigente.

Le plan du temple nous donne huit colonnes sur la façade, dix-sept sur les longs côtés. C'est le plan du Parthénon, mais combien le temple de Sélinonte est plus grand que le Parthénon ! Les plans qu'en ont publiés Wilkins et le duc Serra di Falco ne sont point assez conformes aux renseignements que donnent les ruines pour qu'on puisse y ajouter une entière confiance. Il y a même des erreurs graves qu'il faut attribuer à la difficulté de parvenir jusqu'au sol, couvert de gigantesques blocs de pierre, et de remuer ces blocs entassés les uns sur les autres. Il est malheureux que l'ouvrage de M. Hittorff sur la Sicile ne soit point achevé. Pour moi, qui ai visité et étudié

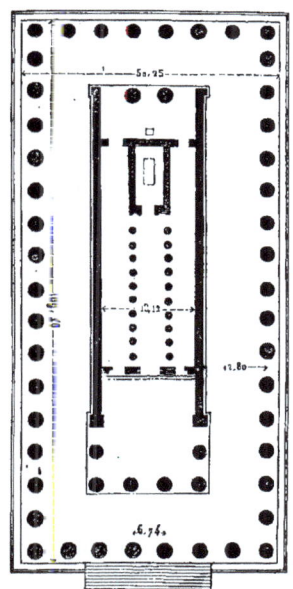

Fig. 29.

avec le plus grand soin les ruines de la Sicile, et qui sais quel riche butin de documents nouveaux et de dessins contiennent les portefeuilles de M. Hittorff, je ne cesserai point de lui demander la continuation d'un ouvrage qui intéresse à un si haut point et la science et l'histoire de l'art.

Au premier coup d'œil jeté sur le plan, nous reconnaissons le système appliqué aux trois temples que nous avons étudiés les premiers, système particulier aux architectes de Sélinonte et qui n'est probablement rien autre chose que la conciliation des besoins religieux et des besoins civils. Dans les monuments du siècle suivant, on ne trouve plus cette confusion. Les Sélinontins se conformeront aux traditions établies, même dans leurs plans. Ici, le péristyle est très écarté de la cella; cet écartement est tellement grand que Wilkins, architecte anglais, a été amené à supposer deux rangs de colonnes. D'après ce qui a été dit précédemment, on s'expliquera la cause de cette erreur et le but des architectes sélinontins. Le péristyle était destiné à la foule : la preuve, c'est que l'on trouve sur toute l'étendue de la façade, non pas seulement les hauts degrés du stylobate avec les petites marches intercalées, égales à l'entrecolonnement central, mais des marches véritables sur toute la largeur, sur un développement de 154 pieds. Ces marches ont 0 m. 28 c. de hauteur.

De la colonnade qui entoure le temple si nous entrons dans la cella, nous la trouvons elle-même disposée pour recevoir la foule.

En effet, non-seulement la porte du milieu existe, mais elle est flanquée de deux portes latérales auxquelles correspondent deux portes dans le mur du portique postérieur, qui s'appelle le posticum. Voici donc la disposition intérieure : le sanctuaire, adossé au mur de séparation, mur très épais, afin de soutenir le poids et le jeu des portes; le portique de dix colonnes, à droite et à gauche en avant du sanctuaire où était la statue du dieu; au milieu, la cour, l'hypèthre, espace découvert; sous les portiques, les passages directs pour la foule qui traverse, de porte en porte. Ainsi, dans ce vaste temple, tout est pour la foule, pour le passage; le dieu n'a de véritable sanctuaire que la partie la plus reculée de la cella, entourée de murs, et large d'environ 20 pieds.

Ainsi se complète le système dans lequel ont été conçus les plans des anciens temples de Sélinonte. A l'intérieur la foule, ou du moins les visiteurs sont admis et circulent de porte en porte, sous les portiques, comme par une allée couverte. A l'extérieur, le péristyle offre un abri aux citoyens pour leurs réunions ; c'est l'agora, c'est le marché peut-être, car on ne peut s'empêcher de songer au célèbre passage du Nouveau-Testament, qui nous montre Jésus-Christ chassant les vendeurs du temple. Le temple de Jérusalem était un sanctuaire plus fermé qu'aucun des temples de l'antiquité. Les marchands, les vendeurs avaient-ils donc pénétré dans le sanctuaire, dans le Saint des Saints? Il semble qu'ils devaient se tenir simplement sous le portique ; et, aux yeux du Christ, comme ce le serait aux yeux des modernes, c'était déjà une profanation. Les Grecs en jugèrent ainsi plus tard, et à Sélinonte on rendit les temples du siècle suivant inaccessibles.

Si du plan nous passons à l'élévation du monument, si nous n'examinons pas seulement sa disposition, mais sa construction, son style, nous reconnaissons qu'il est de deux époques bien distinctes, et qu'il présente, précisément à cause de son double caractère, un exemple tout à fait remarquable de l'esprit grec, de ses progrès logiques, de sa tradition pour ainsi dire inflexible.

Le temple de Jupiter Olympien n'avait pas été achevé ; c'est ce qui a fait supposer à Wilkins qu'on devait ajouter un rang de colonnes intermédiaires et établir autour du temple une double colonnade. La raison, à ses yeux, était la difficulté de couvrir le portique avec des pierres, des poutres formées d'une seule pierre, qui devaient s'appuyer et sur la colonnade et sur le mur : car elles auraient eu 11 mètres environ de long. Il a cru qu'il fallait des supports intermédiaires; mais nous verrons dans un instant quels immenses blocs de pierre les Sélinontins savaient extraire des carrières voisines situées auprès du fleuve Sélinus. Les Égyptiens savaient pousser bien plus loin encore l'emploi des monolithes, c'est-à-dire des matériaux gigantesques. Ici même, à Paris, ne voyons-nous pas les corniches rampantes du fronton du Louvre, du fronton qui surmonte la façade de Perrault, formées par deux pierres longues de plus de 50 pieds? Perrault avait fait extraire des carrières de Meudon ces deux monolithes qui depuis se sont fendus en différents endroits.

Le temple n'avait donc point été achevé : les colonnes sont étendues sur le sol, avec leurs chapiteaux tombés, par l'effort des machines, tombés un peu plus loin qu'elles. Les unes sont cannelées, les autres ont un commencement de cannelures, les autres sont encore brutes; elles ne sont point sorties de leur fourreau de pierre; car les anciens faisaient exactement ce que nous faisons aujourd'hui : ils dégrossissaient les colonnes, les chapiteaux, et construisaient. La sculpture de la pierre ne commençait qu'après l'achèvement des parties hautes, et toujours en descendant les échafaudages, de peur que d'inévitables accidents ne détruisissent les moulures, les fines arêtes des parties basses, si on les sculptait les premières. C'est là du simple bon sens. Les temples de Ségeste, de Délos, l'ancien Parthénon d'Athènes, nous présentent les mêmes particularités.

Or, non-seulement le temple n'avait pas été achevé, mais les travaux avaient été abandonnés au siècle de Pisistrate, puis repris au siècle de Périclès, puis interrompus encore par les malheurs publics, par les guerres. De sorte que le temple fut renversé par les Carthaginois avant d'être complet ; aussi ne doit-on chercher ni sculptures dans les frontons, ni sculptures sur les métopes, ni couleurs sur les moulures.

Les colonnes de la façade principale, c'est-à-dire, de la façade orientale, les colonnes des deux côtés longs, ont un chapiteau aplati, tandis qu'elles-mêmes sont amin-

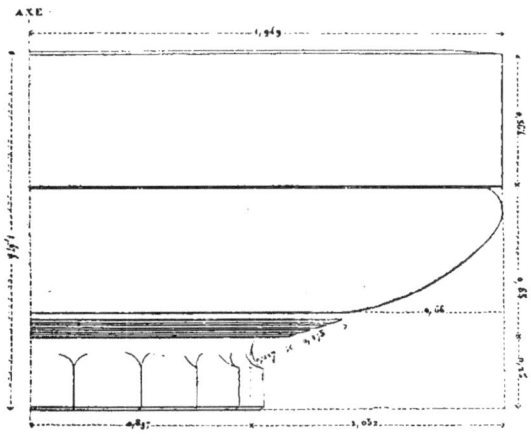

Fig. 30.

cies à l'excès vers le sommet : c'est le style archaïque, le style du siècle de Pisistrate.

Au contraire, la façade postérieure, la façade tournée vers l'Occident, a des colonnes dont le fût se rétrécit avec beaucoup de mesure ; par conséquent la colonne a plus de force, plus d'épaisseur, et son chapiteau se redresse, avec une ligne ferme, arrêtée, architecturale, qui appartient au beau siècle, au siècle de Périclès. Le dessin qui se trouve à la page suivante démontre mieux que toutes les explications la différence des deux époques et des deux styles.

C'est là un fait vraiment remarquable, qui fait voir

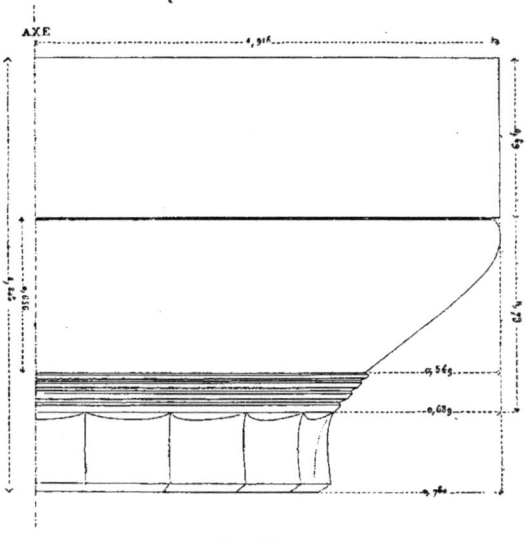

Fig. 31.

d'une manière frappante ce qu'était la tradition dans l'architecture grecque. Aujourd'hui, quand nous achevons un monument, que faisons-nous? Nous continuons le style, quelle que soit son époque, qu'il soit gothique ou de la Renaissance, bon ou mauvais, préférant un monument homogène, plein d'unité, à des corrections, à des innovations qui, excellentes en elles-mêmes, enlèvent à l'édifice son caractère et son ensemble. A Sélinonte, que voyons-nous? Un temple qui reste pendant longtemps à demi construit. L'argent manque, les sacrifices ont été considérables, des révolutions, des guerres sont survenues : on arrête les travaux. Mais pendant ce temps, l'art marche, en Sicile comme en Grèce, dans les colonies comme dans les métropoles : 50 ans, 60 ans, un siècle peut-être se sont écoulés. L'émulation, l'exemple d'Agrigente, ville voisine, ville rivale, qui construit son temple de Jupiter Olympien, après la défaite des Perses et des Carthaginois, provoquent un nouvel effort : Sélinonte reprend son œuvre. Que fait le nouvel architecte? Il suit le mode du temps, il suit la tradition, la tradition inflexible. Il ne peut rien changer au plan ni aux proportions; le diamètre des colonnes, leur hauteur, tout est donné, il faut qu'il accepte tout. Mais il peut changer le galbe des chapiteaux, le galbe des colonnes, et par cela seul leur donner un tout autre aspect. C'est ce qu'il fait et sans égard pour le passé ; car il donne à ses chapiteaux une courbe nette, décidée : il augmente l'épaisseur des colonnes à leur sommet, à la gorge, au-dessus du chapiteau, il l'augmente de 55 centimètres. Quel était l'effet, l'aspect de ces deux façades si différentes ? Nous ne pouvons en juger : mais il faut songer que cet effet était peut-être complétement sauvé, précisément parce que deux façades d'un rectangle ne se peuvent jamais voir à la fois ni comparer. Il est même possible qu'à une hauteur de 50 pieds (car les colonnes avaient 16 m. 60 de hauteur), on ne pût distinguer sans une grande attention le galbe de leurs chapiteaux ; et, par la perspective, l'amincissement des colonnes, ici très fort, là-bas très faible, ne se laissait saisir que par des regards exercés. Rien n'est plus propre à montrer combien les Grecs étaient peu épris de l'érudition en matière d'art, du pastiche, ou, si l'on veut, de l'unité de style. Ils suivaient le progrès et se conformaient à la tradition.

Je ne relève point l'erreur de l'architecte Cavallari et du duc Serra di Falco qui, embarrassés par la différence des chapiteaux, supposent que certaines colonnes appartenaient au péristyle, les autres à l'intérieur du temple. Nous devons chercher la vérité et non point nous arrêter à réfuter toutes les erreurs qui se présentent sur notre route : cela pourrait nous mener bien loin.

L'architecte qui continua le temple fit plus encore : il changea au plan ce qu'il pouvait y changer. Ainsi les antes ou pilastres du pronaos étaient anciennement en ligne avec les colonnes. Il les porta en avant, de façon à les démasquer

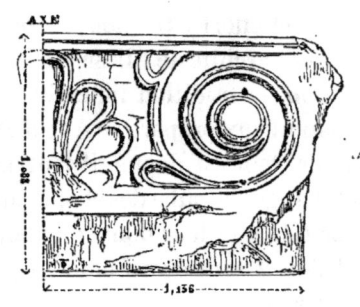

Fig. 32.

et se conforma, par conséquent, au progrès que dénotent le Théséion, le Parthénon et les beaux temples du ve siècle.

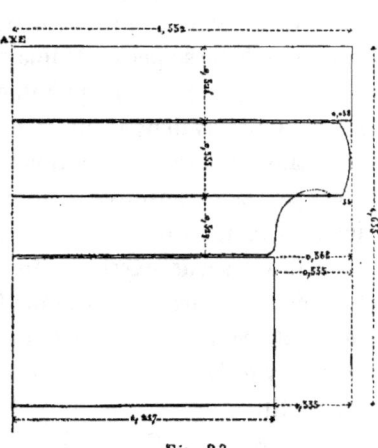

Fig. 33.

De plus, sur la façade la plus ancienne, les chapiteaux d'ante ont une forme primitive et confuse : ce sont deux volutes renversées avec une palmette (*fig.* 32), mélange singulier des éléments ioniques avec l'ordre dorique, souvenir d'une époque où les deux ordres n'étaient peut-être pas encore nettement déterminés. Au contraire, les chapiteaux d'ante sur la façade plus récente sont conformes aux traditions classiques du beau siècle : ils offrent la moulure (*fig.* 33) à bec de corbin. Mais la différence de deux pilastres aux extrémités opposées d'un temple, n'avait rien de bien sensible et ne portait que sur des détails. Il ne faut point comparer ces différences, parti pris que conseillait le respect de la tradition, avec les horribles ajustements du xviiie siècle, qui bâtissait des façades de son style en avant des églises gothiques ou des basiliques romaines.

L'époque de la première fondation du temple nous est inconnue, comme toute l'histoire des Sélinontins. Si nous examinons l'échelle des proportions, nous voyons que le diamètre des colonnes est de 3 m. 41, leur hauteur, de 16 m. 60 : le rapport, par conséquent, est de quatre diamètres deux tiers, c'est-à-dire un peu plus fort qu'au temple D dans l'acropole de Sélinonte, qui a quatre diamètres et demi; moins fort qu'au temple F, qui compte cinq diamètres. La construction du temple de Jupiter se placerait donc entre les deux époques de la construction de chaque temple : mais comme elles sont inconnues, il faut renoncer à trouver autre chose qu'une classification relative. D'après le style, on placerait le temple de Jupiter vers le milieu du vi[e] siècle, cent ans après la fondation de Sélinonte, cent cinquante ans avant sa ruine. La façade plus moderne serait postérieure de peu aux guerres médiques.

La beauté des matériaux employés pour ce temple frappe d'étonnement, et les débris eux-mêmes sont tellement grandioses, qu'on se demanderait presque comment on a pu manier de tels blocs. Mais, au fond, ce n'est qu'une question de bras et d'argent. D'ailleurs, l'énormité n'est qu'un mérite tout à fait secondaire en matière d'art.

Il y a des blocs qui mesurent près de dix-huit pieds de hauteur sur neuf ou dix pieds d'épaisseur. Les colonnes couchées sur le flanc ont encore, sur leur épaisseur, près de deux fois la taille d'un homme. Les carrières sont au-delà du fleuve Sélinus, de sorte qu'il fallait franchir la petite vallée qui sépare les deux moitiés de la ville et le Sélinus lui-même. On voit encore les tambours de colonnes demeurés depuis vingt-quatre siècles sur la route des carrières, ou adhérents au rocher d'où on allait les détacher.

L'aspect que présentent les ruines de Sélinonte est vraiment imposant. La chute de cette ville infortunée fut pour la Sicile ce que fut la destruction de Sybaris pour l'Italie, la destruction de Milet pour l'Asie-Mineure, d'Athènes pour la Grèce. Sélinonte est restée un lieu désolé, un désert. Son port, où se mêlaient jadis les galères grecques et les galères phéniciennes, a été comblé par les sables, et le torrent qui s'y jetait a reformé peu à peu les marais qu'Empédocle avait desséchés : car on avait appelé Empédocle d'Agrigente pour guérir la peste, c'est-à-dire la fièvre qui, dans le principe, enlevait les habitants par centaines. La fièvre, cette redoutable gardienne des ruines de la Grèce, a repris possession de Sélinonte; elle y règne, elle en chasse les hommes qui seraient tentés de profaner la solitude des monuments et la poésie des souvenirs. La nature elle-même semble frappée de stérilité : pas un arbre, des plaines en friche. Sur les deux petits promontoires où fut jadis Sélinonte, d'énormes et innombrables débris sont étendus sur le sol, tels que les machines de guerre des Carthaginois les ont renversés. Ils sont couchés comme une armée de braves le lendemain d'une défaite, tous à leur rang. Le voyageur contemple avec respect ces colosses qui semblent prêts à se relever et n'attendre que la voix de ceux qui les ont jadis créés. Il n'ose escalader leurs fragments gigantesques, dont le plus petit surpasse de beaucoup la taille de l'homme. Aucun témoignage de l'histoire ne peut donner une idée plus saisissante de la puissance d'un peuple qui a grandi si rapidement sur la scène du monde et qui en a été précipité si vite. Pendant ce temps, un soleil ardent pèse sur votre tête : la mer, à peine émue, renvoie mille étincelles et se colore au loin d'un bleu intense et profond; la brise qui souffle du large vient d'Afrique. On sent cet indéfinissable parfum d'une terre voisine, avant-coureur d'un immense continent. On croit distinguer l'Afrique, au moment où l'horizon se courbe et se dérobe; on croit entendre le flot qui expire sur la rive murmurer le nom de Carthage. C'est que Carthage est là, non loin, exactement en face, sur un promontoire qui s'avance vers la Sicile. C'est là qu'elle était assise, cette reine de la Méditerranée occidentale, que Sélinonte osa un jour ne plus craindre, et qui se vengea avec une rapidité et une perfidie toutes puniques. Carthage périt à son tour, car les ruines sont le dernier mot de l'histoire. Qu'en reste-t-il aujourd'hui? Que reste-t-il de Tyr? Quelles traces ont laissées ces grandes cités phéniciennes dont le seul génie était l'amour de l'or? Tandis que les Grecs ont assuré l'immortalité même à leurs ruines, les générations les plus reculées iront encore y chercher, non pas seulement des émotions, mais des modèles.

CHAPITRE VIII

LES TEMPLES DE PÆSTUM.

Sur les côtes de la Grande Grèce, dans une des plaines de la Lucanie, au-dessous du fleuve Silarus (aujourd'hui Sélé) se trouvent les ruines de Pæstum. Pæstum s'appela d'abord Posidonia, du nom de Neptune (*Poseidôn*). Velleius Paterculus, traduisant ce nom, l'appelle-t-il *Neptunia;* c'était la ville de Neptune, comme Athènes était la ville de Minerve (*Athéné*). Aussi voyons-nous le dieu des mers figurer sur les monnaies de Pæstum. Debout, se portant en avant d'un pas violent, il brandit son trident de la main droite, tandis que le bras gauche étendu semble commander aux flots. Ce type, à peine arrêté par les premiers essais de l'art, resta encore sur les monnaies de la plus belle époque. Le style se transforma, le dessin devint plus pur, plus parfait; mais l'attitude est gravée dans l'imagination populaire, elle est consacrée. On retrouve Neptune brandissant son trident, les jambes écartées, une légère draperie jetée, en guise d'écharpe, d'un bras sur l'autre; on le retrouve et sur les monnaies frappées au repoussé qui reproduisent en saillie et en creux tout à la fois une seule empreinte, et sur les belles monnaies au revers desquelles bondit un taureau.

Posidonia fut fondée par Sybaris, la plus puissante ville de la Grande Grèce, pendant un siècle, la plus promptement détruite; mais elle ne fut point détruite par les Barbares, comme Milet ou Sélinonte : elle fut détruite par d'autres Grecs. Car les colonies portaient partout avec elles les hostilités de race, les haines déplorables qui ne cessèrent jamais de déchirer la Grèce. Les Achéens, chassés du Péloponèse, étaient venus se fixer dans ces admirables campagnes de la basse Italie où la terre rendait cent pour un. Un certain nombre d'habitants de Trœzène avaient émigré avec eux, de concert ils fondèrent Sybaris. Des querelles s'élevèrent, à ce qu'il paraît, entre les deux peuples. Les Trœzéniens se séparèrent alors de leurs alliés et se fixèrent au-dessous de Silarus. Ils débarquèrent, construisirent au bord de la mer un camp retranché, ou, si l'on aime mieux, entourèrent de murs les champs dont ils s'emparaient. Les Lucaniens, possesseurs du sol, s'étaient enfuis dans les montagnes voisines. Ainsi fut fondée Posidonia (Strabon, VI, p. 254), auprès de la mer, vivant de la mer, en commerce constant avec Sybaris; c'était bien la ville de Neptune. Par là s'explique aussi un passage de Solinus (II, 10) qui appelle Posidonia une ville *dorienne*, quoiqu'elle fût considérée comme une colonie de Sybaris, qui était aux Achéens. Trœzène, la métropole, appartenait, en effet, aux Doriens, et nous ne nous étonnerons point de voir l'architecture dorique florissante à Posidonia. Sur les monnaies également on trouve quelquefois la forme dorienne de leur nom, ποσειδωνιαταν au lieu de ποσειδωνιατων. Quant au second nom, *Pæstum*, on en ignore l'origine. Fut-il donné par les Lucaniens, par les Aborigènes qui prononçaient mal le nom Posidonia et en faisaient Posdo et Posto? Fut-il donné par les Romains quand ils conquirent Posidonia? on l'ignore. Le nom de Pæstum est seul resté et c'est le nom que nous emploierons comme tout le monde.

Pæstum fut fondée bien peu de temps après Sybaris, par conséquent au commencement du viiie siècle avant J.-C. Il est vraisemblable que les Lucaniens ne renoncèrent point sans combat à leur territoire; qu'ils essayèrent plus d'une fois de jeter à la mer les étrangers qui s'établissaient violemment chez eux. Mais l'histoire se tait sur toute cette époque et nous ne pouvons soupçonner l'importance et la prospérité de Pæstum que par ses ruines. La plaine, jadis si fertile, au milieu de laquelle elle s'étendait, son beau golfe entre les deux promontoires de Minerve et d'Énipée, le port Alburnus à l'embouchure du Silarus, le bois de Diane, bois sacré, aux grands arbres séculaires qui ombrageaient l'une et l'autre rive du fleuve, les monts Alburniens dans le lointain, tel est le cadre au milieu duquel il faut voir Pæstum par la pensée. Joignez-y des murs épais de trois mètres qui sont encore debout, des tours aux larges et puissantes assises; n'oubliez pas un air tiède, un ciel alors favorable, et ces champs de roses chantés par les poètes latins : *Biferi rosaria Pæsti* dit Virgile; *Odorati victura rosaria Pæsti* dit Properce, et le Tasse, dans sa *Jérusalem délivrée,* répétera après eux :

> *Quindi insieme venia la gente esperta*
> *Dove sol che abbonda di vermiglie rose.*

Mais ces roses, je crains bien que le Tasse ne les ait vues que dans Virgile.

La Fable avait répandu autour de Pæstum quelques-unes des riantes fictions que les villes anciennes regardaient comme des titres de noblesse, et dont elles s'entouraient pour se vieillir à plaisir. On disait que les Argonautes avaient abordé à l'embouchure du Silarus et que Jason y avait élevé un temple à Junon. Hercule était venu aussi en

Lucanie. Les iles des Sirènes n'étaient point éloignées et n'avaient pu retenir le prudent Ulysse. C'est pourquoi l'on voit une sirène sur quelques monnaies de Pæstum. Au sommet d'une des portes de la ville, d'une époque plus récente, il est vrai, et qui forme un passage voûté, une sirène a été sculptée.

Il semble que Pæstum dut profiter singulièrement de la ruine subite de Sybaris. Je n'ose redire, et cela parce que je ne puis y croire, ce que les anciens racontent de Sybaris. Une ville qui comptait vingt-cinq villes dans sa dépendance et pouvait lever trois cent mille hommes, et qui, d'un autre côté, décernait des honneurs à quiconque inventait un nouveau mets; où l'on entendait gémir ceux que blessait le pli d'une feuille de rose, voilà de bien grandes exagérations! Et ce Sybarite qui partageait le frugal repas d'un Spartiate : — « Je ne m'étonne pas, disait-il, si les Spartiates sont de bons soldats; la mort est bien préférable à une telle vie. » En tout cas, les Sybarites payèrent cruellement leur molle et fastueuse puissance. L'an 510, ils exilèrent quelques citoyens trop ambitieux; et Crotone, ville rivale et qui voulait devenir la première dans la Grande Grèce, accueillit les bannis. La guerre éclata : les Sybarites furent défaits; les Crotoniates en firent un affreux massacre. Milon l'athlète, le fameux Milon de Crotone marchait à leur tête, armé d'une massue comme Hercule. Puis, ils s'emparèrent de la ville, la rasèrent, et, pour en effacer jusqu'au souvenir, ils détournèrent un fleuve voisin et le firent passer à la place où s'élevait quelques jours auparavant Sybaris.

Un grand nombre d'habitants dut chercher un asile à Pæstum. Cependant, si la population augmenta, il ne semble point que la ville se soit etendue, car l'enceinte des murs existe encore : ils sont en partie renversés, en partie debout, quelquefois jusqu'à une hauteur de six mètres. Or, la ville n'avait guère plus d'un kilomètre et demi de long sur un kilomètre de large. Il est vrai que les faubourgs, le port Alburnus, la campagne même ont pu être habités. Ce serait vers cette époque, c'est-à-dire vers 500 avant Jésus-Christ, après quelques années nécessaires pour établir le calme, le progrès, l'équilibre, que je placerais la construction du grand temple, dont le style est déjà voisin du beau siècle, du siècle de Périclès, en même temps que les proportions appartiennent au siècle de Pisistrate. Quant au Portique et au petit temple que l'on appelle quelquefois le temple de Cérès, ils sont plus anciens, beaucoup plus anciens : ils étaient bâtis depuis longtemps, lorsque Vélia ou mieux Élée fut fondée en 553 par une colonie phocéenne. Peut-être était-ce à leur construction que les architectes de Pæstum devaient leur célébrité : c'est pourquoi l'un d'entre eux fut appelé pour présider à la fondation de la nouvelle ville, ou aux embellissements de la ville étrusque que les Phocéens voulaient agrandir.

Pæstum compte dès lors cent années de prospérité qui sont entourées d'autant d'obscurité que ses origines et sa croissance. L'histoire ne parle plus d'elle que pour raconter ses malheurs.

Nous suivons partout avec le plus vif intérêt l'établissement des colonies grecques sur les côtes de l'Asie, de la Thrace, de la Sicile, de l'Italie. Mais nous songeons rarement aux habitants des pays que les Grecs envahissaient, aux propriétaires du sol qui devaient céder leurs plaines les plus fertiles, se retirer dans l'intérieur, être exclus de la mer. Sur toutes les côtes de la Méditerranée, nous voyons la race grecque ou la race phénicienne asseoir ses innombrables établissements, refouler les indigènes, comprimer violemment des pays qui ne peuvent plus respirer, en quelque sorte, que par l'entremise du commerce grec. Mais il y eut parfois des réactions redoutables. L'empire des Sicules, par exemple, faillit se constituer sous le roi Ducétius et les grandes colonies de la Sicile tremblèrent un jour. Les Lucaniens furent plus heureux ou plus persévérants que les Sicules. Pressés au sud et à l'ouest par les peuples grecs qui étendaient leurs conquêtes, menacés au nord par Rome qui commençait à grandir, ils réunirent toutes leurs forces et frappèrent un coup désespéré. Cette guerre nationale, qui fait honneur aux Lucaniens, doit être placée entre l'an 438 et l'an 424 avant Jésus-Christ; elle fut fatale à des villes florissantes, à Pæstum, à Métaponte notamment. Pæstum fut attaquée et prise la première. Ses belles fortifications, ses temples, son port, tout ce que le génie grec avait créé devint la jouissance des conquérants, ou plutôt des légitimes possesseurs du sol. Ils ne détruisirent point la ville, ils la gardèrent, en substituant le nom barbare de Pæstum au doux nom de Posidonia. Les Grecs furent chassés ou s'enfuirent : il n'en resta qu'un petit nombre; ils consentaient à demeurer opprimés plutôt que de quitter leur patrie. Tous les ans ils se réunissaient pour entretenir de douloureux souvenirs, pour pleurer la liberté perdue et leur grandeur passée; c'était la *Fête des larmes* dont parle Athénée (xiv, p. 682). En vain les Grecs Italiotes appelèrent Alexandre, roi d'Épire, à leur secours. Alexandre assiégea Pæstum sans pouvoir la prendre. Les Lucaniens se défendirent vaillamment derrière les fortes murailles que les Grecs avaient construites pour eux. Ils les gardèrent jusqu'à ce que la domination romaine enveloppât de son irrésistible étreinte et les vainqueurs et les vaincus.

Dans les temps modernes, l'histoire de Pæstum, comme celle de tant de lieux célèbres dans l'antiquité, n'offre que ruines et désastres. En 915, les Sarrasins s'en emparent et la détruisent. En 1080, Robert Guiscard fait fouiller et piller les temples, enlever les matériaux précieux, emporter les colonnes qui devaient orner les églises de Salerne. Pæstum se releva cependant, mais pour dépérir pendant cinq siècles. Les eaux avaient formé des marais dans une plaine naturellement basse; les sables poussés par les flots s'étaient accumulés à l'embouchure des rivières. Déjà, il faut bien le dire, au temps de Strabon, la campagne était malsaine et l'écoulement des eaux difficile (vi, p. 251). En outre, pendant le moyen âge, les égouts, les aqueducs, les conduits de toute sorte avaient été comblés ou détruits. Les habitants manquaient d'eau; il fallut enfin quitter des demeures inhospitalières. On alla chercher sur la montagne, à Capaccio, des sources et un air pur. Pæstum fut abandonnée en 1580. Depuis lors, les trois temples qui avaient été épargnés sont restés solitaires et silencieux (voy. pl. 3). La plaine est en grande partie inculte; c'est un désert habité par la fièvre, où quelques bergers maladifs mènent paître leurs buffles à demi sauvages.

Pendant deux cents ans, Pæstum resta même oubliée complétement du monde, et ce fut une véritable découverte, lorsqu'au milieu du xviiie siècle on signala l'existence de ces ruines remarquables. En 1745, le baron *Antonini* en parla dans son ouvrage sur la Lucanie. En 1750, Soufflot, qui devait être un jour l'architecte du Panthéon, mesura les temples, et ses dessins furent publiés en 1764 par Dumont, professeur d'architecture. Un auteur anonyme les fit bientôt connaître à l'Angleterre en 1767; l'année suivante, Thomas Major en faisait l'objet d'une publication plus soignée qu'exacte. En 1784, le Père

Paoli, d'après les conseils du comte Gazzola, écrivait ses longues dissertations d'un goût tout italien.

En 1793, Delagardette, architecte français, composait, sur Pæstum, le meilleur ouvrage qui eût encore paru; ouvrage auquel on rend pleine justice lorsqu'on se reporte au temps où il fut fait. Malheureusement, on est obligé quelquefois de révoquer en doute le témoignage même de l'auteur, ce qui est grave.

Enfin, les travaux les plus complets, les plus distingués que nous possédions sur ces monuments aujourd'hui bien connus des voyageurs, nous les devons à des pensionnaires de l'Académie de Rome; à M. H. Labrouste, qui mesura, en 1818, l'ensemble des ruines et en fit une restauration remarquable; à M. Thomas, qui s'attacha particulièrement au grand temple en 1848. Ses dessins, qui sont aussi bien d'un peintre que d'un architecte, tant l'exécution en est belle, ont été exposés en 1849 à l'école des Beaux-Arts. Ils sont aujourd'hui, ainsi que les beaux travaux de M. H. Labrouste, conservés dans les archives de l'Institut.

C'est M. Thomas qui, secondé par un autre architecte de l'Académie de Rome, M. André, a découvert, en avant du grand temple, un autel long de plus de huit mètres. Nous apprécierons plus tard l'intérêt de cette découverte.

Je disais tout à l'heure que parmi les ruines de Pæstum les plus anciennes semblent remonter au commencement du vi^e siècle. Peut-être remontent-elles encore plus haut, et cependant il ne nous reste rien des premières constructions, des premiers temples de la ville de Posidonia. En effet, des trois monuments, celui qui paraît le plus primitif, et par ses proportions et par son style, n'est pas un temple, c'est un édifice civil, c'est un portique que l'on a confondu à tort avec les basiliques des anciens, et auquel on a donné le nom de basilique. Nous ne conserverons point ce nom, qui n'est nullement justifié par la disposition de l'édifice. On n'y trouve, en effet, ni les murs ni les portes qui doivent fermer la basilique, ni le tribunal où devaient siéger les juges. Comme l'on peut s'en convaincre par l'examen du plan, c'est un portique ouvert de toutes parts, libre, accessible à la foule, coupé dans son axe par une file de colonnes; c'est pourquoi l'on voit neuf colonnes sur les façades: quatre de chaque côté, une au milieu qui répond à la ligne de colonnes qui coupe en deux moitiés toute la longueur du portique. Sur les façades latérales, il y a seize colonnes, dix-huit si l'on compte deux fois les colonnes d'angle, de sorte que l'ensemble du périmètre était fermé par cinquante colonnes. Il faut donc renoncer au nom de basilique et appeler cet édifice un Portique, un portique comme le Pœcile d'Athènes, quoique le plan fût bien différent, nous le savons par la copie de la villa Adrienne, un portique comme il y en avait dans toutes les villes grecques pour les réunions des citoyens, pour les marchands, pour la vie extérieure, publique, en plein air, des cités antiques. Cicéron ne raconte-t-il pas que P. Sylla ayant conduit une colonie à Pompéi,

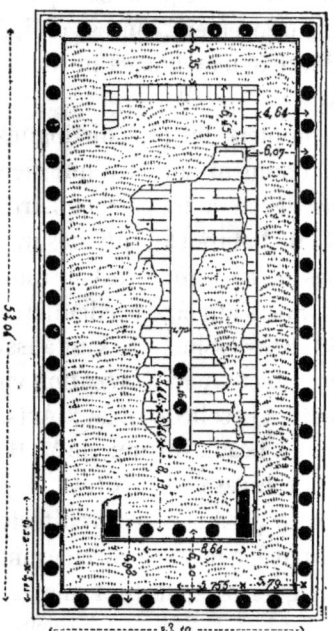

Fig. 34.

la guerre civile faillit éclater parce que les premiers habitants voulaient se réserver la possession exclusive du portique, où ils se rassemblaient et venaient causer aux heures de pluie ou d'ardent soleil?

Mais il est bien clair qu'une ville qui se fonde ne bâtit un portique pour la commodité des citoyens qu'après avoir satisfait aux exigences de la religion, qu'après avoir élevé des temples aux dieux, ou, tout au moins, un temple à sa divinité protectrice. Où est le temple de Neptune, qui non-seulement était le dieu protecteur de Posidonia, mais qui lui avait donné son nom? Il a été détruit avec tant d'autres monuments du même genre dont les villes grecques étaient si riches; il a été détruit, et nous voyons par là combien à tort on attribue à Neptune le célèbre temple qui est encore debout et qui n'a pu être construit, nous nous en assurerons tout à l'heure, qu'à l'extrême limite du siècle de Pisistrate, c'est-à-dire deux cents ans après la fondation de la ville. Aucun témoignage historique, du reste, aucune inscription, aucun indice ne justifie le nom de temple de Neptune qu'on a donné au plus grand temple, non plus que le nom de *Cérès* qu'on a donné au plus petit temple, parce que Cérès figure sur quelques monnaies. Ces attributions sont contestables autant qu'elles sont populaires. Mais précisément parce qu'elles sont populaires, nous dirons toujours le *Temple de Neptune*, le *Temple de Cérès*, bien prévenus toutefois que nous cédons à une pure fantaisie.

On a découvert à Pæstum, en 1830, un troisième temple qu'on appelle le temple de la Paix. Quelques fragments apparents à la surface du sol avaient déjà été dessinés par les voyageurs; mais ce ne fut qu'en 1830 que le roi de Naples fit entreprendre des fouilles. Les fouilles mirent au jour le plan et les détails d'un temple hexastyle, c'est-à-dire d'un temple qui avait six colonnes sur la façade. Ce temple est d'époque romaine et offre un mélange curieux de grec et d'étrusque, sorte de composite qu'on ne peut rapporter qu'à la décadence de l'art; nous n'avons donc point à nous en occuper maintenant. Cependant, comme le temple de la Paix présente des détails extrêmement intéressants, notamment ses sculptures et ses chapiteaux, où figurent des têtes humaines à la manière étrusque, je le signale à l'attention des lecteurs. Ils en trouveront les dessins et une excellente restauration dans le deuxième volume *des Planches* de l'Institut archéologique de Rome. Dans le deuxième volume *des Annales* de ce même Institut, partie française, à la page 98, se trouve le mémoire explicatif, rédigé par l'auteur de la restauration, M. *Morey*, architecte français.

Nous revenons au portique, qui compte cinquante colonnes sur son périmètre, et qui, à l'intérieur, était divisé, traversé dans son axe par un rang de colonnes, isolées, destinées à supporter la toiture; car c'est là la définition, le but même d'un portique, à part les ornements que l'art peut y ajouter : un portique est un abri pour la foule, un promenoir couvert. Comme construction, il n'est besoin que de murs pour le fond des portiques et de supports pour la couverture; comme appropriation, il faut le plus de dégagement, le plus d'espace possible.

Les colonnes ont 1 m. 38 c. à la base, 6 m. 11 c. de hauteur, ce qui fait quatre diamètres et 2/5 de proportion. Toutefois, il faut tenir compte à Pæstum, plus que dans toute autre ville grecque, de l'emploi du stuc. Les matériaux sont défectueux; c'est ce qu'on appelle en Italie du travertin, pierre très dure, inaltérable, mais dont la surface est naturellement, par sa formation même, percée de trous, rongée profondément. Les Grecs devaient donc appliquer une couche de stuc assez épaisse (il en reste de nombreuses traces à Pæstum) afin d'obtenir les moulures fines, suivies, délicates de leur architecture. Or, le stuc devenait d'autant plus épais à la base, surtout avec des colonnes galbées comme le sont celles du portique; de sorte que nos mesures ne sont pas exactes, aujourd'hui que le stuc est tombé. Il faut supposer un diamètre plus fort vers la base, ce qui donne aux colonnes des proportions encore plus pesantes.

Le chapiteau est remarquable et a donné lieu à bien des conjectures, parce qu'il déroge un peu aux habitudes de l'ordre dorique. On observe, en effet, qu'au-dessous du lobe, il y a une gorge ornée de petites feuilles sculptées. Cet ornement, que l'on retrouve au temple de Cérès, a paru aux uns dénoter l'influence égyptienne, aux autres l'influence étrusque. Une troisième opinion, qui est celle de M. H. Labrouste, reconnaîtrait dans ce chapiteau une innovation, un caractère original de l'architecture propre aux habitants de Pæstum. Je crois qu'il n'en est rien, et qu'aucun de ces systèmes n'est fondé. Le chapiteau du portique est grec, parfaitement grec, grec dorique, tout aussi bien que les chapiteaux des temples de Sélinonte que je décrivais précédemment. Il a exactement le même galbe, le même profil; il a le même refouillement qui forme une gorge au-dessous du chapiteau. Seulement, à Pæstum, on a orné cette gorge, on l'a trouvée nue, elle a paru propre à une légère décoration, on y a sculpté de petites feuilles. Mais ce n'est qu'un ornement, c'est-à-dire l'idée, le caprice d'un architecte qui ne change rien aux lois constitutives de l'ordre, aux règles de la tradition, au style de l'époque. Il garde le style, le galbe, les profils de son temps; mais voyant ce trou, ce refouillement, cette gorge, il y glisse un ornement. Ce n'est point là une altération de l'art grec; cela ne constitue en rien un art original à Pæstum. Du reste, il y a une épreuve bien simple à la fois et toute décisive : dessinez à la même échelle les chapiteaux des vieux temples de Sélinonte, joignez-y, si vous le voulez, le chapiteau du temple de Métaponte, et d'autres temples doriques de la même époque, comparez-les au chapiteau du portique de Pæstum, vous avez la reproduction, le calque, pour ainsi dire, du même motif; les profils s'appliquent les uns sur les autres ou bien ne se distinguent que par des nuances, imperceptibles; à Pæstum, la nuance, c'est la diminution des filets afin de faire place aux feuilles sculptées dans la gorge. Il nous reste si peu de monuments de l'ancienne Grèce, appartenant aux premiers siècles de l'art, que les éléments de comparaison ne suffisent point pour autoriser les inductions et les systèmes précis. Aussi, me tiendrai-je, autant que possible, sur la réserve, m'attachant surtout à l'analyse du monument lui-même, à des rapprochements que je n'oserai presser trop vivement. Ce principe du feuillage, qui naît au col du chapiteau, ne fait-il pas penser à l'ordre corinthien, qui le reprendra, qui fera grandir ce feuillage, qui étendra une végétation plus nerveuse à la fois et plus luxuriante sur le chapiteau lui-même?

Ceux qui ont attribué à une époque de décadence le portique de Pæstum n'avaient point vu, sans doute, d'assez près les ornements peints jadis, aujourd'hui sculptés, sur le lobe du chapiteau, au-dessous de cette surface convexe, arrondie, qui s'applique sur le tailloir et se développe sur un plan perpendiculaire au rayon visuel. Il faut dire que ce portique est composé de pierres qui ne sont point d'un grain également dur, également beau; de sorte que les unes ont été attaquées par le vent du large, par les brises humides et fortement salées de la mer; les autres ont conservé une surface inaltérable. Sur les chapiteaux en pierre dure, les couleurs ont été effacées par vingt siècles, comme il est naturel de le penser, et il n'en reste aucune trace. Mais sur les chapiteaux en pierre tendre, l'action du temps et des sels, dont le vent d'Afrique arrive imprégné, a rongé la surface de la pierre partout où elle n'était point protégée par les ornements, c'est-à-dire par une double ou triple couche de couleur. Au contraire, les ornements ont été respectés; l'enduit plus épais qui les avait formés défendait la pierre, la conservait, tandis que tout autour le fond s'attaquait, se rongeait, s'abaissait. Les ornements forment aujourd'hui une légère saillie; si bien que la couleur a disparu assurément, mais les contours que la couleur protégeait sont restés et semblent sculptés, bien que jadis ils fussent peints sur une face lisse. J'ai observé le même phénomène, œuvre capricieuse du hasard, sur un débris de Sélinonte et sur un fragment du temple de la Victoire sans ailes à Athènes. Les ornements gravés ainsi sur les chapiteaux sont d'un style et d'une beauté tout à fait grecs; ce sont la palmette, le lis marin portés sur leurs élégantes spirales. Assurément, on ne découvrira dans le style de cette décoration aucune trace de décadence. Les dessins sont d'un art très pur et d'un caractère très ancien, comme les ornements si remarquables des vieux vases grecs et du vieux Parthénon d'Athènes.

Je sais bien, et je le reconnais à l'avance, que le chapiteau de l'ante est encore barbare, étrange; sa courbe rentrée, les appendices qui ont été ajoutés au sommet en guise d'oreilles sont choquants, et l'on cherche en vain des analogies. Ce n'est pas la première fois que l'on reconnaît que le dorique du siècle de Pisistrate, que le vieux dorique est complet, mais qu'il n'est pas parfait. Autrement, que resterait-il pour le progrès? Le dorique est complet, car nous avons l'ante, son chapiteau qui couronne le pilastre; or, l'ante, c'est la face parée, décorée du mur, en harmonie avec les colonnes. Mais il faut remarquer que cette idée de couper le mur de la cella, d'en montrer et d'en orner l'arrachement, doit être un des derniers problèmes résolus par les architectes grecs. Nous voyons, en effet, que d'abord on ferme simplement la cella par le retour des murs et une porte; en avant, un portique isolé. Plus tard, lorsqu'on fait un pronaos avec des colonnes, on applique contre l'arrachement du mur des colonnes qui se fondent avec lui, qui s'engagent. Nous en avons un exemple à Sélinonte. La découverte de l'ante, c'est-à-dire d'un pilier en légère saillie, fut le troisième progrès. Mais la grande difficulté fut évidemment de trouver à ce pilastre un chapiteau dont les lignes droites pussent se marier avec les lignes circulaires du chapiteau des colonnes voisines. Il fallut du temps avant que l'on arrêtât ces admirables moulures du chapiteau d'ante des beaux siècles. Eh bien! le chapiteau d'ante du portique n'est qu'un tâtonnement. C'est l'art qui n'a pas encore trouvé sa formule. Nous avons encore remarqué un tâtonnement d'un autre genre sur le chapiteau d'ante du temple de Jupiter Olympien à Sélinonte.

Le temple que l'on est accoutumé à attribuer à Cérès a six colonnes sur les façades, treize sur les côtés; c'est un temple hexastyle. Le plan est très difficile à retrouver, parce que le péristyle est seul resté debout. Les pierres des murs, matériaux rectangulaires et propres à être employés dans les constructions, ont été enlevées par les modernes. Le plan imaginé par l'architecte Wilkins ne saurait être accepté. Il y a en avant de la cella un portique de quatre colonnes; puis le pronaos, la cella fermée et l'opisthodome. Du reste, on est peu tenté de s'attacher à résoudre ces problèmes, lorsqu'on sait que le plan est d'époque romaine. L'intérieur semble une disposition postérieure de beaucoup à la construction primitive : la base ionique ou corinthienne qui est encore en place, sa disproportion avec les colonnes du péristyle, ses moulures d'un style mauvais, la mosaïque, non moins digne de critique, qui formait le pavement du temple, tous les indices se réunissent pour annoncer l'époque romaine.

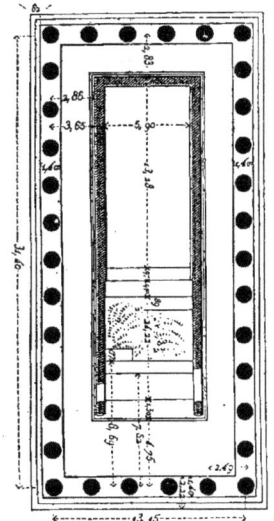

Fig. 35.

C'est que l'on retrouve, dans le temple de Cérès, la main de deux époques bien différentes. Le péristyle, avec ses chapiteaux et ses architraves, avec les degrés du soubassement, est de style grec, du même style que le portique que nous venons d'étudier. Au contraire, la frise, les corniches, le fronton, la décoration intérieure, ou du moins ses débris, sont d'une époque de décadence.

En effet, il y a au-dessus de l'architrave un bandeau qui la sépare de la frise et de ses triglyphes. Ce bandeau, sans exemple dans l'art grec, est orné d'oves dont la sculpture est peu satisfaisante, comme le bandeau du Colysée. En outre, les gouttes des triglyphes ont été supprimées. Les triglyphes eux-mêmes sont rapportés et ils manquent sur les angles, précisément parce qu'on ne pouvait les y rapporter. Au théâtre de Marcellus, à Rome, on trouve des triglyphes adaptés de la même façon.

Les profils de l'entablement n'ont rien de grec; ce sont des profils romains. Le dessous de la corniche n'est point orné de mutules, mais de caissons. Les corniches rampantes des frontons sont également plafonnées avec des caissons. Il est donc très naturel d'affirmer que, si le péristyle est d'époque grecque et archaïque, les parties hautes du temple et l'intérieur ont été refaits à une époque plus récente, à l'époque romaine.

Le péristyle et les architraves sont même d'un beau travail, précis, soigné et qui tient de près au travail du Portique. Si l'on compare les deux monuments, on observera le même chapiteau, la même feuille dans la gorge du chapiteau. Ce qui varie, ce sont les proportions. Les colonnes ont 1 m. 25 c. de diamètre sur 6 m. 01 cent. de hauteur. La proportion est donc de quatre diamètres 4/5; elle est de deux cinquièmes de diamètre plus haute qu'au Portique. Mais nous sommes encore loin des proportions du siècle de Périclès qui atteindront cinq diamètres 1/2 et même six diamètres.

Le stylobate a 1 m. 18 c. : il est par conséquent conforme à la tradition dorique et peu accessible au pied des hommes.

Non-seulement le diamètre des colonnes, mais la courbe du chapiteau offre une nuance sensible. Elle est plus droite, plus ferme : les ornements sculptés ont été retirés. Tout indique un progrès et l'on voit à la fois que le Portique a servi de modèle, mais que le modèle a été amélioré. Il faut remarquer encore la différence des cannelures. Au sommet des colonnes du Portique, elles se terminent comme des cannelures ioniques, par un contour arrondi, tandis qu'au temple de Cérès elles finissent par un filet tranchant qui annonce une tradition plus avancée et une difficulté mieux résolue.

Il est impossible de dire à quelle époque de la domination romaine le temple de Cérès a été achevé ou entouré. Quand

Pæstum, municipe de la Lucanie, n'avait plus que ses jardins, ses grands monuments et le souvenir de son passé, elle attirait peu l'attention des historiens. Sur une de ses monnaies de bronze, je trouve représenté un temple vu de

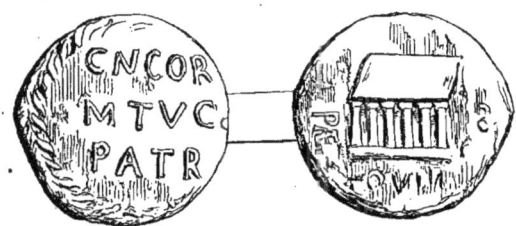

Fig. 36.

côté, exhaussé sur un stylobate de trois degrés, et dont la couverture a une importance exagérée. Sur la face opposée on lisait les noms de Cnéius Cornélius et de Marcus Tuccius, *patrons* du municipe. Les lettres PATR, gravées à la suite de ces deux noms, avaient fait croire à Mionnet, bien à tort, que cette monnaie devait être classée parmi les coloniales autonomes de Patras (t. IV supplément, p. 135, n° 911). Il résulte de ce petit monument que M. Tuccius et Cn. Cornélius, membres de deux grandes familles de Rome, patrons du municipe, firent élever ou restaurer un temple à Pæstum; restaurer plutôt, car le temple n'est point présenté de face avec son fronton; il est pris de côté, avec une toiture exagérée, comme pour rappeler une réparation des parties hautes de l'édifice. Rien ne prouve d'ailleurs que le temple gravé sur la monnaie soit le temple de Cérès. Mais comme le temple de Cérès a été manifestement remanié à l'époque romaine, ce rapprochement m'a paru digne d'intérêt.

Il nous reste à étudier le grand temple, le plus beau (Voy. *pl.* 3) et le plus célèbre, qui a été attribué à Neptune,

— 136 —

bien que le temple de Neptune dût être plus ancien que tous les autres et ait disparu, selon toute vraisemblance.

Le temple a 58 m. 1 c. de long sur 26 m. 25 c. de large. Le péristyle a été conservé comme dans les autres édifices, parce que les tambours des colonnes ne pouvaient servir aux constructions modernes ; au contraire, une grande

Fig. 37.

partie des matériaux rectangulaires qui formaient les murs a été enlevée. Cependant, à l'intérieur même du temple, subsistent des parties d'une importance extrême, notamment les deux colonnades superposées. Le plan, que l'on trouvera gravé à la *planche* 3, est comme écrit sur le dallage encore conservé. Le sol correspond exactement à l'élévation du monument qui semble avoir été mis au carreau avant d'être bâti. Non-seulement toutes les dalles sont d'une dimension calculée de telle sorte qu'elles se répartissent également sous les colonnes et dans les entre colonnements ; elles portent, en outre, des tracés qui attestent un plan graphique. On reconnaît la place des colonnes, les contours des cannelures à la base, les axes tracés par des lignes. Le dallage de Pæstum offre autant d'intérêt que celui des Propylées ou du Parthénon.

Je n'ai pas besoin de détailler les diverses parties du

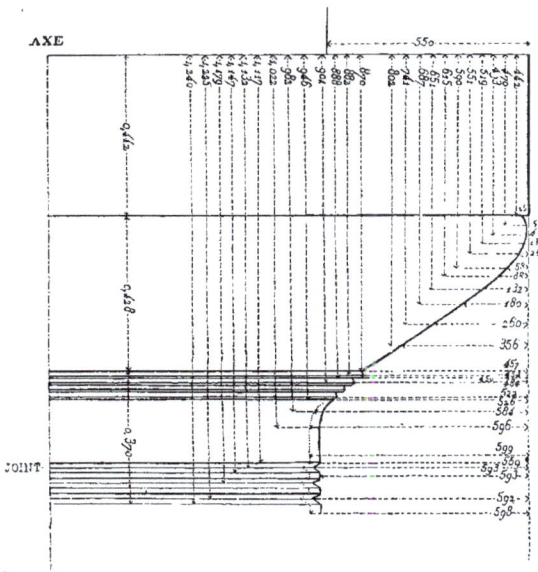

Fig. 38.

plan; tout le monde retrouvera le péristyle, le pronaos, l'escalier, la cella, l'opisthodome, le posticum. Les colonnes du péristyle ont à la base 1 m. 99, au sommet 1 m. 54, tandis que le tailloir mesure 2 m. 65 et surplombe, par conséquent, de 55 cent. La hauteur des colonnees est de 8 m. 87. Elles ont à peine 4 diamètres 1/2, proportion très forte, que le stuc rendait plus pesante encore, en donnant au fût de la colonne plus d'épaisseur, sans que sa hauteur pût changer. L'entablement a 3 m. 85, le fronton 3 m. 18 ; de sorte que les parties hautes prennent 7 m. 03, près de la moitié de la hauteur totale du temple.

Le pronaos est remarquable par la disposition des antes,

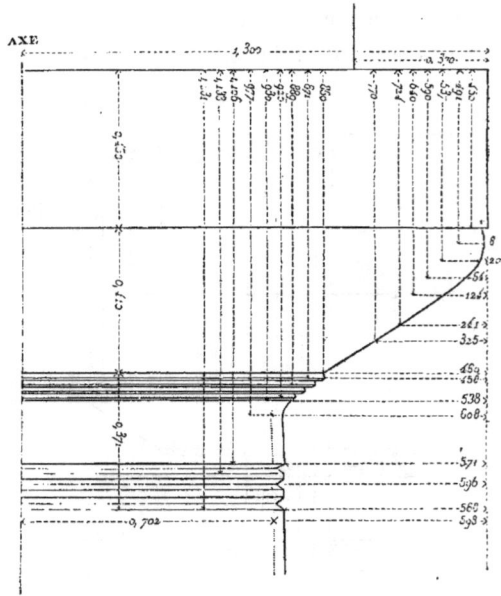

Fig. 39.

qui, au lieu d'être en ligne avec les colonnes, comme dans les anciens temples, se portent en avant de façon à donner au vestibule plus de profondeur, au plan plus de mouvement. C'est déjà la tradition du beau siècle. Les escaliers ménagés

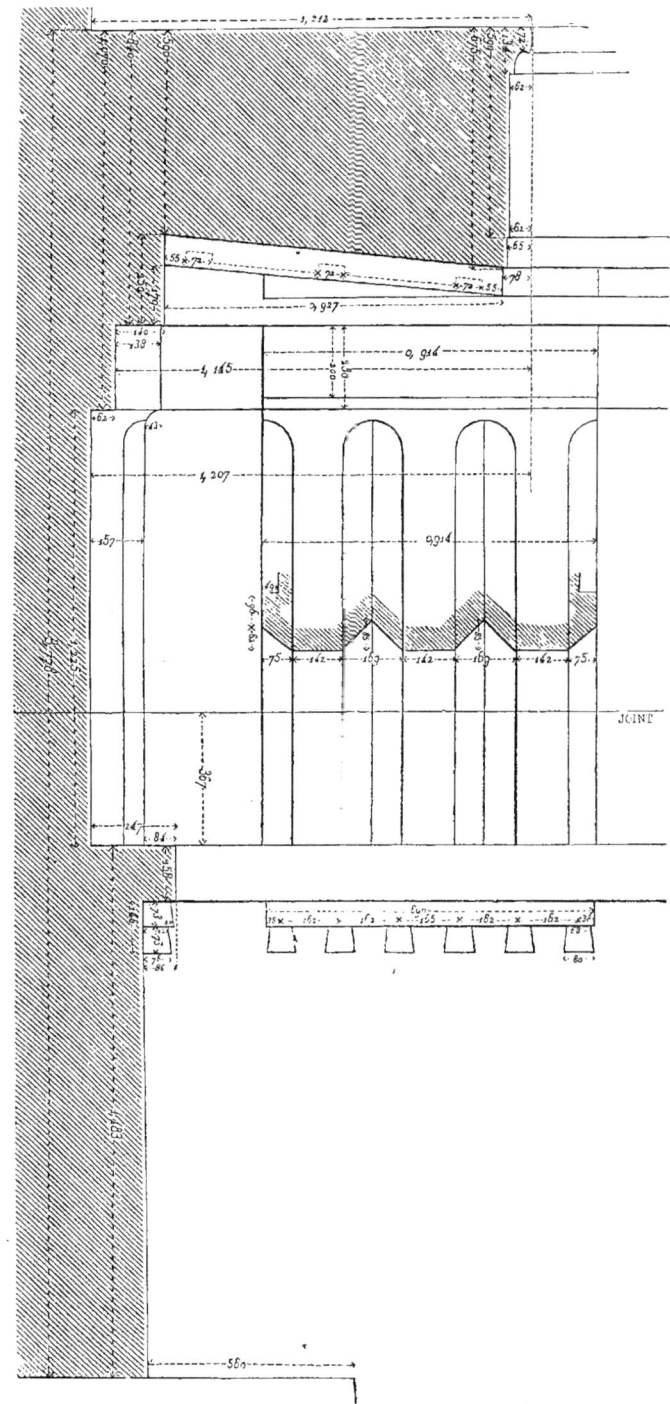

Fig. 40.

dans les murs qui séparent le pronaos de la cella n'existent plus, mais il en reste des traces et des débris qui en démontrent l'existence ancienne. L'escalier si admirablement conservé du temple de la Concorde, à Agrigente, avec ses paliers, ses rampes droites à retours, ses petites fenêtres rectangulaires, nous apprend comment les anciens se ménageaient un accès dans les combles de l'édifice, prévoyant les incendies, les réparations, les besoins de chaque jour. Mais quoiqu'il y eût deux ordres de colonnes, il n'y avait point de galerie accessible au public; même dans le Parthénon, nous l'avons vu jadis (Voy. l'*Acropole d'Athènes*, t. II, ch. I), la double colonnade n'est qu'une décoration.

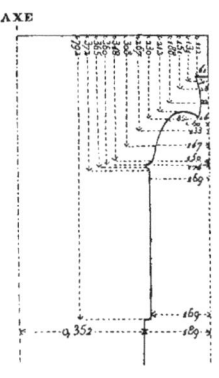

Fig. 41.

Sur le seuil de la cella, on remarque deux cavités circulaires de huit millimètres de profondeur, en avant, à droite et à gauche : une échancrure correspond dans le mur.

Les deux ordres superposés dans l'intérieur de la cella partagent le sanctuaire en trois nefs inégales : celle du milieu étant de beaucoup plus grande. Les colonnes ont un double but : elles servent de décoration, elles servent à supporter la toiture. Un seul ordre eût été trop fort de proportions, trop massif. En mettant deux ordres l'un sur l'autre et en les séparant par une simple architrave, on obtient autant de solidité et des supports plus convenables dans l'intérieur d'un édifice. On laisse plus d'air, plus d'espace, et la répétition des chapiteaux, des architraves, des corniches ajoute à la richesse du monument. Pæstum possède le seul temple qui montre encore

— 140 —

debout ses deux ordres. Il y avait deux colonnades aussi au Parthénon, à Egine, à Olympie, à Agrigente : mais on n'a retrouvé que des fragments ou des traces sur le sol.

L'ordre inférieur a 1 m. 46 à la base sur 6 m. 03 de hauteur, un peu plus de quatre diamètres ; l'ordre supérieur 0^m 86 à la base, 3 m. 40 de hauteur, un peu moins de quatre diamètres. Les proportions sont un peu plus courtes qu'au péristyle, pour donner plus de force aux supports. Le nombre des cannelures est également gradué, selon l'importance des ordres.

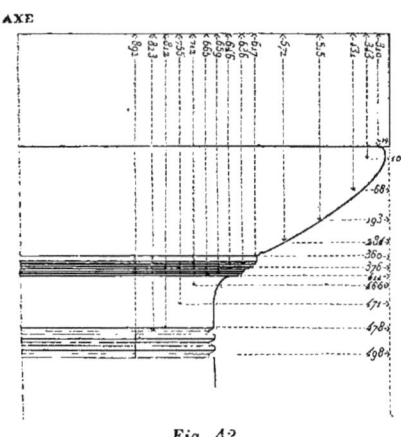

Fig. 42.

Comme les architraves ne portent pas d'entailles, il est évident qu'on ne pouvait faire reposer sur leur sommet des dalles transversales et qu'il n'y avait, par conséquent, point de galerie. Delagardette a publié une pierre qui lui permettait de supposer une galerie : mais cette pierre est inadmissible, parce qu'elle est contraire aux principes les plus élémentaires de la construction grecque.

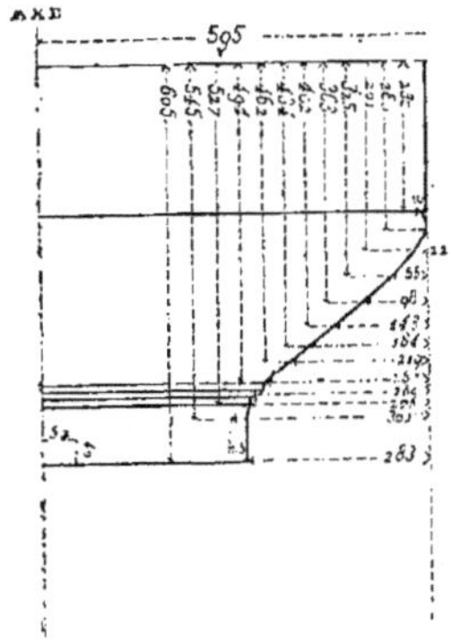

Fig. 43.

Le posticum est semblable au pronaos; sans porte, quoi qu'en dise Delagardette. Comme le pronaos il devait avoir deux antes et une frise composée de sept triglyphes, les métopes ayant deux fois 1/2 la largeur des triglyphes.

En avant du temple, il y avait un autel. MM. Thomas et André, architectes de l'Académie de Rome, l'ont découvert en 1848. Cet autel est à 16 m. 29 c. en avant du temple. Il a 8 m. 42 de long sur 2 m. 65 de large. Son importance, sa situation nous montrent le culte en plein air, la foule assemblée pour le sacrifice, tandis que la grande porte du temple reste ouverte et laisse voir la statue du Dieu, qui reçoit dans son sanctuaire et de loin les adorations des mortels. Ainsi était situé l'autel du Parthénon ; à Agrigente, en avant de l'autel de Junon Lacinienne, il y avait même des gradins extérieurs pour que les personnages considérables pussent s'asseoir pendant le sacrifice.

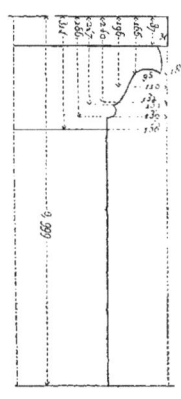

Fig. 44.

Le problème de l'éclairage du temple est demeuré non résolu. M. H. Labrouste veut que le temple soit entièrement couvert, M. Thomas qu'il soit hypèthre. Il résulte de cette contradiction que les architectes ne trouvent point de preuves matérielles (et il n'y en a point) et qu'ils sont réduits à des hypothèses. Ce que l'on peut dire en faveur de l'hypèthre, c'est que le pavement est brisé partout sous les portiques, où il y avait des plafonds, une toiture qui se sont écroulés. L'intérieur de la cella n'est point enfoncé ; on ne retrouve point de traces de la chute des parties hautes. N'existaient-elles donc point ? J'aurai l'occasion bientôt de reprendre, à un point de vue général, la question de l'éclairage des temples.

La pierre qui a servi à la construction du temple est poreuse, rongée; jadis le stuc couvrait ces inégalités et recevait les couleurs brillantes dont les temples grecs étaient peints. Sur la façade orientale, à droite, il y a du rouge sur le filet de la première métope : n'y a-t-il pas lieu de s'étonner qu'après vingt-cinq siècles il reste encore un seul vestige et des couleurs et du stuc?

Le caractère du grand temple de Pæstum a quelque chose de grandiose à la fois et d'archaïque, c'est-à-dire que le grandiose n'est point sans pesanteur. Les proportions sont courtes, l'entablement un peu lourd. Les colonnes n'ont que 4 diam^{es} 1/2 de hauteur, tandis qu'elles en auront 5 et 1/2 dans les temples du beau siècle. Leur diminution les fait paraître à la fois plus larges à la base et plus étranglées au sommet. Le chapiteau a une saillie trop exagérée; son galbe n'a pas encore la fermeté, la tenue droite, le sentiment architectural qu'il aura sur les temples postérieurs. Aussi dois-je protester un peu contre l'admiration trop vive dont ces ruines sont parfois l'objet. Les voyageurs qui ne connaissent point la Grèce et qui rencontrent tout à coup en Italie, aux limites de l'art romain, cette grande apparition qui est comme l'avant-garde de l'art hellénique, sont tentés d'y voir l'expression la plus belle et la plus achevée de l'architecture grecque. Il n'en est rien, car nous savons quels défauts doivent encore disparaître, quelles courbes se redresser, quelle pesanteur s'alléger, quelle hauteur se prolonger, quelle dimension s'étendre pour que la perfection soit atteinte. J'irai plus loin. On admire les tons riches et ardents dont le temps a revêtu les ruines de Pæstum et particulièrement les ruines du grand temple; même pour un effet qui n'est que l'effet du hasard, il faut craindre l'exagération. La teinte est un peu foncée, plutôt brune que jaune; la pierre, qui est du travertin, est percée de trous naturels que le stuc ne cache plus, et paraît rongée ; de sorte que sa surface aussi bien que sa couleur ressemblent à la surface et à la couleur du liége. Assurément, quand le soleil jette sur tous les plans une lumière éclatante, quand les saillies se détachent en projetant des ombres vigoureuses, les teintes brunes s'animent et deviennent plus chaudes. Mais qu'il y a loin de là aux surfaces véritablement dorées des marbres blancs du Pentélique à Athènes. Quelle finesse de tons, quel voile d'or et de lumière et combien le temps a été un grand artiste en peignant ainsi les édifices, à mesure que les couleurs appliquées par les hommes disparaissaient!

Je ne voudrais point être injuste envers les ruines de Pæstum. Je les ai admirées autant que personne ; seulement, je les compare aux autres chefs-d'œuvre de l'antiquité grecque et j'essaie de les mettre à leur place. Leur aspect imposant, leur style austère, leur force qui n'est point exempte de pesanteur, une simplicité grandiose, voilà des beautés de premier ordre, mais des beautés encore archaïques. Pour nous, qui ne connaissons que si peu de débris du monde ancien, Pæstum est l'expression la plus complète, la plus heureuse de l'architecture grecque ; mais ajoutons bien vite : au siècle de Pisistrate. Le temple de Pæstum est pour cette époque ce qu'est le Parthénon pour le siècle de Périclès. Seulement le Parthénon était une œuvre incomparable, aux yeux de l'antiquité elle-même, tandis que beaucoup de villes grecques possédaient des temples aussi beaux que celui de Pæstum, de la même époque, du même style ; mais ils ont disparu, et le temple de Pæstum est resté debout.

CHAPITRE IX.

MÉTAPONTE, CROTONE.

En quittant Pæstum, nous ne quitterons point l'Italie sans chercher les monuments de l'art grec; nous les chercherons dans toute la partie de l'Italie où la race grecque s'est établie, dans cette immense contrée qu'ils appelaient la Grande Grèce, parce qu'elle leur semblait en effet à eux-mêmes plus grande et plus riche que leur propre patrie. Malheureusement, peu de pays ont été aussi cruellement ravagés, et dans les temps modernes et dès les temps anciens. Dans l'antiquité, tantôt les possesseurs légitimes du sol, Samnites ou Lucaniens, Chones ou Œnotriens, refoulés par les colonies dans leurs montagnes, réunissaient toutes leurs forces, et écrasaient quelque ville de la côte; tantôt les Grecs eux-mêmes, divisés par la différence de race, d'intérêts, par l'ambition, assiégeaient et détruisaient leurs propres cités. Plus tard, les guerres d'Annibal, retranché dans le sud de l'Italie comme dans une forteresse, ne furent pas moins funestes. Que dire des temps modernes, où la barbarie et la dévastation ont été promenées sous tant de formes dans ces malheureux pays? Aujourd'hui, il reste à peine quelques ruines debout çà et là, à peine quelques colonnes pour marquer l'emplacement des lieux antiques. Il faudrait entreprendre des fouilles pour retrouver sous le sol qui les recouvre les débris propres à éclairer la science; mais la Grande Grèce est peu explorée : les voyages y sont difficiles; ceux qu'on y a faits, et dont la relation a été publiée, n'ont point un caractère assez scientifique, et nous présentent plus de déceptions que d'enseignements. Deux points seulement, Pæstum et Métaponte, sont bien connus. Nous avons parlé de Pæstum; il nous reste à étudier Métaponte.

Métaponte est située dans le sud de l'Italie, sur la côte occidentale du vaste golfe de Tarente, dans une plaine d'une admirable fertilité jadis; aussi les monnaies de Métaponte présentent-elles constamment un épi, emblème des richesses de la terre; parfois on y a joint divers attributs de Cérès, ou l'image de Cérès elle-même. Un jour, les Métapontins consacrèrent à Delphes, dans le grand sanctuaire du monde grec, une gerbe d'or, pour marquer qu'ils devaient à l'agriculture leur immense prospérité.

Je ne redirai point toutes les fables qui entourent l'origine de Métaponte et rattachent son histoire, par des liens assez vagues, à l'histoire de la Grèce. Au milieu de la confusion des traditions et des mythes, on démêle cependant que les premières colonies qui fondèrent Métaponte étaient parties du Péloponèse, des contrées occidentales du Péloponèse, l'Élide, l'Arcadie, la Triphylie; c'étaient, en effet, les plus voisines. Mais nous n'avons point à scruter tout ce passé qui fut effacé en un seul jour. Vers le commencement du vi^e siècle avant notre ère, les Samnites, peuple rude, belliqueux, conquérant, étaient devenus maîtres des Apennins, qu'ils avaient enlevés aux premiers habitants de cette partie de l'Italie, les OEnotriens et les Chones. Ils réunirent toutes leurs forces, s'élancèrent dans la plaine, surprirent Métaponte, l'anéantirent de fond en comble, et regagnèrent leurs montagnes avant que les autres villes grecques pussent venger le coup terrible frappé sur une de leurs sœurs.

Voilà un fait mémorable qui fixe déjà une date aux monuments de Métaponte. Aucun ne peut être antérieur au commencement du vi[e] siècle, c'est-à-dire au commencement du siècle de Pisistrate, puisqu'à cette époque la ville fut complétement détruite.

Elle fut bientôt relevée par les Achéens de Sybaris, qui voulaient s'en faire un rempart contre Tarente. Car nous retrouvons en Italie, comme nous l'avons retrouvée en Sicile, l'hostilité de race, qui est le fond de l'histoire grecque. Les villes situées sur la côte qui regarde l'Orient et le Péloponèse, Crotone, Locres, Sybaris, étaient des villes achéennes. Elles appartenaient aux Achéens, chassés du Péloponèse après l'invasion dorienne, et qui nécessairement restaient les ennemis irréconciliables de la race conquérante. Aussi, lorsque les Doriens parurent à leur tour dans ces parages, lorsque Tarente eut été fondée par les Spartiates nés de l'union des femmes lacédémoniennes avec leurs esclaves pendant les guerres de Messénie, les deux races se retrouvèrent-elles en présence. Sybaris, la plus exposée aux attaques des Doriens, pensa qu'en relevant Métaponte, en plaçant une forteresse avancée entre elle et Tarente, elle pourrait retomber sans crainte dans sa douce mollesse. Le calcul était juste : Métaponte, dont Leucippe fut le second fondateur, arrêta les armes des Tarentins, et fut comme le boulevard des républiques achéennes.

Un second fait qu'il importe de noter, c'est que dans cette ville, d'origine achéenne, ennemie des Doriens, nous verrons deux temples, tous les deux d'ordre dorique. Par conséquent, ainsi que je le disais dans un des chapitres qui précèdent, l'hostilité de race n'entrainait point l'hostilité des Écoles, et l'architecture dorique n'a point reçu ce nom, parce qu'elle appartenait exclusivement à la race dorienne; c'est un style qui fut admiré, copié, développé par les autres peuples de la Grèce : Athènes en offrira l'exemple le plus frappant.

Métaponte est surtout célèbre, parce qu'elle fut le dernier asile de Pythagore et des pythagoriciens. Lorsque le grand philosophe eut été expulsé de Crotone, il trouva à Métaponte un accueil respectueux et des honneurs inouïs. Sa maison devint, après sa mort, un temple dédié à Cérès; la rue qu'il avait habitée fut consacrée aux Muses. C'est à Métaponte que mourut Pythagore; c'est à Métaponte que se maintint son École, l'Institut pythagoricien, dont l'histoire est mêlée de tant d'obscurités, où l'on était à la fois philosophe, mathématicien, moraliste, homme d'État, homme de guerre, où le mérite ne repoussait point un certain entourage de charlatanisme. Tous les pythagoriciens de Crotone périrent dans un combat contre les Thuriens. Ceux de Métaponte furent moins heureux : assiégés dans leur École par les factieux, attaqués par le fer et par le feu, ils périrent presque tous de la main de leurs concitoyens; tant le despotisme est dangereux, même au nom de la vertu!

Je ne suivrai point l'histoire de Métaponte, qui offre peu d'intérêt pour l'histoire de l'art. J'arrive aux monuments, aux ruines elles-mêmes. J'y arrive avec un regret, c'est de ne pouvoir servir de guide au lecteur, ainsi que je l'ai fait jusqu'ici. Je n'ai point visité Métaponte. J'ai longé plus d'une fois les côtes de la Grande Grèce, mais sans pouvoir m'y arrêter. J'ai vu de bien près, et à différentes reprises, ces vastes campagnes où s'élevaient jadis de grandes cités, et sur lesquelles planent aujourd'hui, au matin et vers le soir, des vapeurs qui annoncent des marécages, c'est-à-dire la solitude et la fièvre. J'ai vu les Apennins au moment où ils viennent mourir à l'extrémité de l'Italie, avec leurs sommets encore sauvages, leurs rochers qui se dressent en aiguilles, leurs vallées plus riantes, où l'on distingue des troupeaux et des villages pittoresques. Mais il ne m'était permis de m'arrêter nulle part. Sur un bâtiment de l'État, le but est fixé ; sur un vapeur du commerce, la route est tracée : dans les deux cas, le voyageur n'a point de volonté; il faut qu'il passe en suivant du regard les rives qui fuient derrière lui, et qu'il ne reverra peut-être jamais.

Heureusement, nous avons un guide illustre qui a attaché son nom au nom de Métaponte, en publiant une histoire et une description excellentes de ses monuments. L'ouvrage du duc de Luynes est trop connu du monde savant pour que j'aie besoin de reproduire tous les détails précieux qu'il renferme. J'y prends seulement les documents qui concernent l'architecture, afin d'en déterminer la valeur, l'époque, et d'essayer de les classer d'après la méthode que nous avons adoptée. L'ouvrage de M. le duc de Luynes offre un plan des ruines de Métaponte. En remontant du lac de Santa-Pelagina vers le Bradano, on rencontre les débris d'un premier temple, nommé *Chiesa di Sansone ;* plus près du Bradano se présente le portique d'un second temple, que les habitants du pays appellent *Tavola dei Paladini*. Nous étudierons d'abord ce dernier temple, parce qu'il est debout, et surtout parce qu'il est le plus ancien. Il est situé, en effet, sur une hauteur peu considérable, mais sur une hauteur d'où il domine la plaine, et que, pour cette raison, on serait tenté de regarder comme l'acropole de Métaponte. Toute ville grecque cherchait une acropole, du moins quand la disposition des lieux s'y prêtait : quelquefois, à Pæstum, par exemple, les lieux ne s'y prêtaient point. Lorsque la ville eut été détruite par les Samnites, lorsque Leucippe vint avec une colonie nouvelle relever ses ruines et s'établir à l'avant-garde des républiques achéennes pour barrer le passage aux Doriens de Tarente, l'acropole était la position la plus favorable pour la défense.

Là, peut-être, on s'établit d'abord, et, peu à peu, en s'agrandissant, la ville descendit vers la mer, attirée par son port, son commerce, ses intérêts de chaque jour. C'est ce qui est arrivé aux villes peu éloignées de la côte, mais fondées dans l'intérieur des terres, à Athènes, à Sicyone, à Agrigente, à bien d'autres. Dans tous les cas, le caractère du monument lui-même atteste qu'il a dû être contemporain de la deuxième fondation de Métaponte, au commencement du VIe siècle.

Quinze colonnes sont restées debout, toutes unies en-

Fig. 45.

core par leurs architraves. De là, ce nom populaire et qui fait image, de *Table des Paladins*. Les colonnes paraissaient les supports d'une immense table autour de laquelle la légende faisait asseoir les géants de la chevalerie. A côté de ces quinze colonnes, qui appartenaient au péristyle du temple, il ne faut chercher aucun autre débris : tout a disparu. Les matériaux tombés sur le sol ont été enlevés et ont servi à bâtir les demeures modernes, surtout les murs et le château qu'on avait élevés jadis contre les Barbaresques. De sorte que des fouilles seraient inutiles sur un sol déchaussé au-dessous du niveau antique, et

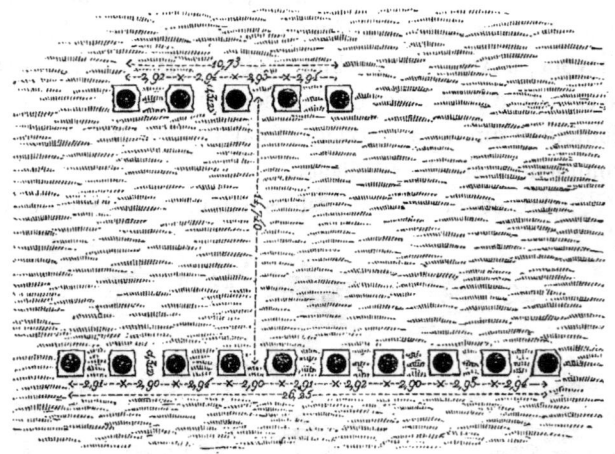

Fig. 46.

qu'il faut accepter le temple tel qu'il est sans espérer de nouvelles découvertes.

Les colonnes qui sont debout appartenaient aux longs côtés du temple. Il ne reste rien des façades qui comptaient six colonnes : il est aisé de s'en convaincre en ajoutant six fois le diamètre d'une des colonnes latérales et cinq fois l'entrecolonnement. La largeur, sur les façades, était d'environ

16 m. : la longueur ne peut être précisée puisqu'on ignore combien de colonnes le péristyle comptait sur les côtés. Selon que leur nombre variera de 13 à 14, nombre ordinaire des temples hexastyles, au vi{e} siècle, le temple aura de 48 à 52 m. de long. C'est, par conséquent, un petit temple : les colonnes n'ont, en effet, que 5 m. 12 cent. de hauteur.

Leur diamètre à la base est de 1 m. 8 cent., ce qui fait, en tenant compte du stuc qui rendait l'épaisseur un peu plus forte, 4 diamètres 2/3, proportion que nous savons, par les monuments de Syracuse, de Sélinonte et de Pæstum, être celle des temples du vi{e} siècle.

Il convient, en outre, de remarquer que les colonnes sont galbées, c'est-à-dire renflées vers le milieu, qu'elles diminuent beaucoup au sommet et que le chapiteau a la forte saillie, la courbe molle et aplatie, la gorge faite

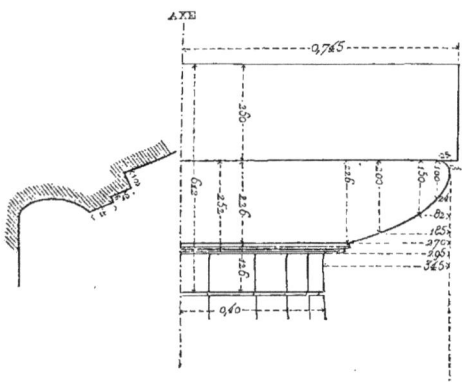

Fig. 47.

comme les gorges des plus anciens temples de Pæstum et de Sélinonte. Par conséquent, on est assuré que sur les points les plus divers de la Grande Grèce, le même style d'architecture était pratiqué à la même époque : ce qui confirme notre théorie de la tradition.

Il reste des traces nombreuses de stuc sur les colonnes. M. Debacq, architecte, qui accompagnait M. le duc de Luynes, et qui a mesuré le temple de Métaponte, a remarqué une couche de stuc très fin appliquée sur le calcaire dur et grossier. Ce stuc n'est pas blanc, il est jaune, renseignement précieux pour la question de la polychromie.

L'architrave a peu d'épaisseur; elle n'a point la pesanteur des architraves du vɪe siècle. Mais il faut remarquer que les gouttes des triglyphes n'y sont point sculptées, ainsi que cela se voit sur les architraves doriques. Il est donc vraisemblable qu'il y avait au-dessus de l'architrave un bandeau, une moulure continue comme au portique et au temple de Cérès à Pæstum, où les Romains ornèrent d'oves ce bandeau. Les Trœzéniens qui fondèrent Pæstum, étaient partis de Sybaris : la nouvelle Métaponte fut fondée par Sybaris. Ainsi s'explique une ressemblance qui, du reste, ne mérite point autrement l'attention ni les éloges.

En descendant de l'acropole vers le port de Métaponte, dont le goulot est aujourd'hui ensablé et qui forme le lac de Santa-Pelagina, on trouve les débris du temple que les Italiens ont nommé l'église de Samson. A une époque où les matériaux n'avaient point été enlevés et attestaient une chute épouvantable, leur imagination s'était souvenue de la mort héroïque de Samson et avait créé quelque naïve légende. Aujourd'hui les pierres ont disparu; le limon déposé par les inondations du Bradano a recouvert le sol du temple. Quand M. le duc de Luynes et M. Debacq visitèrent ce lieu, ils trouvèrent seulement quelques fragments de colonnes et de chapiteaux, ainsi que des morceaux de terre cuite avec des ornements en relief. M. le duc de Luynes entreprit immédiatement une fouille, espérant mettre au jour le plan du temple et des restes considérables. Mais à cinq pieds de profondeur, les ouvriers furent arrêtés par un sol boueux, délayé, qui rendait les travaux impossibles. Cependant on avait découvert déjà dans une tranchée peu profonde de nombreux morceaux de terre cuite d'une grande beauté. Je renvoie aux dessins si remarquables qu'a publiés M. le duc de Luynes dans son ouvrage sur Métaponte.

Une cimaise de couronnement, chéneau qui servait à l'écoulement des eaux pluviales, est un des morceaux principaux. La palmette, la fleur de lis marin coupée en deux, alternativement rouge et bleue, ou bleue et rouge, la tête de lion à gueule ouverte et à langue rouge, le méandre avec des rectangles rouges, le méandre blanc sur un fond jaune, tout était encore peint de couleurs très vives, durables, qui ont dû être cuites avec la terre et s'y imprégner profondément. Ce chéneau peut être rapproché du chéneau d'un temple de Sélinonte, du temple F, hors de l'acropole. A Sélinonte, nous l'avons vu dans un précédent chapitre, la pierre calcaire destinée aux couronnements du temple était plus dure que les parties du temple qu'on pourrait appeler de pure construction. A Métaponte, la pierre dure manquait peut-être, ou l'on a craint son poids : on a employé la terre cuite. C'était l'invention des artistes corinthiens, car Dibutade le premier appliqua la terre cuite à la décoration des temples. Bien plus, M. le duc de Luynes a trouvé dans les ruines d'une maison particulière deux antéfixes, c'est-à-dire deux ornements que l'on plaçait au sommet du toit, à l'extrémité des tuiles, ce qui était proprement le procédé de Dibutade. Sur ces antéfixes sont sculptées des têtes ; l'une, selon le savant auteur de l'ouvrage sur Métaponte, serait celle d'Io, l'autre celle du dieu Lunus. Mais comme elles sont d'une époque postérieure au siècle de Pisistrate, je ne cite ces antéfixes que par esprit de rapprochement et pour faire remarquer une fois de plus combien la tradition des métropoles était fidèlement suivie dans les colonies.

Les autres fragments de terre cuite trouvés dans les fouilles de la Chiesa di Sansone appartenaient à l'intérieur du péristyle et semblent avoir décoré les plafonds des portiques. Dire précisément où ils étaient disposés, cela est difficile et peut-être n'acceptera-t-on pas sans de grands scrupules la restauration proposée par M. Debacq. Les morceaux ont deux faces en retour d'équerre : l'une est décorée de feuilles, de perles, d'oves, d'un méandre ; l'autre d'un entrelas formant corniche. Une des faces était verticale, l'autre horizontale ; toutes deux peintes. Un autre fragment décorait également la charpente intérieure du portique et s'appliquait en équerre sur les parties hautes des soffites. Des trous, qui sont ménagés dans l'épaisseur des plaques, servaient à les fixer par des tenons vigoureux. S'il est impossible, quand le monument a disparu et quand les débris de terre cuite sont peu considérables, de dire avec certitude quelle place elles occupaient, on peut du moins concevoir par un témoignage sensible, qui se touche, qui se manie, combien les Grecs apportaient de soin, de patience, de subtilité même dans la décoration de leurs monuments, combien ils possédaient par excellence le génie des arrangements. Cela nous est démontré par une anecdote curieuse, si toutefois elle est croyable, que je raconterai tout à l'heure. La couverture d'un temple grec fut enlevée un jour par les Romains. Elle fut rendue plus tard ; on voulut la replacer, et on ne trouva point d'ouvriers capables de le faire, parce que, dans un temps de décadence, le secret des arrangements ingénieux était perdu.

Le temple, qui reste encore à découvrir, paraît avoir été décoré de sculptures : du moins, M. le duc de Luynes a trouvé dans ses fouilles un pied, de proportion demi-nature, qui peut avoir appartenu à une métope.

Il reste un problème non moins intéressant à résoudre. Quel était le plan du temple, son époque? quelles étaient ses proportions? car les fouilles de M. le duc de Luynes, arrêtées par les dégâts d'une inondation récente du Bradano, n'ont pu résoudre ces questions. Les restes de chapiteaux qui gisaient à terre étaient trop altérés pour qu'on en pût obtenir la mesure ou le galbe. Au temple de l'acropole, M. Debacq avait levé le profil du chapiteau à l'aide d'une lame de plomb et d'un marteau, sorte de moulage au repoussé : ici c'était impossible. Par induction, M. Debacq donne à la Chiesa di Sansone, les mêmes proportions, le même chapiteau qu'à la Tavola dei Paladini. Pour moi, j'avoue que le caractère de cette architecture, qui est du vi[e] siècle, me paraît en contradiction manifeste avec le caractère des terres cuites. On a trouvé des terres cuites du vi[e] siècle dans l'acropole d'Athènes : ces terres cuites avaient appartenu à l'ancien Érechthéion et à l'ancien Parthénon, brûlés par les Perses. Nous y voyons les oves, les palmettes, les entrelas, avec un tout autre style, avec moins de finesse et de variété, soit dans le dessin, soit dans le choix des couleurs. Mais surtout, et c'est là un point décisif, nous les y voyons peints sur une surface lisse, et non pas tirés en relief avant d'être peints. Or personne ne doit ignorer quelles furent les trois phases de l'ornementation des temples. D'abord, on les peignit simplement, puis on les sculpta et on les peignit; enfin on les sculpta sans les peindre. Le marbre, la pierre, la terre cuite, le stuc, ont été soumis simultanément au même système, à des époques successives.

Les terres cuites trouvées à la Chiesa di Sansone appartiennent au second système qui commence avec le siècle de Périclès. De plus, la finesse des ornements, la délicatesse des reliefs sont très éloignées de l'archaïsme. Les têtes de lion sont belles, mais elles ont trop de mouvement et de fantaisie pour être comparées aux têtes raides et inflexibles de l'ancien style. Par conséquent, ou bien le temple est de l'époque des terres cuites, c'est-à-dire du ve siècle, ou bien, le temple étant supposé du vi^e siècle, les terres cuites sont une restauration postérieure. Rien n'est donc plus désirable que la continuation des fouilles de M. le duc de Luynes dans une année et dans une saison plus favorables. De nouvelles découvertes peuvent seules permettre de se prononcer définitivement sur ces diverses questions.

CROTONE.

En descendant au sud de Métaponte, vers l'extrémité occidentale du golfe de Tarente, il faut s'arrêter à Crotone, qui s'appelle aujourd'hui Cotrone, par une transposition de lettres familière à l'ancienne langue grecque. Crotone était une ville achéenne, fondée par les Achéens expulsés du Péloponèse après l'invasion dorienne. Elle était célèbre dans l'antiquité par son air salubre et pur, par ses athlètes, par ses médecins. La santé et toutes les conséquences de la santé, la force, la beauté du corps, toutes les conditions du bien-être physique étaient le privilége de Crotone. Nulle part les femmes n'étaient plus belles, nulle part les hommes plus vigoureux. Le célèbre Milon ne représentait pas seul cette valeur, cet endurcissement de la population crotoniate : les Grecs avaient remarqué une seule olympiade où sept palmes différentes furent remportées à Olympie par des athlètes de Crotone. Ils attribuaient ces heureux effets à la situation excellente, à l'air de Crotone : ils racontaient qu'Archias et Myscellus, emmenant chacun leur colonie, se trouvèrent consulter ensemble l'oracle de Delphes : Archias souhaitait pour sa future colonie la richesse : l'oracle l'envoya à Syracuse. Myscellus souhaitait la santé : l'oracle lui indiqua Crotone. Chose singulière! dans le pays où les médecins étaient le moins nécessaires, la médecine fut cultivée avec succès. On cite Alcméon, Démocide comme les plus célèbres. Alcméon tenta le premier l'amputation. Démocide, appelé en Perse, sauva de la mort la femme du grand roi; mais après cette cure merveilleuse, comme le roi voulait le retenir, il abandonna ses richesses pour retourner dans sa patrie.

Crotone occupait une enceinte considérable, près de douze milles de tour. Les murs subsistaient encore en partie au temps de Charles-Quint, qui les fit démolir et construisit des fortifications nouvelles et une citadelle. Il ne reste donc rien de Crotone, du moins sur la surface du sol. Mais à huit milles au sud de la ville, on trouve un promontoire sur lequel s'élevait jadis le temple de Junon Lacinienne. Ce promontoire, qui s'avance au milieu de la mer comme une plate-forme, était pour Crotone ce que le cap Sunium était pour Athènes. Les navigateurs apercevaient de bien loin le sanctuaire de leur divinité protectrice; ils l'honoraient d'un culte spécial et y consacraient des offrandes magnifiques. Les historiens citaient une colonne en or massif. Polybe y vit encore un autel consacré par Annibal, monument remarquable où était gravé en grec et en carthaginois le récit de toutes ses campagnes. Naturellement, pour protéger un édifice isolé, dont les richesses devaient tenter les brigands et les pirates, on construisit une clôture fortifiée, avec des logements pour les gardiens et les prêtres. Une partie de cette enceinte et des traces d'habitations subsistent encore. Au siècle dernier, en 1740, deux colonnes du temple lui-même étaient encore debout. Pour cette raison, le cap Lacinien avait reçu le nom de cap des Colonnes, *Capo delle Colonne*, qui est aussi le nom moderne du cap Sunium. En 1780, il n'y avait plus qu'une seule colonne avec son chapiteau ; elle est encore debout aujourd'hui.

Les voyageurs s'accordent à dire que cette colonne ressemble aux colonnes de Métaponte et de Pæstum. Saint-Non l'affirme dans son voyage des Deux-Siciles; Swinburne, Anglais, l'affirme également. M. Debacq, qui a visité ces ruines avec M. le duc de Luynes, est du même sentiment. Seulement, il croit se rappeler que le chapiteau du temple de Junon Lacinienne a un galbe plus droit, plus ferme que le chapiteau de Métaponte. Par conséquent, il serait postérieur, mais de bien peu, autant que j'ai pu en juger par un dessin à la chambre claire que m'a montré M. Debacq. Le dessin de Duprez, dans l'ouvrage de Saint-Non, est plus pittoresque qu'exact. M. Debacq a bien voulu encore me communiquer quelques mesures qu'il a notées. Il n'avait ni échafaudages ni instruments capables d'atteindre le sommet de la colonne. Il lui fallut réunir bout à bout de longs roseaux, et la diminution du fût, ainsi que la saillie du tailloir, ne purent être mesurées.

La colonne a vingt cannelures. L'assise sur laquelle elle repose est large de 1 m. 90 cent. Sa circonférence est de 5 m. 60, ce qui donne pour le diamètre inférieur 1 m. 78. La hauteur totale est de 8 m. 29, dont 7 m. 42 pour le fût. La proportion des colonnes est donc de quatre diamètres 2/3. Avant de classer avec certitude le temple de Crotone, il convient d'attendre des études plus précises, qui, du reste, seront toujours fort difficiles dans un pareil endroit.

Nous savons par un témoignage ancien que le temple était couvert en tuiles de marbre, conformément aux habitudes grecques. Les colonies n'étaient point demeurées en arrière de leurs métropoles et s'étaient approprié l'invention de Byzès de Naxos. Sous la domination romaine, Fulvius Flaccus, voulant couvrir un édifice qu'il faisait construire à Rome, fit enlever la toiture du temple de Junon. Les Crotoniates se plaignirent et le Sénat ordonna que les tuiles fussent rapportées à Crotone. Mais elles ne furent point replacées, soit que l'art de les agencer eût été perdu, soit que l'argent manquât. On trouve encore aujourd'hui à terre de nombreux débris de tuiles de marbre.

CHAPITRE X.

ASSOS, SAMOS, SIPHNOS, TROEZÈNE, SPARTE.

Jusqu'ici nous avons parcouru un grand cercle de l'Orient à l'Occident, en partant de la Grèce proprement dite; nous avons cherché les monuments et les ruines, les reconstituant par la pensée, établissant leur relation et leur âge par l'échelle des proportions. Peut-être avons-nous prolongé assez longtemps cette étude pour nous permettre de constituer, par des conclusions probables, la critique et l'histoire de l'architecture archaïque. Je ne me propose point de poursuivre dans le détail les moindres débris d'ordre dorique et d'analyser les monuments les moins célèbres et les moins importants. De même que dans l'histoire d'une littérature on ne s'arrête point à quelques fragments ou à quelques vers épars, à côté de tant de chefs-d'œuvre complets. Mais si le travail d'analyse nous suffit, si les monuments nous ont donné le secret qu'ils contenaient, si le sol lui-même, trop rarement interrogé par des fouilles, nous a montré quelquefois les éléments précieux qu'il avait recélés dans son sein, il reste un travail d'un autre genre, l'étude des *textes*. Il serait facile de recueillir dans les historiens anciens tous les passages où il est question de temples doriques, de temples surtout qui sont cités comme très anciens. Mais ce dépouillement serait inutile et promptement fastidieux. Dans chaque ville grecque il existait un grand nombre de temples, la plupart semblables, sauf la beauté et la dimension. Les voyageurs et les antiquaires grecs trouvaient le type de leurs temples si simple, si connu, qu'ils n'en parlaient point avec détail : ils n'indiquaient le monument que pour la clarté d'un récit ou les exigences de la topographie. Les ouvrages spéciaux, d'ailleurs, les ouvrages véritablement archéologiques ont péri; les traités composés par les grands architectes du vi^e et du ve siècle aussi bien que par les savants de l'ère Alexandrine sont perdus; de sorte que, la plupart du temps, il faudrait se contenter de recueillir une dénomination sèche ou un trait incomplet, plus propre à embarrasser l'esprit qu'à l'instruire. Il n'y a d'exception que pour les temples d'une importance considérable et d'une beauté telle qu'ils firent l'admiration de leur siècle : tels sont les temples de Jupiter Olympien à Athènes, de Junon à Samos, de Diane à Éphèse. Bien que les anciens nous laissent encore trop peu de détails sur ces édifices, il est nécessaire de repasser soigneusement leurs descriptions et d'essayer de se figurer par l'imagination ce qu'étaient ces œuvres grandioses du passé.

Mais avant d'écouter ces précieux témoignages, nous nous promènerons encore à travers quelques cités antiques, qui offrent quelques débris intéressants, ou bien qui ont été des centres pour l'art au vi^e siècle, de même que pour le voyageur qui visite les terres classiques, c'est un devoir et un pèlerinage en quelque sorte sacré d'aller contempler un emplacement glorieux où cependant aucune ruine n'a subsisté. Avant de revenir auprès de Corinthe, et de nous arrêter à Athènes et à Égine, d'où nous sommes partis, il est juste de regarder Sparte, la capitale de la race dorienne et le sanctuaire un peu étroit de sa tradition, de débarquer à Samos, qui possédait trois merveilles du monde ancien, et surtout de chercher sur les côtes de l'Asie-Mineure les ruines d'un temple dorique dont nous possédons un échantillon au Musée du Louvre. Je veux parler du temple d'Assos.

L'Asie est assurément encore peu connue, malgré de savants et beaux ouvrages. De nouvelles ruines seront découvertes dans la suite et nous devons attendre de magnifiques richesses, lorsque des fouilles seront entreprises sur l'emplacement de villes antiques : Ninive et Xanthus en sont un exemple. Cependant bien des voyageurs ont parcouru l'Asie-Mineure, publié ses ruines, qui sont déjà bien plus nombreuses que celles de la Grèce elle-même. Malgré cette abondance, ou plutôt à cause de cette abondance, on s'étonne de trouver si peu de temples du siècle de Pisistrate et du siècle de Périclès. Des fortifications, des tombeaux, des murs cyclopéens de toute sorte, des grottes taillées dans le roc, il s'en rencontre en quantité et sous des aspects aussi curieux que variés. Mais ce n'est point là de l'art, c'est de la construction, utile, solide, belle si l'on veut, mais rien de plus. On ne saurait étudier longuement et avec fruit de tels travaux, non plus que dans l'histoire littéraire on ne saurait donner une place importante à des livres d'usage familier, de science pratique, de technique ou de nécessité. L'art ne s'analyse véritablement que dans les monuments qui prêtent à la création, aux proportions, au luxe surtout, c'est-à-dire à ce qui est désintéressé et inutile. Les temples, les théâtres, les gymnases et les stades, les basiliques, les palais, les portiques, les grands édifices qui servent à l'ornement d'une ville, c'est là que l'art se développe avec une entière liberté et que les grands architectes aiment à exercer leur talent. Nous voyons en effet, en Asie-Mineure, des temples, des théâtres, des palais, des portiques, des gymnases : mais de toutes ces ruines, une seule remonte au siècle de Pisistrate, une seule offre les caractères de cette époque déjà reculée dont les œuvres ont subsisté en assez grand nombre en Grèce et dans les colonies occidentales. Cette ruine, ce temple, c'est le temple d'Assos, ville de Mysie.

Pourquoi donc, se demande-t-on, pourquoi l'Asie-Mineure où la civilisation, où les richesses, où les arts furent précoces, ne garde-t-elle pas plus de traces des travaux du vi^e siècle, période florissante pendant laquelle les colonies brillèrent d'un éclat plus vif que les métropoles de la Grèce propre? Pourquoi cherche-t-on en vain des débris de l'architecture ionique primitive? Pourquoi ne trouve-t-on pas des monuments d'ordre dorique, si l'ordre dorique est plus ancien et a précédé l'ordre ionique? Je ne vois qu'une seule réponse à cette question : ce sont les malheurs de l'Asie. Autant sa prospérité fut insigne, autant ses malheurs furent grands et répétés. Dès le vi^e siècle, la guerre de Crésus, roi de la puissante Lydie, qui voulait étendre son empire sur l'Asie-Mineure tout entière; au ve siècle, après l'incendie de Sardes, les guerres des Perses, conquérants cruels, que leurs défaites en Europe ne faisaient qu'exaspérer, et que chaque révolte de l'Ionie ramenait plus impitoyables; plus tard, les guerres des Grecs contre les Grecs, des successeurs d'Alexandre, des rois d'Asie, des Romains, toutes les misères que la guerre entraine; joignez-y les tremblements de terre : on en cite un sous l'empereur Tibère qui renversa de fond en comble quatorze villes. Je ne parle point du moyen âge et des temps modernes, pendant lesquels la ruine ne s'est que trop souvent promenée à travers l'Asie-Mineure. Enfin, je vois tant de bonnes raisons dans l'histoire pour que le passé ait été effacé, pour que ses œuvres aient disparu complétement, que je m'étonne plutôt d'en trouver debout un aussi grand nombre.

Dans ce nombre on ne verra guère d'autre temple du vi^e siècle que celui d'Assos, et ce temple est dorique, chose singulière dans le pays des Ioniens. Je sais qu'on pourrait citer un tombeau de la Cappadoce, près d'Urgub. M. Texier en parle dans son voyage en Asie, à la page trente-quatre du tome second. La façade de ce tombeau ressemble au dorique; mais les colonnes sans cannelures, courtes, trapues à l'excès, les chapiteaux de style égyptien, qui ont la forme d'une cloche renversée, les pilastres dont le chapiteau offre également des moulures égyptiennes, d'un autre côté une architrave extrêmement mince et légère, un fronton aussi bas, aussi allongé que les frontons de la décadence grecque, voilà des caractères qui se contredisent et qui me font considérer avec une extrême réserve le monument publié par M. Texier. Son style me paraît trahir un style d'imitation, de confusion peut-être.

L'histoire d'Assos est bien courte. Les auteurs parlent à peine de cette ville qui était située en Mysie, sur le golfe d'Adramytte, non loin du Gargare, un des groupes qui composent la chaîne de l'Ida. Ils citent surtout la *pierre* d'Assos, réputée excellente pour les *sarcophages*. On croyait qu'elle conservait les cadavres par sa seule vertu : de là son nom.

Assos était une colonie de Méthymne, selon les uns, de Mitylène, selon les autres. Dans tous les cas, c'était une colonie éolienne, et il n'est pas inutile de se rappeler que les Eoliens partageaient le Péloponèse avec les Doriens et qu'entre les deux races, des relations étroites existaient nécessairement. Assos était la patrie du philosophe stoïcien Cléanthe. Il reste encore des parties considérables de l'enceinte de la ville, des murs d'un appareil très régulier et très beau, des portes flanquées de tours. Une de ces portes est inscrite dans une ogive en encorbellement. Voilà un exemple de plus qu'il faut ajouter aux ogives des tombeaux lyciens, à la porte ogivale de Thoricos en Attique, à la forme ogivale des triglyphes du vieux temple de Sélinonte. Mais il n'y a rien là qui doive alarmer les admirateurs de l'architecture gothique : nous ne lui enlevons rien de son originalité. Si la forme ogivale était connue des Grecs, ils n'en ont point tiré parti, ils l'ont négligée : ce n'est chez eux qu'une forme de rencontre, d'exception.

Le temple est situé sur l'acropole, dans la ville primitive. Il a été démoli par les modernes pour servir à leurs constructions; ainsi les chapiteaux ont été retrouvés engagés dans une maçonnerie grossière. Divers fragments étaient jetés çà et là. Une église et des maisons couvrent en grande partie l'emplacement du temple dont on reconnaît le soubassement, composé de trois degrés, et une faible hauteur du mur de la cella.

Le temple était tourné vers l'Orient : il comptait six colonnes sur les façades, treize sur les longs côtés. La hauteur des colonnes est de 4 m. 70 c., leur diamètre à la base de 1 m. 05 c., ce qui leur donne exactement quatre diamètres et demi de proportion. C'est bien la proportion de tous les monuments doriques du vi^e siècle. De plus, les colonnes sont sensiblement renflées. Je ne dis rien du chapiteau, qui est le chapiteau de Corinthe, de Syracuse, c'est-à-dire le chapiteau primitif; on peut en voir un qui a été transporté au Louvre, dans la salle où sont les sculptures d'Assos et d'Olympie. Son galbe est déprimé; les trois filets rentrent eux-mêmes dans la courbe aplatie du lobe et la différence entre le sommet du fût de la colonne et le diamètre du tailloir est de moitié. Ces traits ne prêtent à aucune réflexion nouvelle : j'y trouve seulement avec plaisir la confirmation de la méthode que j'ai suivie et des conclusions que j'ai présentées. C'est l'ordre dorique, tel qu'il était universellement entendu à cette époque dans le monde grec, à l'Orient comme à l'Occident. L'antiquité du monument est prouvée, non-seulement par ses proportions, mais par le style des sculptures, archaïque, grossier, rude. Les sujets qu'elles représentent sont empruntés en partie à l'art oriental : non pas la lutte de Ménélas et de Protée, moitié homme, moitié poisson, ni le banquet de Pirithoüs, mythes grecs empruntés à l'épopée. Mais le lion dévorant un daim, les sphinx qui se regardent nez à nez, les taureaux qui luttent les cornes entrelacées, ce dualisme symbolique se retrouve souvent dans l'antique Asie et sur les vases du style le plus archaïque. Rien, du reste, ne justifie mieux le nom grec de la frise (ζώφορος, *qui porte les animaux*).

La disposition des sculptures est tout à fait digne d'attention. M. Texier, qui les a publiées avec un grand détail, remarqua le premier qu'une partie des pierres sur lesquelles les figures étaient sculptées n'appartenaient point à la frise du temple mais aux architraves. La longueur de ces pierres était exactement égale à l'entrecolonnement d'axe en axe, portée nécessaire des architraves qui asseoient leur joint au milieu de chaque colonne. En outre, il n'y avait point de triglyphes sur ces longueurs considérables : au contraire, sur la partie supérieure de l'architrave, on remarquait de distance en distance une bande en saillie sur le champ de l'architrave, qui correspondait à la largeur des triglyphes et sur laquelle avaient dû être peintes des gouttes. Car tel est le procédé ordinaire de la construction grecque : les gouttes qui forment la partie in-

— 167 —

férieure des triglyphes ne tiennent point à la frise, elles en sont séparées par un joint et sont sculptées sur l'architrave. Ici, au lieu d'être sculptées, elles sont peintes. Sur

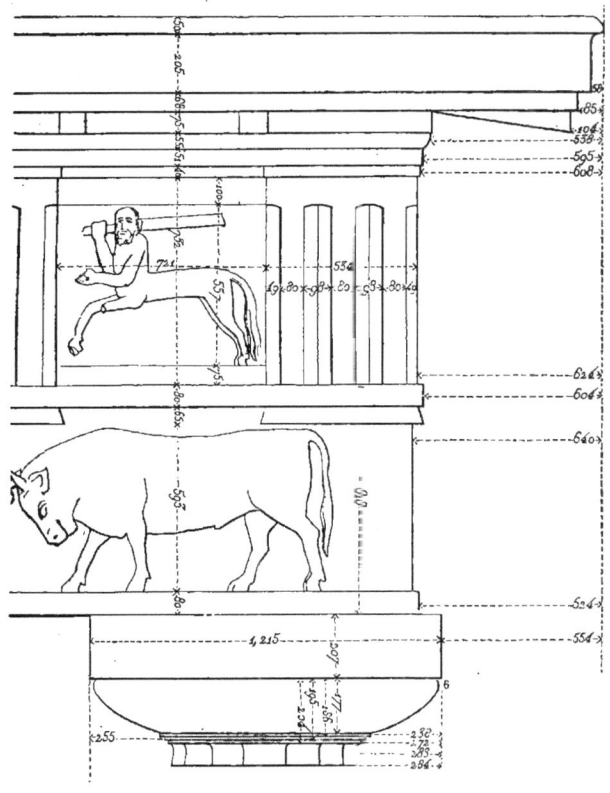

Fig. 48.

le temple de Corinthe, nous avons bien vu qu'elles étaient rapportées. M. Texier fut donc amené à cette conclusion que l'architrave était ornée de bas-reliefs, de même que les architraves du Parthénon, par exemple, étaient décorées de boucliers et d'inscriptions. Au-dessus de cette architrave à sculptures continues, il y avait des métopes. Malheureusement la disposition de ces divers fragments dans la salle du Louvre ne fait point sentir leur relation primitive : de plus on a dû scier dans leur épaisseur les morceaux qu'on voulait transporter. La critique a donc perdu des éléments importants et n'ose se prononcer avec certitude, d'autant qu'on peut se demander aussi s'il n'y avait point des métopes sur la frise du pronaos. Mais quelle que fût cette décoration, qui peut avoir été maladroite, nous n'en constaterons pas moins que l'architecture dorique, même en Asie, sous l'influence visible de traditions et de goûts opposés au style dorien, n'a point été modifiée : elle a gardé ses lois, ses proportions, son époque.

SAMOS.

Si l'on s'embarque sur le golfe d'Adramytte et qu'on se laisse porter vers le sud, on touche bientôt aux rives de l'opulente Samos.

Enrichie de bonne heure par la navigation et le commerce, l'île de Samos atteignit une prospérité qui lui permit de fonder des colonies en Thrace, dans les îles, en Cilicie, jusqu'en Libye. Elle fonda même Dicæarchia en Italie et Zancle en Sicile. Cependant son rôle resta obscur jusqu'au règne de Polycrate. Après une longue succession de rois, Samos passa par les mêmes révolutions que le reste de la Grèce. Le parti aristocratique s'empara du pouvoir; le peuple disputa le pouvoir au parti aristocratique. A la faveur des guerres civiles, Polycrate se fit tyran de son pays. Le despotisme qu'il avait conquis par la ruse et par la force, il est bien évident qu'il le conserva par la ruse et au besoin par la force. Nous n'avons point ici, Dieu merci, à apprécier sa politique. Elle offre un mélange de la finesse railleuse qui est propre à l'esprit grec, et de la cruauté qui est un des traits des peuples orientaux à toutes les époques. Tous les détails, même romanesques, qui concernent Polycrate sont consignés dans Hérodote, le plus charmant des conteurs.

Pour racheter ses crimes envers la liberté de sa patrie, Polycrate voulut fonder la grandeur de Samos et lui constituer une sorte d'empire. Il construisit une flotte de cent bâtiments, soumit à l'aide de cette flotte un grand nombre d'îles voisines et une foule de villes sur le continent asiatique : il faut citer surtout l'île de Lesbos et la ville de Milet. Allié d'Amasis, roi d'Égypte, de Cambyse, roi de Perse, il triompha de l'armée spartiate qui venait rétablir les exilés, promena jusque sur les côtes du Péloponèse ses vaisseaux victorieux, enlevant un butin immense et répandant partout la terreur. Tandis qu'il s'assurait un empire maritime qui ressemblait à la tyrannie d'un chef de pirates, il rêvait de réunir les îles et l'Ionie sous son sceptre. Son rêve finit sur une croix où le fit clouer je ne sais quel satrape de Sardes.

Polycrate se recommande surtout à notre attention par son amour des lettres et des arts, par les grandes entreprises qu'il conduisit à fin. Ibycus et Anacréon vivaient à sa cour, qui était bien plus magnifique que celle de Pisistrate, et il n'attirait pas seulement auprès de lui les poètes, mais les artistes, témoin Eupalinus de Mégare. Cependant Samos avait elle-même dès longtemps des architectes et des fondeurs habiles qui, les premiers, avaient été embellir les villes de la Grèce, et former des élèves : tels furent Rhœcus et son fils Théodore que nous retrouverons tout à l'heure à Sparte. Rhœcus bâtit le temple de

Junon Samienne et le fit d'ordre dorique, si l'on en croit le témoignage de Vitruve, qui nous apprend en outre que Théodore écrivit un traité sur le monument construit par son père. On dirait que son séjour à Sparte, dans une ville dorienne par excellence, lui avait inspiré le goût de ces études et de ce style. Le temple dorique fut détruit peut-être pendant le siége des Lacédémoniens; car il était situé hors les murs. Le nouvel édifice qui remplaça l'œuvre de Rhœcus fut construit avec des proportions gigantesques et dans un ordre nouveau, l'ordre ionique. Les fragments qui subsistent aujourd'hui sont, en effet, d'ordre ionique et nous aurons occasion de nous en occuper spécialement dans un des chapitres qui suivront.

Les richesses d'art et surtout les offrandes déposées dans le temple de Junon avaient été décrites dans un traité par Ménodote, archéologue samien, qui écrivit également une histoire de toutes les merveilles de l'île de Samos. Ces descriptions sont malheureusement perdues. Nous savons par Hérodote qu'on voyait dans le temple, en entrant, à droite et à gauche de la porte, deux statues d'Amasis, roi d'Égypte, qui en avait fait présent aux Samiens et peut-être à Polycrate lui-même, son allié. Amasis, surnommé le *Philhellène*, avait ouvert l'Égypte aux Grecs : il leur avait donné la ville de Naucratis pour y fonder des comptoirs et y élever des temples. Tandis que les autres peuples s'unissaient pour construire à frais communs un temple qui s'appelait l'*Hellénium*, les Samiens en élevaient un pour eux seuls et le consacraient à Junon. Leur exemple fut suivi par les habitants de Milet et par ceux d'Égine, Milet si puissante qu'elle avait déjà fondé quatre-vingts colonies, Égine qui était alors plus prospère et plus forte qu'Athènes. Aussi les ruines de Naucratis ont-elles à mes yeux une importance singulière et je ne saurais trop les signaler aux recherches des voyageurs qui visitent la Basse-Égypte. Niebuhr en a vu les restes au sud de la ville de Schabur, dans un lieu nommé aujourd'hui Salhadschar (1). Mais non-seulement une exploration plus approfondie reste encore à faire : il faudrait entreprendre des fouilles. D'une part, on retrouverait peut-être des temples grecs d'une époque certaine et reculée, du vi^e siècle. D'autre part, on résoudrait peut-être la question si délicate de l'influence de l'art égyptien sur l'art grec et sur l'architecture dorique en particulier.

Revenons à Samos. Le temple de Junon était donc une des merveilles de l'île. Quoique Hérodote ne dise point à quelle époque il fut rebâti, il semble que ce dut être au temps du plus grand éclat de la puissance samienne, sous Polycrate. Aristote dit quelque part (2) que ce tyran a fait exécuter les grands travaux de Samos. Il aurait donc fait rebâtir aussi le temple de Junon. Hérodote nous laisse supposer cette restauration en appelant Rhœcus le *premier* architecte du temple (l. III, ch. 60); ce mot fait croire qu'il y en eut un second, c'est-à-dire que le temple fut reconstruit. En outre, nous savons par Vitruve que l'ordre primitif était l'ordre dorique : or les fragments qui restent sont d'ordre ionique. Enfin les proportions de ces fragments sont gigantesques, et au temps de Rhœcus on n'élevait point de monuments d'une telle grandeur : c'est le propre de l'architecture du vi^e siècle, et Polycrate se fit en cela l'émule des Éphésiens, des Sélinontins, de Pisistrate surtout, qu'il s'attacha à éclipser en toutes choses et qui bâtit l'immense temple de Jupiter Olympien.

La seconde merveille de Samos, aux yeux d'Hérodote,

---

(1) Reise nach Arabien, p. 97.
(2) République, v 11.

était un môle immense qui s'avançait dans la mer pour agrandir le port et le protéger. La force, la solidité de sa construction, la profondeur des fondations sous les eaux, la beauté de l'appareil, plus de deux stades d'étendue, voilà de ces choses qui prêtent peu à l'art véritable, à l'art dans son sens le plus délicat ou le plus élevé, mais qui n'en sont pas moins pour les hommes un sujet d'étonnement et d'admiration. La grandeur, par cela même qu'elle est si simple, n'en parait que plus grande. Le môle de Samos a été démoli en partie : on en voit encore des restes au fond de la mer. Mais il est aisé de s'en faire une idée d'après le môle magnifique qui existe encore aujourd'hui à Tortose et qui est dessiné dans l'ouvrage anglais des *Antiquités de l'Ionie*. Les blocs qui le composent sont réguliers, égaux, immenses : la hauteur de chaque assise est de près de deux fois la hauteur d'un homme. C'est pour de tels matériaux qu'est justement créée l'épithète de gigantesque.

La troisième entreprise de Polycrate fut un aqueduc percé à travers une montagne, et que je comparerais à ce que nous appelons aujourd'hui un tunnel, ou mieux encore aux émissaires étrusques et aux grands égouts de Rome. L'architecte était Eupalinus de Mégare. Polycrate avait appelé un Mégarien, parce que Mégare possédait déjà la célèbre fontaine des nymphes Sithnides, décorée de nombreuses colonnes, et qu'il semblait que les architectes de ce pays dussent reproduire, ne fût-ce que par l'inspiration du souvenir, des chefs-d'œuvre du même genre. L'époque précise à laquelle vivait Eupalinus n'est point connue; mais je ne vois pas qu'avant le règne de Pisistrate Samos fût assez puissante ni assez riche pour entreprendre de si vastes travaux. Hérodote, il est vrai, ne dit point expressément que les trois merveilles de Samos fussent l'œuvre de Polycrate. Cependant, lorsqu'on lit avec attention toute la suite de son récit sur ce tyran, c'est une conviction naturelle que se forme l'esprit. De plus, Polycrate se piquait de surpasser en toutes choses l'Athénien Pisistrate. Il appela comme lui des poètes, bâtit comme lui un temple colossal; il dut également vouloir surpasser la fontaine Ennéacrounos, chef-d'œuvre tant envié aux Athéniens et souvent reproduit sur les vases peints.

Eupalinus devait conduire à Samos une source d'un volume abondant, mais assez éloignée. Entre la ville et la source se trouvait une montagne haute de huit cents mètres, épaisse de sept stades, c'est-à-dire d'un kilomètre. Il n'y avait donc pas d'autre moyen que de percer la montagne : c'est ce qu'il fit. Le tunnel qu'il ouvrit avait huit pieds grecs de hauteur sur huit pieds de large. De chaque côté un chemin était ménagé pour la circulation, pour les réparations, pour le transport des matériaux. Au milieu, un canal large de trois pieds conduisait les eaux. Dans le texte grec d'Hérodote on lit que le canal avait vingt coudées, trente pieds de profondeur. Il semble qu'il convient de rectifier, dans ce passage, un mot altéré, et de lire, au lieu de εἰκοσίπηχυ, ἡμισίπηχυ. Une demi-coudée, neuf pouces de profondeur sur trois pieds de largeur fournissent déjà une quantité d'eau énorme. L'émissaire du mont Albain en donne la preuve.

Quand l'eau avait traversé la montagne, il lui restait à franchir trois petites collines : alors l'aqueduc ne rencontrait plus que les obstacles ordinaires, et il suffisait d'un conduit taillé dans le roc ou bâti en pierre, avec des regards pour y descendre et en surveiller l'entretien. Ce conduit était voûté et avait seulement 80 c. de largeur, ainsi que l'a constaté un membre de l'École d'Athènes, M. Guérin, qui a retrouvé et exploré, en 1854, cette partie de l'aqueduc, longue de 440 pieds. Dans l'intérieur du conduit étaient quelques fragments d'énormes tuyaux en terre cuite; je ne sais si ce sont les tuyaux dont Hérodote semble parler, lorsqu'il dit que l'eau était distribuée dans la ville par des tuyaux. Il faudrait, avant tout, en bien apprécier l'époque, ce que n'a point fait M. Guérin; car ce pourrait être l'œuvre d'un temps plus rapproché, une restauration romaine par exemple.

M. Guérin a retrouvé, en outre, sous le dallage même de la petite église de Saint-Jean, un réservoir où aboutissent ces tuyaux, réservoir encore plein d'eau, par suite de quelque communication toujours persistante, bâti en grandes assises. Ses murs ont servi de fondations à la chapelle grecque, de sorte que l'eau circule partout sous le dallage et sous le sol intérieur. La situation est des plus étranges pour une église. Les recherches de M. Guérin, au lieu de satisfaire notre curiosité, n'ont donc fait que l'exciter davantage. Le réservoir, le petit conduit voûté ne sont que des constructions accessoires. Le grand travail, évidemment, c'était le tunnel, le passage large de huit pieds ouvert dans la montagne. M. Guérin dit que les éboulements ne lui ont pas permis d'avancer jusque-là : peut-être, la ligne étant donnée, pouvait-on passer par-dessus les éboulements et retrouver plus loin le passage à l'aide de sondages.

Le petit conduit offre une irrégularité digne d'être observée. Quand il est taillé dans le rocher, le rocher a la forme d'une voûte; quand il est bâti en pierres, le rocher manquant, les pierres de recouvrement font plafond. Je ne m'étonne point que la construction soit couverte par des pierres horizontales, c'est le procédé ordinaire de l'architecture grecque; mais je m'étonne que le rocher ne soit point taillé de la même manière, car ces alternatives de voûtes et de plafonds s'arrangent difficilement. Du reste, je considère les recherches de M. Guérin comme un essai digne d'éloges, qui, toutefois, n'éclaire que faiblement la science. Il faut attendre une nouvelle exploration afin de pouvoir juger l'œuvre d'Eupalinus.

Tels sont les monuments les plus célèbres de Samos, ceux qui furent un sujet d'admiration pour l'antiquité entière. On lit dans l'histoire que Polycrate, voulant un jour se défaire de tous les citoyens qui lui étaient hostiles, les embarqua sur quarante galères et les adressa à Cambyse en qualité d'auxiliaires, en le priant secrètement de ne jamais les lui renvoyer. Mais ces compagnons d'armes si bien choisis trouvèrent l'occasion belle, se défirent de quelques chefs et revinrent, peu de jours après leur départ, attaquer Polycrate. Vaincus, ils se rembarquèrent, cherchèrent les aventures, rançonnant quelques villes, en pillant d'autres. Ils firent une descente à Siphnos, une des Cyclades, où nous les suivrons, non pas qu'une flotte de pirates me paraisse digne de beaucoup de sympathie, mais parce que Siphnos n'est pas sans intérêt pour l'histoire de l'art au vi^e siècle.

SIPHNOS.

Les monuments de Siphnos étaient en marbre de Paros; les constructions en marbre étaient très rares au siècle de Pisistrate. J'avoue, pour mon compte, que j'attache une assez grande importance aux matériaux qu'emploie l'architecture, et je crois que la différence des matériaux exerce une notable influence sur l'art, sur l'art grec surtout, où la question de la polychromie, c'est-à-dire de la couleur appliquée aux monuments, dépend plus qu'on ne le croit généralement et des matériaux et des époques.

Siphnos était une île très riche, parce qu'elle possédait des mines d'or et d'argent : ses monnaies sont nombreuses et remarquables parmi les monnaies grecques. Aussi les habitants de Siphnos avaient-ils consacré à Delphes un trésor qui ne le cédait en magnificence aux trésors d'aucune autre ville. Ils se construisirent un prytanée et une place publique qu'ils ornèrent partout de marbre de Paros. Qui dit place publique dit portique, selon l'habitude qu'avaient les Grecs d'entourer leurs places d'abris pour la foule : ce furent sans doute ces portiques que l'on construisit en marbre de Paros. Le marbre était si peu destiné à être peint, il avait si bien conservé toute sa blancheur que l'oracle de Delphes répondit [aux députés de Siphnos qui l'interrogeaient sur l'avenir de leur pays :

« Quand Siphnos aura un prytanée tout blanc, une
« agora toute blanche, craignez un bois perfide et un
« rouge messager. »

Ce bois perfide et ce messager rouge, c'étaient les galères samiennes qui étaient, selon l'antique coutume, peintes avec du minium. Avant de faire une descente dans l'île et de ravager les campagnes, les exilés samiens envoyèrent un de leurs vaisseaux avec des députés chargés de proposer une rançon aux habitants dont ils connaissaient parfaitement les richesses. Je ne m'arrêterai pas plus longtemps à cette anecdote et laisse les exilés samiens. Ce que je remarque surtout, c'est l'effet des monuments de Siphnos, l'impression si bien traduite par l'oracle. Le marbre de Paros, cette admirable matière à laquelle les sculpteurs des âges suivants devaient donner l'illusion, la vie, et toutes les apparences de la chair, le marbre de Paros était resté blanc, sans enduit, sans couleur, à part peut-être quelques légers ornements : c'était toujours du marbre, le plus beau de tous les marbres. Voilà un exemple important qu'il faut joindre à la façade du temple de Delphes, construite en marbre de Paros par les Alcméonides, aux temples de Jupiter et de Minerve, construits en marbre pentélique : nous verrons plus tard quel parti il convient de tirer de ces innovations.

Des Cyclades, nous naviguerons vers le Péloponèse, ce cœur de la Grèce, où la vie a toujours battu avec le plus d'intensité. Il est peu de voyages aussi enchanteurs. Ces îles, qui toutes ont leur physionomie propre, sont disposées en cercle et, selon l'expression d'Homère, forment un chœur autour de leur reine, Délos, chère à Apollon. A mesure que le bâtiment s'avance sur les flots de la Méditerranée, dont l'azur fait pâlir le ciel, les îles se démasquent les unes les autres, s'avancent, tournent, fuient et s'effacent avec le sillage du vaisseau. Frappées diversement par le soleil, elles s'éclairent d'une lumière différente; leurs rochers aux mille couleurs, les teintes vaporeuses dont les voile parfois la brise humide; des lignes de montagnes nettes, harmonieuses, pures comme les contours d'une statue, toutes les splendeurs de cette belle nudité font oublier les forêts et les vertes prairies que cherche le regard des Occidentaux et que regrettent ceux qui n'ont point compris la Grèce et son idéale nature. Les rochers, les eaux, la lumière, voilà des éléments bien simples; la perfection, en effet, se compose de si peu de chose! Ne l'analysez pas : elle se dérobe aux subtilités du raisonnement et veut uniquement être sentie.

Tandis que les sens sont subjugués, l'imagination murmure à votre oreille des noms pleins d'écho, des souvenirs pleins de poésie. Autour de Délos, l'île Sainte, où les Ioniens envoyaient leurs navires parés de guirlandes et de fleurs, c'est Naxos, où gémissait Ariane délaissée; Andros, consacrée également à Bacchus; Paros, qui renferme dans ses entrailles des marbres incomparables; Ténos, aux ravins remplis de lauriers-roses; Mélos, à qui nous devons notre Vénus; Théra, qui n'est tout entière qu'un volcan. Céos, patrie de Simonide, sort du cercle et s'avance vers le nord : elle touche à l'Eubée, île immense qu'un pont unit au continent. Sur le mont Ocha, un des sommets de l'Eubée, existe un petit temple d'une simplicité primitive, sans colonnes, couvert par des dalles plates qui s'avancent les unes sur les autres en surplombant. Ce temple a été publié et décrit, dans un mémoire aussi sérieux que distingué sur l'*île d'Eubée*, par M. Girard, membre de l'École d'Athènes.

Non loin, sur la côte de l'Attique qui regarde l'Orient, s'élevaient les vieux temples de Némésis et de Thémis que les Perses devaient brûler un jour. Déjà le cap Sunium est doublé : nous laissons, pour y revenir bientôt, Athènes et Égine, le temple de Corinthe, que nous saluons de loin comme un vieil ami. A l'autre extrémité du golfe Saronique, nous passons derrière l'île de Calaurie, où mourut Démosthène, et nous nous arrêtons à Trœzène.

TRŒZÈNE.

Trœzène possède quelques débris d'un temple, peut-être le temple d'Apollon Théarius (1). Il ne reste que quelques tambours de colonnes doriques, en pierre noire basaltique, travaillés avec beaucoup de soin ; les tambours étaient unis les uns aux autres par des cubes de bois. Au lieu de cannelures, la colonne présente huit pans, huit

(1) Gell, *Voyage en Morée*, p. 195 ; Curtius, *Pelopon.*, t. II, p. 195.

faces abattues, de sorte que son périmètre est un octogone régulier. En expliquant, au début de ces études, l'origine du temple dorique par le principe de la construction en bois, je prétendais que les cannelures représentaient, d'une manière idéale, les pans du tronc d'arbre équarri, les surfaces abattues successivement par la hache. Les fragments du temple de Trœzène ne justifient-ils pas cette explication? Ils paraissent avoir appartenu à un temple très ancien, si l'on s'en rapporte à l'amincissement très sensible des seuls tambours de colonnes, depuis leur base jusqu'à leur sommet. Des colonnes semblables existent entre la Laconie et la Messénie, sur l'emplacement du temple de Diane Limnatis.

Nous repartons : déjà le golfe d'Athènes est derrière nous, le cap Scyllée est franchi. Maintenant, c'est le golfe d'Argolide qui se creuse profondément sur notre droite. Là-bas, derrière Tirynthe, la ville d'Hercule, et auprès de Mycènes, la ville d'Agamemnon, s'élevait le vieux temple de Junon Argienne. Brûlé à la fin du ve siècle, il fut reconstruit un peu plus bas sur la montagne. L'enceinte et les soubassements restent seuls reconnaissables : seulement, des fouilles récentes, dirigées par M. Rangabé, et payées par une généreuse souscription des lettrés de Munich, ont fait découvrir de nombreux fragments des sculptures qui ornaient le temple le moins ancien.

Enfin, le cap Malée, tant redouté des navigateurs grecs, est doublé; laissant sur notre gauche l'île de Cythère, nous touchons aux côtes de la Laconie.

SPARTE.

Sparte est loin de la mer, dans l'intérieur, au milieu d'une plaine qu'encadrent de leur longue chaîne parallèle le Parnon et le Taygète. Haut de sept mille pieds, avec une série de sommets qui se relient ensemble comme une muraille, couronné de sapins et de neiges lentes à fondre, le Taygète a un aspect grandiose, austère, vraiment rude,

Fig. 49.

qui semble en harmonie avec le caractère spartiate, tel que se le figurent les modernes. Mais il ne faut pas pousser plus loin la comparaison, car la plaine arrosée par l'Eurotas est aussi riche, aussi riante qu'aucune autre contrée de la Grèce.

Je me souviens encore de mon arrivée à Sparte au mois de mai. La nature avait alors une douceur et un charme infinis; partout des fleurs et des parfums; les agnus castus et les lauriers-roses de l'Eurotas commençaient à s'ouvrir. Les sentiers étaient bordés de roses sauvages; de grands oliviers mêlaient leur feuillage blanchissant au feuillage vigoureux du figuier, du mûrier, du caroubier. Des ruisseaux, des prairies émaillées d'anémones, des champs fertiles partout où il y a eu des bras pour labourer les champs, une telle nature eût adouci la race la plus féroce, et je me suis efforcé de montrer, dans un ouvrage récent (1), qu'il y avait dans le génie spartiate un côté plus poli, plus élégant, ouvert à l'amour du beau et aux jouissances élevées. Les Spartiates n'appartenaient point impunément à la race grecque.

Il reste bien peu de débris de Sparte, surtout après les dévastations inqualifiables de l'abbé de Fourmont, un fou, c'est le mot le plus doux qu'on lui puisse appliquer. Une substruction de pont, quelques murs d'époque romaine, les fondations d'un théâtre, refait en partie par les Romains, une grande ruine carrée qui laisse la consolation fort contestable d'évoquer le souvenir de Léonidas; tels sont les seuls vestiges d'une ville où Pausanias, dans une rapide énumération, cite cinquante-quatre temples, vingt-deux édifices publics, portiques, gymnases, leschés, trente-trois monuments héroïques, élevés çà et là sur les places de la ville aux rois et aux grands hommes du pays.

La plupart de ces monuments et de ces temples étaient d'ordre dorique et remontaient au vi[e] siècle, qui est le siècle de la grandeur de Sparte. Alors, en effet, elle était maîtresse de presque tout le Péloponèse, envoyait ses armées attaquer Polycrate ou délivrer Athènes de ses tyrans, tandis qu'elle jouissait de tous les bienfaits de la constitution de Lycurgue et la maintenait encore inaltérable. Mais on ne retrouve aucun fragment de ces nombreux temples, dont quelques-uns, le temple d'Esculape, par exemple, attirèrent l'attention de Pausanias, voyageur si froid et si indifférent aux belles choses. Pausanias ad-

(1) Études sur le Péloponèse, chez Firmin Didot.

mira surtout l'agora, entourée de portiques selon l'usage, mais sur laquelle il ne nous donne aucun détail. Il ne dit même pas de quel ordre étaient les édifices de Sparte, probablement parce qu'ils étaient d'ordre dorique, et qu'à Sparte il était superflu d'en faire l'observation. Les édifices que les historiens anciens décrivent de préférence, et cela est bien naturel, ce sont ceux qui s'éloignent le plus des traditions reçues et frappent les yeux des Grecs eux-mêmes par leur étrangeté ou leur antiquité. Telle était la salle des *Assemblées*, qui affectait la forme d'une tente, et que pour cette raison on appelait la *Scias*. C'était l'œuvre de l'architecte samien Théodore, et la présence d'un artiste samien à Sparte n'est point sans importance pour l'histoire de l'art. Elle prouve que l'Asie envoyait à la Grèce des artistes nourris de traditions différentes, ou du moins soumis aux influences orientales. Si l'art grec s'est créé un domaine propre et une originalité éclatante, il n'en devait pas moins ses progrès matériels, techniques, aux civilisations plus avancées.

De même, à côté de la salle des Assemblées, le Crétois Épiménide avait construit un édifice rond qui était consacré à Jupiter et à Vénus. Sur l'Acropole de Sparte, il y avait encore un édifice qu'on appelait le *Pavillon* et qui reproduisait la Scias dans de plus petites proportions. Nous ne pouvons nous faire une idée de ces constructions qui tiennent de bien près aux traditions orientales, ou qui en sont du moins une réminiscence. Il ne serait pas impossible de retrouver chez les Grecs, je ne dis pas des coupoles, mais les principes d'une toiture toute différente de celles que nous connaissons par les ruines. Au siècle de la perfection de l'art, à Athènes, ne voyons-nous pas Périclès lui-même faire construire un théâtre dont la couverture rappelait, par sa forme, la tente du roi de Perse?

Il y a là tout un côté de l'architecture grecque, le plus neuf assurément et le plus piquant que nous ne pouvons que pressentir : les monuments ont disparu et les écrivains les ont à peine décrits.

Un des édifices les plus remarquables de Sparte était le temple de Minerve Chalciœcos, ce qui veut dire Minerve à la demeure d'airain. Son temple, en effet, était en bronze. Le Lacédémonien Gitiadas, qui était à la fois poète, architecte et sculpteur, comme les grands artistes de la renaissance italienne, Gitiadas l'avait construit. De plus, il avait représenté en relief sur les parois de métal une suite de grands sujets, les travaux d'Hercule, les exploits de Castor et Pollux, de Persée. C'est pourquoi la sculpture avait probablement contribué bien plus que l'architecture à rendre célèbre le temple de Minerve, qui, du témoignage de Thucydide, était assez petit. Dans les vieux âges de la Grèce, nous voyons des édifices garnis ainsi complétement de bronze, le trésor d'Atrée notamment. Les auteurs parlent encore du temple de Delphes bâti en bronze par Vulcain, de la prison de Danaé, souterraine selon Pausanias et dont les parois intérieures étaient couvertes de métal. Plus tard les poètes et les peintres de vases firent de cette prison un simple coffre. A Sparte même, Homère nous décrit la maison de Ménélas brillante d'airain, d'or et d'ivoire.

Pausanias s'arrête aussi un instant devant un autre temple, qui est à deux étages. A chaque étage, il y avait une statue de Vénus avec un nom et des attributs différents. Nous nous étonnerons avec le périégète grec de cette disposition tout à fait rare. Pausanias, qui avait visité tant de milliers de temples, déclare n'avoir rien rencontré de semblable. Maintenant, quel était le plan de l'édifice, sa grandeur ? avait-il deux ordres superposés sur la façade ?

l'escalier était-il intérieur? un des deux sanctuaires était-il souterrain? Il ne faut rien demander de pareil à Pausanias : diffus à l'excès quand il raconte les fables les plus puériles, il est d'un laconisme désespérant dès qu'il s'agit des monuments de l'art.

Aussi, au lieu d'anlayser son ouvrage qui n'est déjà que trop bref, me contenterai-je de renvoyer à sa description de Sparte. On sera surpris de la quantité de temples et de monuments qui s'élevaient de toutes parts : on concevra pourquoi l'État était si riche là où les particuliers étaient si pauvres et pourquoi l'on élevait tant d'édifices sacrés ou d'utilité publique, tandis que les maisons n'étaient que des cabanes grossières, que la loi défendait de façonner autrement qu'avec la hache et la scie. Si Sparte, liée par ses institutions, n'a pu conduire le progrès et donner une impulsion généreuse aux arts de la Grèce, elle a du moins suivi le mouvement général. Malgré le dédain des Athéniens, elle avait autant de monuments que les cinq ou six grandes cités de la Grèce. Seulement, ces monuments avaient un aspect plus simple, plus sévère; on y cherchait moins la nouveauté, la décoration, les proportions élégantes. C'est pour cela que je regrette plus vivement encore qu'aucun temple de la vieille Sparte n'ait survécu. Nous y trouverions peut-être l'art dorique avec ses traditions primitives, naïves, mais pleines de fermeté, ainsi qu'il convenait dans la capitale du génie dorien. Car aucun peuple, autant que les Spartiates, n'a dû se faire conservateur de la tradition, même dans l'art.

CHAPITRE XI.

LES MONUMENTS DE PISISTRATE.

J'ai déjà exposé les raisons qui m'avaient engagé à donner au vi^e siècle le nom de Pisistrate, de même que la postérité a donné depuis longtemps au ve siècle le nom de Périclès, et au ive celui d'Alexandre. A cette époque, la forme de gouvernement prédominante est la tyrannie, entendue dans le sens grec. Cette tyrannie s'appuie sur la multitude, ainsi que d'ordinaire, représente ses intérêts, la flatte et réagit contre l'aristocratie : souvent la question de race complique les luttes du parti populaire et du parti oligarchique.

Il est certain, en outre, que les tyrans, par des motifs très divers et la plupart du temps personnels, contribuèrent à l'envi au développement des lettres et des arts. Il était donc naturel de choisir, parmi ces tyrans, le plus célèbre, celui qui a encouragé le plus vivement les progrès intellectuels de la Grèce, celui qui a montré le plus de modération et de douceur : je veux dire Pisistrate.

Mais ce qui place Pisistrate au-dessus des usurpateurs contemporains, c'est son titre d'Athénien. Il régnait sur un peuple prédestiné par sa position géographique, autant que par son génie, à prendre le premier rang parmi les

Grecs : Athènes tend déjà à devenir la capitale intellectuelle de la Grèce. Nous la voyons, sous Pisistrate, devenir le point de fusion de l'ionisme et du dorisme ; elle unit et concilie à son profit des tendances opposées, de même qu'elle avait successivement donné l'hospitalité aux deux races, aux Héraclides et aux Ioniens. Ce n'est donc pas Pisistrate, c'est Athènes, en sa personne, que nous plaçons à la tête du siècle.

Les haines des différentes classes de l'État, les dissensions et la misère, un premier essai de tyrannie — celui de Cylon, — les représailles sanglantes de l'aristocratie, des guerres civiles qui affaiblissent Athènes au point de la rendre incapable de résister à Mégare, le mépris des lois enseigné par l'absurdité même des lois de Dracon, les réformes de Solon, si sages qu'elles fussent, l'abolition des dettes, c'est-à-dire le déplacement de la propriété, la distribution du peuple en classes, c'est-à-dire la destruction des vieilles bases de la société, tout contribua à préparer l'usurpation de Pisistrate. Elle fut rapide, sans secousse, accompagnée des comédies misérables qui signalent ces sortes de révolutions. Chassé et rétabli par trois fois, il usa de son pouvoir avec intelligence et avec éclat. Solon lui-même pardonna à celui qui violait sa constitution et ne lui refusa point ses conseils. Platon, ou plutôt l'auteur du traité intitulé *Hipparque*, compare aux beaux jours de l'âge d'or l'administration des Pisistratides (1).

Sur trente-trois ans de règne, Pisistrate compta seize ans d'exil. Aussi n'eut-il point le temps de conduire à fin toutes ses entreprises. Hippias et Hipparque, qui gardèrent le pouvoir pendant dix-huit ans sans interruption, continuèrent l'œuvre que leur père avait commencée. Les

---

(1) Page 229, B.

lettres et les arts trouvèrent à leur cour un centre et un foyer.

Tout le monde citera le titre le plus célèbre de Pisistrate, la publication des poèmes d'Homère. Conchylus, Onomacrite, Zopyre d'Héraclée, Orphée de Crotone, l'aidèrent à rendre impérissable la plus grande création du génie grec. Une bibliothèque fut fondée à Athènes, un système d'écriture correcte et uniforme fut établi, et la vieille orthographe, qui d'Athènes se répandit dans toute la Grèce, subsista jusqu'à la fin du siècle de Périclès, jusqu'à l'archontat d'Euclide (403). Pendant ce temps, Thespis, père de la tragédie, formait Phrynichus, le maître d'Eschyle; on publiait les *Orphiques*, et Musée rédigeait ses faux oracles. Le goût de la poésie gagna si bien les fils de Pisistrate qu'Hipparque composa lui-même des vers, des sentences morales, des préceptes, qui furent gravés sur les innombrables Hermès destinés à orner les rues d'Athènes et les routes voisines.

Ce fut Hipparque qui donna aux Panathénées un éclat auquel Périclès trouva bien peu à ajouter. Il attira auprès de lui Anacréon, Simonide de Céos, Pratinas de Phlionte, qui fut plus tard le rival d'Eschyle. Susarion de Mégare vint également se fixer en Attique. Tout ce mouvement littéraire, qui se concentre à Athènes et de là rayonne sur la Grèce, nous l'entrevoyons à peine à l'aide de témoignages insuffisants, épars. Mais pour suppléer aux lacunes de l'histoire, il faut songer que la bibliothèque fondée par Pisistrate était un lieu public, ouverte à tous les citoyens aussi bien que les jardins de Pisistrate. Une bibliothèque publique, en Grèce, où les esprits si avides de lumières, si prompts à concevoir, si véritablement doués par la nature, venaient chercher une forte nourriture, voilà peut-être un des secrets de la fécondité précoce du génie attique et de la supériorité qu'Athènes gagna et conserva toujours sur les autres peuples.

Tout se tient dans l'histoire et l'on sépare difficilement les différentes productions de l'esprit humain. Aussi les arts ne devaient-ils pas être moins encouragés que les lettres par les Pisistratides ; l'architecture surtout, qui tient toujours au service des vastes ambitions sa science, ses matériaux, ses ouvriers, alors même qu'elle n'est point arrivée à sa perfection. Dans ce cas, elle supplée à l'imperfection par la grandeur : c'est pourquoi les constructions des anciens âges ont une puissance qui commande toujours un certain respect. Du reste, nous savons à quel degré de beauté l'architecture était parvenue au milieu du VIe siècle, et particulièrement l'architecture dorique que nous trouverons déjà adoptée par les Athéniens.

On pourrait diviser en trois classes les monuments de Pisistrate :

1° Les monuments qui ne nous sont connus que par le témoignage des anciens ;

2° Ceux dont les auteurs nous parlent et dont il reste quelques vestiges ;

3° Ceux dont les anciens ne parlent point, mais dont nous retrouvons les ruines, ruines qui portent avec elles-mêmes un témoignage et se peuvent attribuer à Pisistrate.

Cette triple distinction m'est imposée par les événements eux-mêmes, car il n'est point hors de propos de rappeler que l'Athènes de Pisistrate a été détruite de fond en comble par Xerxès et par Mardonius ; de sorte que nous devons nous estimer heureux si quelques débris d'une ville que les barbares voulaient effacer du monde sont parvenus jusqu'à nous.

Dans la première catégorie, on peut citer les temples

d'Apollon Pythien, de Jupiter Olympien et les Hermès.

Le temple d'Apollon Pythien est attribué à Pisistrate par un auteur de Lexique, par Suidas ; Pausanias ne le nomme que pour raconter une tradition qui concerne Thésée. Lorsque Thésée entra pour la première fois dans Athènes, afin de se faire reconnaître par son père Égée, il portait une longue tunique qui lui tombait jusqu'aux pieds et ses cheveux étaient tressés avec soin. Il passait auprès du temple d'Apollon Pythien, qu'Égée faisait construire ; le temple était même construit et l'on travaillait à le couvrir. Les ouvriers se moquèrent du costume efféminé de Thésée et lui demandèrent depuis quand les filles bonnes à marier sortaient seules. Thésée ne répondit rien, mais il détela un des bœufs de leurs chariots, qui se trouvaient dans le voisinage, et le lança jusqu'au sommet du toit. On voit combien les légendes sur l'Hercule athénien tiennent du merveilleux. Tout ce qui résulte de cette fable, c'est que le temple d'Apollon Pythien était extrêmement ancien, et que, déjà ruiné ou brûlé, ce qui arrivait souvent aux temples en bois, il fut refait par Pisistrate, avec des dimensions beaucoup plus considérables.

Le temple de Jupiter Olympien fut sans contredit l'entreprise la plus gigantesque de son règne. « C'est le seul « temple sur la terre, » dit Tite-Live, « qui ait été conçu « dans des proportions dignes de la grandeur de Dieu. » Tite-Live se trompe cependant, car les temples de Jupiter Olympien à Agrigente et à Sélinonte n'étaient point sensiblement plus petits ; le temple de Diane d'Éphèse était plus grand ; à moins qu'il ne faille croire que le temple actuel, terminé sept cents ans après Pisistrate par Adrien, ait été reconstruit sur un plan réduit et non sur le plan primitif : ce qui n'a rien d'invraisemblable.

Les Athéniens attribuaient à Deucalion la fondation du

temple de Jupiter. Ils montraient à peu de distance, et son tombeau, et le trou par lequel les eaux du déluge s'étaient écoulées. Ces vieilles fables prouvent l'occupation de l'Attique par les Pélasges, et l'antiquité du temple. Pisistrate ne fit donc que reconstruire un édifice plus ancien. Pour justifier ses travaux ruineux, il choisissait les dieux les plus chers aux Athéniens, ceux dont le culte était surtout national, Apollon Pythien, Jupiter Olympien, Minerve.

Les architectes qui furent successivement employés par les Pisistratides étaient Antistates, Callæschros, Antimachides, Porinos. Il paraît impossible que tous les quatre eussent été chargés d'arrêter un plan aussi simple que l'est celui d'un temple grec. De même que nous voyons à Éleusis une suite d'architectes se succéder uniquement parce qu'un monument considérable veut pour se bâtir plusieurs âges d'homme. Les Pisistratides furent maîtres d'Athènes pendant cinquante et un ans. Il n'y a donc rien d'étonnant à ce que, pendant un demi-siècle, le monument ait usé quatre architectes.

Vitruve dit qu'ils établirent les fondations du temple, *fundamenta constituerunt*. Mais il est clair qu'il faut entendre dans un sens plus large ces expressions. Ils ne construisirent que les parties basses du temple, ou, comme cela est arrivé pour d'autres temples, ils ne construisirent que le péristyle, dont les colonnes étaient comme la base, les supports de l'édifice entier. Quant à la cella, aux murs qui formaient la clôture du sanctuaire, ils n'avaient point été construits. C'est pour cela que, dans la phrase suivante, Vitruve, en citant l'architecte qui reprit l'édifice sous Antiochus Épiphane, commence par dire qu'il construisit l'immense cella, *cellæ magnitudinem*.

Aussi est-il impossible d'admettre l'opinion d'Ottfried Müller, qui veut que le temple ait été plus tard décoré de peintures par Phidias. Les murs, au temps de Phidias, n'étaient même pas construits. Cependant Dicæarque nous apprend qu'au siècle d'Alexandre l'édifice, quoiqu'à demi bâti, frappait tous les esprits d'admiration.

Il resta quatre cents ans dans cet état. On ne saurait trop dire quel mode de dévastation les Perses appliquèrent à un monument inachevé, dont les colonnes seules peut-être étaient placées. Il était en dehors de la ville; on ne pouvait y mettre le feu; il serait possible qu'il eût été épargné. Les administrateurs d'Athènes, Cimon, Périclès, et plus tard l'orateur Lycurgue, qui ornèrent la ville à l'envi, laissèrent le temple de Jupiter dans le même état. Le souvenir des tyrans leur faisait craindre de continuer l'entreprise et d'être associés au fondateur par la malignité publique.

L'an 174 avant J.-C., Antiochus Épiphane, roi de Syrie, fit reprendre les travaux par l'architecte Cossutius, citoyen romain, ajoute Vitruve dans une préface où il nomme avec orgueil, à côté des grands architectes grecs, les grands architectes romains, qu'il considère comme ses ancêtres. On ne doit point être surpris de voir Antiochus employer à Athènes un architecte romain. Emmené de bonne heure à Rome comme otage, après que son père, Antiochus le Grand, eut subi la loi des Romains, il y connut Cossutius, et se l'attacha.

Cossutius construisit donc la cella et l'entoura d'un double rang de colonnes d'ordre corinthien. Il eut le temps de placer les architraves, de régler l'ornementation de l'édifice (*epistyliorum et cæterorum ornamentorum ad symmetriam distributionem*), puis il fut arrêté par la mort d'Antiochus, qui arriva dix ans après, l'an 164.

Qu'étaient devenues les colonnes du temple de Pisistrate, les colonnes doriques? Avaient-elles fait place aux colonnes corinthiennes? Car alors le dorique était passé de mode, et l'ionique lui-même avait cédé la place au corinthien, par ce besoin de nouveauté qui tourmente toujours les esprits. Si les Perses n'avaient point renversé les colonnes primitives, il est probable que Cossutius les renversa lui-même; car soixante-dix-huit ans après la mort d'Antiochus Épiphane, Sylla s'empara d'Athènes, et fit transporter à Rome les colonnes mises de côté par Cossutius. Il les destinait à prendre place dans la reconstruction du temple de Jupiter Capitolin, qui avait brûlé. Ce fait singulier prouve deux choses : d'abord, que le temple primitif était en marbre, car Sylla n'eût point fait transporter en Italie des tambours de pierre (le calcaire du Pirée n'a rien de préférable au travertin des montagnes de Rome); ensuite, que le temple était d'ordre dorique, car le Capitole était reconstruit conformément aux traditions, et il était d'ordre dorique.

L'exemple d'Antiochus fut suivi plus tard par les rois et les villes qui voulaient plaire à Auguste. Auguste et son gendre Agrippa firent beaucoup pour Athènes. C'était flatter adroitement leur passion que de reprendre l'achèvement du temple de Jupiter. Mais, malgré tant d'efforts réunis, le temple ne fut point achevé cette fois. Ce fut l'empereur Adrien qui eut la gloire de terminer l'œuvre de Pisistrate. Seulement, il ne restait plus rien des constructions primitives, si ce n'est les fondations.

Je ne parlerai point des Hermès, monuments disposés dans les rues, et qui se rattachent à la sculpture bien plus qu'à l'architecture. J'arrive aux édifices que les anciens attribuaient à Pisistrate, et dont je crois avoir reconnu quelques traces, des traces bien légères malheureusement et de peu d'importance.

Au-dessous du temple de Jupiter qui vient de fixer

notre attention, était la fontaine Callirrhoé, c'est-à-dire la fontaine au beau courant, aux belles eaux. Les rochers sur lesquels Athènes était bâtie ne fournissaient point d'eau : aussi trouve-t-on à chaque pas de petites citernes creusées dans le roc, des conduits habilement ménagés pour amener les eaux de pluie dans ces citernes. On trouve aussi des puits, et Pausanias nous apprend qu'il y en avait dans toute la ville. Mais il n'y avait, nous dit le même voyageur, qu'une seule source dont les eaux fussent salutaires et agréables à boire : c'était la fontaine Callirrhoé, sœur de l'Ilissus, sur la rive duquel elle paraissait : bientôt elle allait mêler son onde à l'humble cours de l'Ilissus. C'était à la fontaine de Callirrhoé que se rencontraient les femmes athéniennes.

Nous avons vu que le tyran Théagène avait entouré la fontaine des nymphes Sithnides, à Mégare, de constructions et de colonnes en marbre. Pisistrate ne voulut point qu'Athènes fût en arrière de Mégare, sa rivale au temps de Solon. Il appliqua à la fontaine Callirrhoé un système de décoration non moins magnifique, et nous savons, par le nom même que prit alors la fontaine (*Ennéacrounos, neuf fontaines*), que l'eau, distribuée dans neuf conduits, s'élançait par neuf bouches séparées. Stace l'a dit dans sa *Thébaïde* (xii, 629) :

> Et quos Callirrhoe novies errantibus undis
> Implicat.

Il faut supposer en avant de ces bassins, dont le nombre était en proportion avec l'affluence des femmes et les besoins d'une ville entière, il faut supposer des siéges, des colonnes, un portique. Je trouve parmi les peintures des vases antiques un certain nombre de représentations propres à donner une idée de cette décoration, idée abrégée, simplifiée, parce qu'un monument tout entier ne pouvait être exactement copié sur un vase. Au musée Britannique, notamment, il existe une suite remarquable de vases sur lesquels sont représentées de jeunes filles avec des hydries, cruches élégantes dans lesquelles elles recueillent l'eau que répandent des gueules de lion. Ces gueules de lion sont disposées symétriquement sous un portique d'ordre dorique. Ces souvenirs de la fontaine Callirrhoé sont assez fréquents pour prouver que ce fut une mode de répéter sur les vases un sujet éminemment attique.

Au XVIIe siècle, Spon et Wheler virent au-dessous de l'angle sud-ouest du péribole du temple de Jupiter un des conduits de la fontaine où l'eau coulait encore (1). Depuis, les terrains éboulés ont obstrué les conduits antiques. Aujourd'hui l'eau se fraie un passage inconnu et elle tombe dans l'Ilissus au pied d'un rocher qui traverse le lit du ruisseau et forme une petite cascade. Toutes les constructions de Pisistrate ont disparu ; mais on aperçoit sur le rocher des canaux taillés profondément qui remontent vraisemblablement à cette époque, et se rattachent au système de décoration de l'Ennéacrounos. Des fouilles seraient nécessaires pour éclaircir ce point de la topographie athénienne.

Il en est de même pour le Lycée. Le Lycée était un grand jardin, décoré de portiques, destiné aux exercices de la jeunesse et aux causeries des vieillards. C'est là que l'École péripatéticienne fut fondée par Aristote. Le Lycée était situé au nord-est du temple de Jupiter Olympien, dans la partie de la ville qui primitivement n'était point habitée. Il était naturel de choisir des terrains vagues pour des constructions nouvelles et des jardins. Aujour-

---

(1) Spon, t. II, p. 122, 146.

d'hui, sur la limite du jardin royal, du côté qui regarde l'orient, on aperçoit une tranchée profonde. Un des côtés de cette tranchée montre un mur composé de gros blocs réguliers, d'un bel appareil. Un peu plus loin, la tranchée s'arrête, parce qu'une route borde le jardin. Mais au-delà de la route sort du sol le sommet d'un mur qui continue le mur qu'on aperçoit dans la tranchée. Tout porte à croire que c'est là un des débris du Lycée. Douze pieds de terre et de remblais recouvrent le sol antique que des fouilles mettraient sûrement au jour.

Il me reste à parler des monuments que les anciens passent sous silence, dont nous retrouvons les ruines et que leur style ou certaines convenances qui constituent un témoignage permettent d'attribuer à Pisistrate.

Fig. 50.

Lorsqu'on monte à l'Acropole du côté du nord, on aperçoit les murs formés de fragments de toute espèce. On remarque surtout vingt-deux tambours de colonnes en marbre pentélique, les uns bruts, avec les anses qui servaient à les enlever, les autres cannelés et préparés en partie. Ces tambours sont énormes et offrent des mesures différentes. Treize ont un peu moins de six pieds de diamètre, cinq un peu plus de cinq pieds. Cela s'explique par la différence qui existait entre la base et le sommet des colonnes et même entre les diverses parties de l'édifice. Il est évident, de plus, que le monument auquel appartenaient ces importants matériaux n'avait point été achevé.

Les tambours des colonnes, les dalles du stylobate ne sont point sans rapport avec le Parthénon. Plus loin, à droite, on aperçoit un entablement qui sert de couronne-

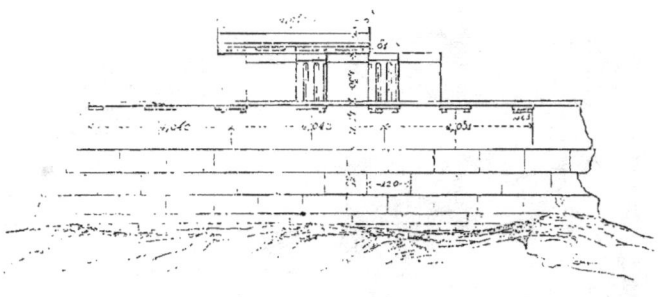

Fig. 51.

ment au mur de l'Acropole. Tout a été replacé de façon à refaire un entablement régulier. Les frises et architraves sont en pierre, ornées de couleurs encore très visibles, surtout le rouge et le bleu. Les métopes, en marbre, sont glissées à coulisse. Les corniches offrent des gouttes planes qui devaient nécessairement appartenir aux façades, et des gouttes disposées sur un plan incliné qui devaient appartenir aux longs côtés.

La longueur des architraves, de joint en joint, mesure douze pieds, ce qui fait un peu plus de six pieds par entrecolonnement, habitude du vieux style.

Les triglyphes varient de forme. Les uns sont plus maigres, de sorte que les gouttes dépassent un peu; les autres plus larges et cependant, si on les regarde de près, ils n'en sont pas moins archaïques.

Ces débris proviennent d'un ancien temple, détruit par les Perses. Lorsque Thémistocle fit relever à la hâte, malgré la défense des Spartiates, les murs de sa patrie, on employa tous les fragments qui jonchaient le sol fumant. Ces colonnes et ces entablements servaient même à raviver la haine des Grecs en leur rappelant les dévastations impies des barbares. Un mot d'Hésychius nous apprend l'existence d'un ancien Parthénon, plus petit que le nouveau de cinquante pieds. On l'appelait Hécatompédon, parce qu'il avait cent pieds sur la façade. Il est très vraisemblable que ce sont les ruines de l'ancien Parthénon qui sont enclavées dans le mur de Thémistocle.

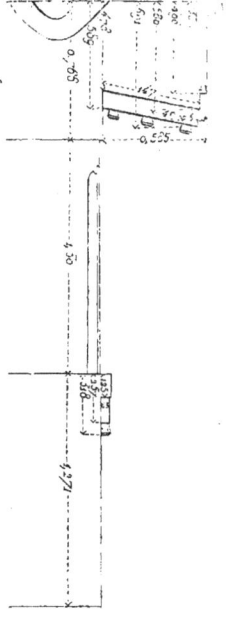

Fig. 52.

A l'est du Parthénon, on a trouvé parmi les cendres accumulées par les Perses d'autres débris du temple, des fragments coloriés, des branches d'olivier, des têtes de méduse archaïques et tirant la langue, des antéfixes dont il sera parlé plus tard. (*Voy. planche* 33.)

Ce n'est pas tout. Derrière les Propylées, et au-dessous du

péribole de Diane Brauronienne, dans l'intérieur de l'Acropole, on voit un pilier de marbre, inachevé, appliqué en équerre sur le mur du péribole. Des restes de stuc rouge sont restés au pied de ce pilier, qui repose sur un seuil : mais le seuil s'enfonce sous les Propylées de Mnésiclès. Était-ce là une décoration de l'entrée de l'Acropole, au sommet de l'Ennéapyle pélasgique qui aurait inspiré à Périclès l'idée des Propylées? Cette décoration, quelle qu'elle fût, avant d'être renversée par Xerxès et démolie par Mnésiclès, j'hésiterais peu à l'attribuer à Pisistrate. Car Athènes, au vi^e siècle, ne connut la prospérité, le repos, les entreprises somptueuses que sous les Pisistratides. Avant Pisistrate, guerres civiles, misère dans les classes populaires, divisions sanglantes parmi les riches : d'ailleurs les colonnes non cannelées, les murs qu'on n'avait point décorés complétement, annoncent qu'à l'époque des guerres médiques, les monuments n'étaient point achevés. Ce qui n'empêche point que l'on ne doive considérer Pisistrate comme le digne prédécesseur de Cimon et de Périclès pour tout ce qui concerne les arts. On consultera avec le plus grand fruit, pour l'histoire et l'appréciation de son règne, l'ouvrage du savant évêque de Saint-David's (1).

---

(1) Connop Thirlwall, *Histoire de Grèce*. Traduction française, t. 1, p. 354.

CHAPITRE XII.

LE TEMPLE D'ÉGINE.

Au milieu du golfe Saronique, et en face d'Athènes, s'élève une petite île qui commande le golfe entier. Elle n'a que quelques lieues de tour ; elle est hérissée de rochers, le sol est pauvre, et cependant cette île était, au siècle de Pisistrate, plus puissante par sa marine et son commerce que les grandes cités de la Grèce occidentale ; elle était rivale de Corinthe, victorieuse d'Athènes, qui devait, au siècle suivant, lui faire expier si cruellement sa supériorité. L'île d'Égine, comme tant de villes grecques, n'a dû sa rapide prospérité qu'à la mer. Quand un petit peuple se trouve jeté sur un rocher, qu'il y croît et ne peut plus y vivre, il faut qu'il sorte, qu'il tente les aventures, qu'il aille respirer au loin, qu'il rapporte le butin, en temps de piraterie, la richesse, en temps de commerce régulier ; les Éginètes furent navigateurs et commerçants. On dirait que les mêmes nécessités produisent, à de longs intervalles, les mêmes effets. De nos jours, ou du moins avant la guerre de l'indépendance grecque, une autre ile, voisine d'Égine, Hydra, a vu également se développer une race de hardis marins qui couvraient les mers d'Orient.

Je ne retracerai point la suite de l'histoire d'Égine. Je signalerai seulement quelques traits propres à jeter plus d'intérêt sur le temple que nous devons étudier. D'abord, il est nécessaire de bien constater qu'Égine appartenait aux Doriens. La population primitive avait été abandonnée par les fils d'Æaque, par Télamon, qui passa dans l'île de Salamine, par Pélée, qui retourna dans la Phtiotide, berceau des Myrmidons. Quand les Doriens d'Argos eurent conquis Épidaure, ils fondèrent une colonie à Égine, qui reçut en même temps, Pausanias nous l'apprend expressément, la langue et les mœurs des Doriens. Ainsi que Mégare, elle était le poste avancé des Doriens contre la race ionienne.

Longtemps soumise à Épidaure, réunie au vaste empire de Phidon d'Argos, tant que cet empire dura, Égine se rendit indépendante vers le commencement du siècle. Selon les lois ordinaires, le sentiment de sa force et de sa richesse la conduisit à la liberté. Aussitôt nous la voyons lutter contre Athènes, contre Samos, contre Épidaure sur laquelle elle se venge de son ancienne humiliation. Elle était assez riche pour élever un temple à Naucratis à côté de Milet et de Samos. Ce fut au milieu du VIe siècle que Naucratis fut ouverte aux Grecs. Au moment où Égine bâtit un temple dans un comptoir lointain, nous pouvons être assurés qu'elle en bâtissait chez elle de magnifiques. Le temple qui reste encore debout offre un caractère assez ancien pour qu'on ait pu, sans invraisemblance, l'attribuer à cette époque.

Cependant ce temple a soulevé de grandes discussions, et son nom et son époque ont été également controversés.

Était-il consacré à Jupiter Panhellénien ou à Minerve ? Est-il antérieur ou postérieur aux guerres médiques ? Au fond, les deux questions n'en font qu'une. Si c'est le temple de Minerve, il est antérieur à l'invasion des Perses ; si c'est le temple de Jupiter Panhellénien, il est postérieur. On a produit une inscription trouvée non loin du temple où se lisait le nom de Jupiter Panhellénien. Mais cette inscription a disparu ; elle paraît d'une autre époque d'après les copies, elle n'a peut-être rien de commun avec le temple. D'un autre côté, Hérodote parle d'un temple de Minerve en 522 (1), où les proues des vaisseaux samiens furent suspendues en guise de trophées. Une inscription trouvée à un mille de distance parle *du sanctuaire* de Minerve. Enfin, ce qui me paraît plus décisif encore, la présence de la statue de Minerve au milieu de chaque fronton annonce si clairement que le temple est consacré à cette déesse, que l'on comprend peu les doutes qui se sont élevés jadis.

Le temple d'Égine est d'une importance capitale pour l'histoire de l'art, et par son style et par les documents considérables qu'il fournit en même temps à l'histoire de l'architecture, de la sculpture, de la peinture. Il a été l'objet de l'attention des architectes français. Blouet a publié de belles études dans l'Expédition scientifique de Morée. Mais ses travaux ont été complétés et dépassés par M. Charles Garnier, pensionnaire de l'Académie de France à Rome, qui a mesuré et dessiné le temple, et qui a même publié un article dans la *Revue archéologique*. Ses magnifiques dessins sont déposés aux archives de l'Institut, où l'on peut les consulter. L'Académie des beaux-arts, dans le rapport que son secrétaire perpétuel, M. Raoul Rochette,

---

(1) Hérodote, III, 55.

lisait à la séance annuelle de 1853, a décerné les plus grands éloges à M. Garnier. M. Raoul Rochette commençait par montrer que le temple d'Égine, malgré les travaux des architectes anglais, allemands, malgré la belle restauration de M. Blouet, « était imparfaitement connu « jusqu'ici et resté encore, sous plusieurs rapports, un « objet de controverse. » Aussi, après avoir exposé les travaux de M. Garnier, énuméré ses intelligentes et minutieuses recherches; après avoir reconnu qu'on lui devait la connaissance des métopes en marbre, des grilles de fermeture, des architraves de l'intérieur du temple et de leurs indications précieuses, du deuxième ordre de colonnes que supportait cette architrave, de l'entablement de la colonnade supérieure; après avoir donné acte à M. Garnier de ces importants résultats, M. Raoul Rochette concluait en ces termes : « C'est là une belle découverte dont l'art « et l'archéologie sont redevables à M. Garnier. »

On arrive au-dessous du temple par mer. Les barques peuvent entrer dans une petite crique où l'on prend terre. Une pente escarpée se présente : on la gravit au milieu des plantes aromatiques, des pins, des lentisques. A droite du temple, qui s'élève au sommet de la colline, est un bois de pins. Vingt colonnes du péristyle sont encore debout, la plupart avec leurs architraves. Deux colonnes restent au pronaos et des morceaux considérables couvrent en partie le sol du monument. Çà et là, parmi les pierres, croissent de petits genévriers. Ces ruines solitaires sont d'un charmant aspect : les colonnes se détachent ou sur le ciel ou sur la mer, et leurs teintes grises font avec le bleu une harmonie douce et d'une valeur légère. De toutes parts la vue s'étend au loin sur les côtes et sur le golfe Saronique.

Au sommet de la colline s'étend un plateau d'environ

3,000 m. de superficie : tout autour, on observe des restes de constructions antiques. Un mur de soutènement, composé d'assises régulières, contenait les terres. Sa forme est rectangulaire; seulement, en avant de la façade principale du temple, qui regarde l'Orient, deux angles rentrants de ce mur déterminent une plate-forme avancée, où se tenaient les assistants pendant les sacrifices. La place de l'autel est marquée par des traits creusés dans la pierre, par des rainures destinées au scellement. On montait sur le plateau, non point de face, mais par les côtés. A droite et à gauche, en arrière du temple, M. Garnier place, avec raison, deux petits escaliers, indiqués par une construction en pente qu'il a le premier reconnue. C'est ainsi qu'on arrive au temple de Junon Lacinienne à Agrigente, au temple de Sunium, au Parthénon par les Propylées. Le plus beau point de vue, lorsqu'on arrive à un temple grec, est la vue d'angle : c'était celle que les architectes grecs se ménageaient.

Le temple avait six colonnes sur les façades, douze sur les longs côtés. Le posticum et le pronaos étaient décorés de colonnes : la porte du posticum, si toutefois elle n'est point d'une époque postérieure, est plus petite que celle du pronaos. Sur la façade principale, une pente douce passe dans l'entrecolonnement du milieu.

Le dallage existe régulier, par places, construit géométriquement : c'est comme un plan écrit du monument. Il a été recouvert de stuc rouge, très mince, très dur, dont il reste quelques morceaux. Quand M. Garnier retira la terre qui couvrait le stuc et qui l'avait dérobé aux regards des premiers visiteurs, la couleur était humide et déteignait, parce qu'elle a été seulement appliquée sur le stuc et non point pétrie dans la pâte. L'action de l'air la fit bientôt pâlir et sécher.

. Le pronaos était composé d'un portique de deux colonnes, exhaussé sur deux degrés, d'antes qui ne sont plus indiquées que sur le dallage. Dans le mur du fond est ménagée la porte, avec une entaille pour les fermetures. Le sol du pronaos est de 24 millimètres au-dessous du sol des colonnes. Cette profondeur est remplie par un stuc de 6 millimètres de profondeur ; il reste encore 18 millimètres pour exhausser le stylobate et le distinguer du sol général.

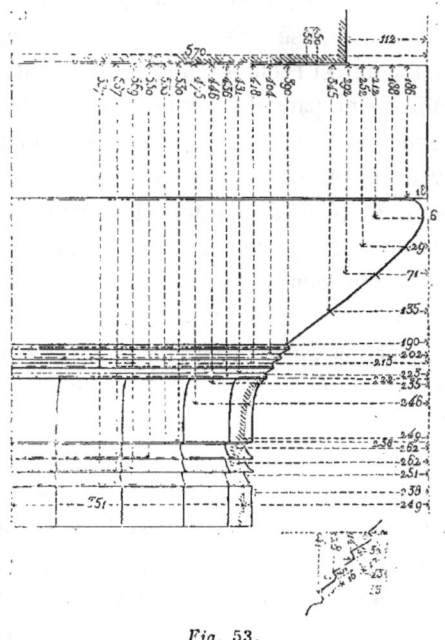

Fig. 53.

Le naos est divisé en trois parties : la nef du milieu, plus large, avec la statue; les nefs latérales avec des colonnes. Ces colonnes ont été renversées, mais elles se retrouvent parmi les ruines qui jonchent le sol : leurs traces, d'ailleurs, subsistent sur le stylobate. La nef centrale est couverte de stuc rouge. Ce stuc, comme dans le pronaos, butte et s'arrête aux stylobates. Il y avait six colonnes de chaque côté. A droite de la porte du fond était un petit autel en pierre, avec un trou carré au milieu de la table supérieure.

Le posticum est semblable au pronaos : la porte est plus

petite en dehors de l'axe, sans que rien dans l'état actuel des ruines explique la cause de cette bizarrerie. De chaque côté de la porte on voit des tables en pierre d'une belle exécution.

Si nous passons du plan à l'élévation, nous remarquerons d'abord, sur la façade principale, que les gradins sont en place dans tout leur développement. Ils ne montrent ni

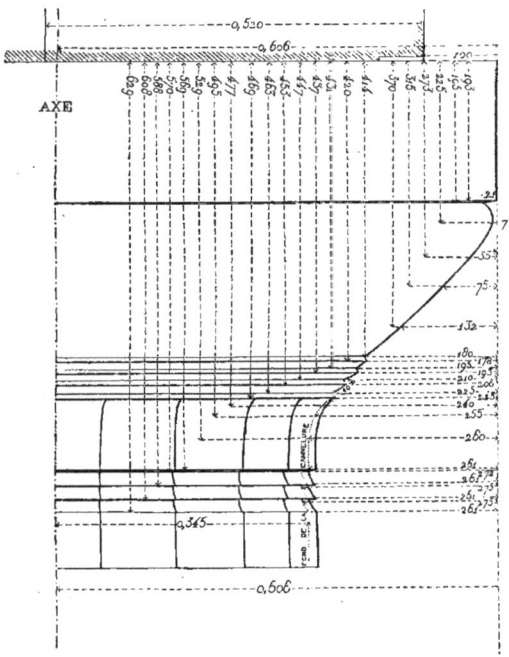

Fig. 54. — Chapiteau de l'ordre extérieur.

stuc ni couleur : la pierre est belle et d'un grain serré. Une marche intercalée a laissé sa trace sur le gradin supérieur; c'était l'escalier d'usage ajouté au stylobate.

Les colonnes sont en place; elles ont 98 centimètres de

diamètre, 5 mètres 27 centimètres de hauteur, ce qui leur donne 5 diamètres et 1/3 de proportion. Ce sont les plus élancées que nous ayons rencontrées au vi° siècle, et cette proportion approche singulièrement du beau siècle, car le temple de Thésée, à Athènes, a 5 diamètres 1/2. Ainsi, les époques se touchent, et les nuances qui séparent leurs œuvres sont légères ; mais c'est au caractère surtout qu'il convient de s'attacher pour bien se convaincre du siècle auquel appartient le temple d'Égine.

Le galbe de la colonne est légèrement renflé vers la partie supérieure et au quart de la hauteur générale. On compte vingt cannelures, tandis que plus tard on en préférera vingt-quatre. Déjà Pæstum montre ce nombre. Le chapiteau, dont la courbe est un peu molle, a 50 cent. de saillie sur le sol de la colonne (25 de chaque côté). Il est encore refouillé et arrondi au lieu de s'appliquer franchement sur le tailloir. Les filets n'ont point encore été remplacés par un *refend;* ils se fondent dans la courbe générale, et donnent de l'incertitude au gorgerin. Ces caractères, se joignant à la proportion des colonnes, ont leur importance, surtout dans l'architecture grecque, qui procède par nuances, par transitions à peine sensibles.

Les colonnes sont recouvertes d'un stuc jaunâtre. La couleur paraît avoir été pétrie dans le stuc, comme à Métaponte. Les quatre colonnes du milieu montrent les trous de scellement où s'engageait une grille de métal, clôture du pronaos et de la partie du portique qui précédait le pronaos.

Les chapiteaux sont d'une exécution peu soignée, parce qu'ils étaient couverts d'un stuc de deux millimètres d'épaisseur : c'était le stuc qui recevait le dernier fini. La couleur est un jaune d'ocre très foncé ; elle a paru à M. Garnier une altération, le produit de diverses couleurs altérées, de rouge et d'or, par exemple. Cela n'est point impossible, mais il ne reste point de preuves. Nous avons vu que M. André, architecte de l'Académie de Rome, avait découvert des oves sur un chapiteau de Pæstum. M. Garnier s'inspire d'un tombeau de Corneto pour restaurer des oves sur le chapiteau d'Égine; mais il faut bien noter que ce n'est là qu'une hypothèse.

Les grilles qui fermaient les quatre colonnes centrales ont de l'importance. Au Parthénon, on les retrouve également dans toute la hauteur des colonnes, à l'aide des trous de scellement, mais au pronaos et au posticum seulement. Nous savons par les inscriptions que le pronaos était rempli de vases en or et d'offrandes de toute sorte : rien n'est donc plus naturel que de clore le pronaos. Mais pourquoi, à Égine, a-t-on fermé le péristyle lui-même? Renfermait-il des objets précieux? Cela est invraisemblable. Était-ce pour qu'on ne passât point sur la pente douce dallée? Il y a là quelque chose de surprenant et d'insolite.

Les architraves portent des traces de couleur rouge, rien de plus. M. Garnier, pour sa restauration, a emprunté aux terres cuites et aux vases antiques quelques ornements que je supposerai difficilement avoir pu s'appliquer à un temple.

Les triglyphes de la frise se retrouvent par fragments. Le bec de retour est semi-circulaire, et s'allonge en temps droit, comme à Pæstum et au vieux Parthénon. Les anciens voyageurs Cockerell, Leake, Blouet, ont vu du bleu, aujourd'hui effacé. C'était une tradition constante de peindre les triglyphes en bleu. Je ne vois qu'un tombeau de la Cyrénaïque où les triglyphes soient peints en vert. Aussi peut-on être assuré que c'est une couleur altérée : le bleu a passé au vert, comme dans les vieux tableaux. Dans les fouilles que j'ai entreprises jadis à l'entrée de l'Acropole d'Athènes, j'ai trouvé dans le sol humide un triglyphe d'un bleu admirable. En quelques semaines, je vis la couleur pâlir, s'effacer, disparaître.

Les triglyphes sont échancrés, avec une rainure, pour glisser à coulisse des métopes. Ces métopes étaient-elles sculptées, ainsi que M. Garnier le croit nécessaire? Cela me paraît peu probable. D'abord, on aurait retrouvé quelques débris de sculptures, puisque l'on a retrouvé tant de choses, et surtout les statues qui décoraient les frontons. Ensuite, nous voyons sur le mur de Thémistocle, sur le mur d'entrée de l'acropole, à Athènes, sur la frise d'Apollon Épicourios, à Bassæ, que l'on glissait entre des triglyphes de pierre des métopes de marbre blanc, sans sculptures, lisses, destinées probablement à recevoir une décoration peinte.

De nombreux fragments de la corniche se sont retrouvés parmi les débris. On avait choisi pour la corniche une

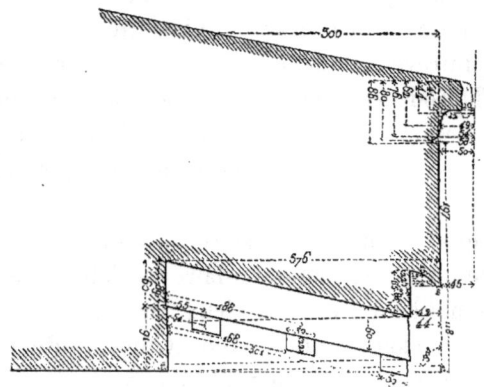

Fig. 55. — Corniche droite.

pierre très fine, d'un grain très serré, propre à résister à l'action du temps et à porter des couleurs appliquées à nu, dans l'intermédiaire du stuc. De même à Sélinonte, en

Sicile, les parties de couronnement, plus exposées, étaient en pierre plus dure, peinte, tandis que le reste du temple était en pierre tendre, recouverte de stuc. M. Blouet supposa que la corniche était en marbre : c'est une erreur. Quelques gouttes, en effet, ont été rapportées en marbre, mais des gouttes seulement. Le temple de Corinthe fournira un utile rapprochement.

La corniche rampante du fronton donne la décoration des autres corniches. M. Blouet a trouvé parmi les fragments transportés à Munich un ornement en forme de méandre sur le larmier. Les mutules étaient peints en

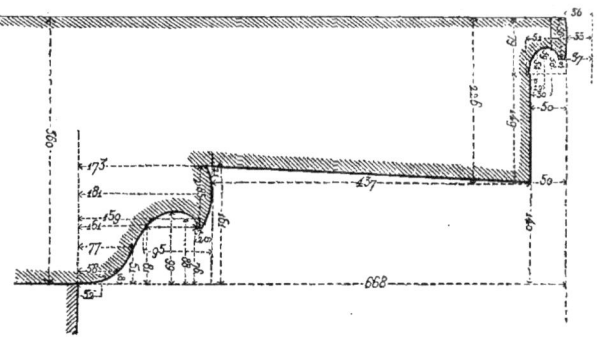

Fig. 56. — Corniche rampante du Fronton.

bleu, les entre-mutules rouges, comme au vieux Parthénon. Il ne reste rien à Égine de la cimaise de marbre. Mais MM. Blouet et Cockerell en ont relevé les dessins et les couleurs. Les palmettes à sept feuilles et les lis à trois branches alternent ; le bas de la fleur est jaune, ainsi que le milieu de la palmette, qui a trois feuilles rouges et quatre bleues alternées.

Le fronton a été restauré avec un fond bleu, par Stackelberg, Cockerell, Blouet : tous les architectes qui ont vu à terre les fragments sont unanimes. La pente est donnée par la pierre supérieure qui existe encore, par la hauteur de la statue de Minerve et par la pierre d'angle de la corniche rampante. Les sculptures en ronde bosse qui remplissaient les deux frontons sont célèbres. C'est le monument le plus considérable et le plus beau qui nous reste pour refaire l'histoire de la sculpture au vi^e siècle et pour juger l'École éginétique. Longtemps ces statues étaient restées inconnues ; elles avaient été renversées avec l'entablement du temple et étaient restées enfouies sous le sol. Elles furent retrouvées en 1811 par une compagnie d'artistes et de voyageurs, au nombre desquels on cite Bronsted, Cockerell, Stackelberg. Thorwaldsen les restaura à Rome : elles sont aujourd'hui à Munich. D'un côté Ajax, héros national pour les Éginètes, défendait le corps de Patrocle. De l'autre côté un combat entre Hercule et les Troyens laisse reconnaître Oïclès, Æacide, tué pendant la guerre d'Hercule contre Laomédon. Au centre de deux frontons Minerve était debout, présidant aux batailles. Ces statues offraient également, au moment où on les a retrouvées, des restes de couleurs sur les vêtements, sur les armes, sur la chevelure. Mais ce sont là des sujets que nous n'avons point à traiter ici.

Enfin, au sommet des façades du temple, il y avait une dernière décoration, des sculptures qui se détachaient sur le fond et donnaient à l'arête supérieure de l'édifice plus de hauteur, de variété, de légèreté. Sur chaque angle des frontons, un griffon de style archaïque étendait ses ailes et une patte menaçante. La pointe même du fronton était surmontée d'un fleuron ; à droite et à gauche du fleuron, une nymphe tenait une fleur d'une main et de l'autre relevait sa tunique.

Si nous pénétrons dans l'intérieur du temple, nous

— 211 —

trouvons le pronaos, défendu par ses grilles, sans escalier dans l'épaisseur des murs.

Le naos, ou temple proprement dit, offre les deux ordres de colonnes superposés que nous avons vus déjà à Pæstum. Les colonnades sont tombées, et leurs fragments, en petit nombre, motivent une restauration qui n'en est pas moins certaine. D'abord les colonnes inférieures sont données par des fragments de fûts et de chapiteaux. Ces chapiteaux sont de même style et de même galbe que les chapiteaux du péristyle. Ils ont la même proportion, 5 diamètres 1/3 : la colonne avait 3 m. 70 de hauteur. L'entrecolonnement est donné par les architraves, qui sont à terre : de joint en joint on compte nécessairement les six colonnes.

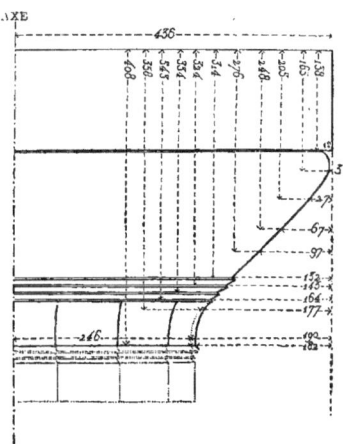

Fig. 57. — Chapiteau de l'ordre inférieur

Les architraves sont monolithes, ornées du tænia, ruban avec gouttes, comme si elles avaient supporté une frise à triglyphes. Des entailles, marques précieuses sur la face supérieure, indiquent le second ordre, qui était superposé au premier. Ces entailles sont demi-circulaires et d'un diamètre un peu plus grand que le diamètre inférieur des petites colonnes. Ainsi averti, M. Garnier en a recherché et retrouvé les fragments, qui sont également d'ordre dorique. Ces entailles varient de profondeur et d'exécution; elles varient de 7 millimètres à 25 millimètres. On dirait qu'elles étaient ainsi creusées afin de ren-

— 212 —

dre égales en hauteur les colonnes préparées à l'avance, et de raccourcir de quelques millimètres celles qui se trouvaient dépasser la commune mesure.

Dans sa restauration, M. Garnier a donné au second ordre du temple d'Égine les mêmes proportions qu'au second ordre du temple de Pæstum; il a obtenu ainsi la belle harmonie des deux ordres superposés qui paraissent

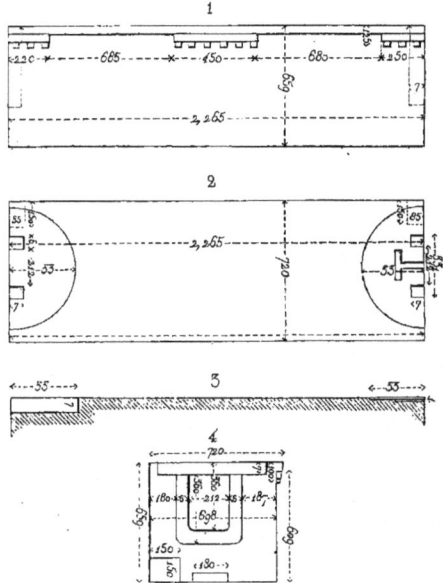

Fig. 58. — Architrave de séparation des colonnes du Naos.

une seule colonne coupée en deux, puis reliée par les architraves. Ainsi les apparences de la grandeur se concilient avec les lois bien entendues de la construction. On ne trouve ni plafonds ni galeries entre les deux ordres, non plus qu'à Pæstum; du reste, il n'y avait qu'un mètre de distance entre les colonnes et le mur.

Indépendamment des traces de couleur rouge du mur de

la cella, M. Garnier a retrouvé un ton bleu assez clair sur les colonnes inférieures, et un ton rouge sur les arêtes des cannelures du deuxième ordre, mais sur les arêtes seulement, ce qui permettait à la colonne de se détacher du fond. M. Garnier a vu, en outre, sur la corniche, une couleur verte, épaisse, éclatante, au-dessus des traces de bleu et de rouge qu'il a interprétées dans sa restauration.

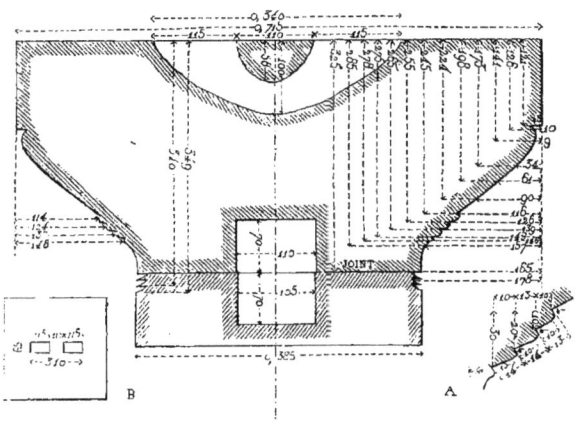

Fig. 59. — Chapiteau de l'ordre supérieur.

Il est impossible de ne pas être frappé du caractère archaïque que présente cet important édifice. Il n'a ni la fermeté, ni la pureté, ni les lignes exquises du temple de Thésée et à plus forte raison du Parthénon. Mais l'art n'avait point atteint sa perfection complète, quand les architectes éginètes l'ont élevé. En vain on a supposé que le temple d'Égine était plein d'un archaïsme recherché à dessein, voulu par un esprit conservateur et hiératique. Tout m'y paraît sincère, à sa place, à sa date. C'est l'architecture du VIe siècle, avec les proportions encore un peu lourdes, les colonnes légèrement renflées, le chapiteau d'une courbe un peu molle et évasée, d'une saillie trop forte au-dessus du fût de la colonne ; l'entablement n'est point sans pesanteur ; les sculptures sont d'un archaïsme plus éloquent encore, quoique leur beauté soit incontestable. La décoration peinte est elle-même conforme aux principes du vieux Parthénon, brûlé par les Perses. Tout est simple, énergique, avec ses défauts comme ses qualités, tout est sincère. C'est le temple du VIe siècle le plus complet, le plus voisin de la perfection, le plus curieux : il méritait à ce titre une étude particulière, qui devra plus de clarté aux beaux dessins de M. Garnier.

CHAPITRE XIII.

L'ORDRE IONIQUE.

Quoique l'ordre ionique ait laissé moins de monuments et moins de ruines que l'ordre dorique, aux anciennes époques, nous devons l'étudier de la même manière que l'ordre dorique. Avant de consulter les auteurs anciens et les temples anciens, nous analyserons les principes constitutifs de cet ordre, nous en chercherons la théorie. C'est pourquoi, au lieu de suivre d'abord l'histoire, nous prendrons l'art à sa perfection, quand la formule est précise et le type déjà complet.

Arrêtons-nous devant le temple de la Victoire sans ailes, à Athènes. C'est un temple construit au commencement du siècle de Périclès, simple, d'un beau style. Supposons un instant qu'il soit unique au monde, qu'il n'y ait point d'autre spécimen de l'ordre ionique. La pierre seule porte témoignage et permet d'établir une comparaison avec l'ordre dorique.

Le plan, les dispositions générales, les divisions mêmes

du temple dans sa hauteur n'ont rien qui diffère sensiblement. Il faut examiner avec détail chacune des parties, en commençant par la base.

Entre le pied de la colonne et le stylobate sur lequel elle repose, je remarque d'abord un principe d'amortissement très sensible. La base est compliquée; elle se compose de moulures nombreuses qui représentent de nombreuses épaisseurs. Elle n'exhausse pas seulement la colonne, elle lui donne une assiette souple, élastique. Les moulures figurent les plis et les replis d'un coussin qui amortit la dureté des contacts. Nous sommes bien loin de la colonne dorique, dont les cannelures à arêtes tranchantes descendent directement sur la dalle, la pressent et semblent s'y enfoncer, tant elles s'y posent avec un aplomb direct, dur, immuable.

Les cannelures de la colonne ionique sont plus creuses, plus profondes que les cannelures de la colonne dorique. Séparées par une baguette plate, elles sont arrondies au sommet, arrondies à la base. Cette profondeur imite les replis d'une étoffe moelleuse. Il semble que la colonne pourrait se développer ou se resserrer, tandis que les cannelures tendues du dorique ont une fermeté qui ne peut croître ni diminuer. Le renflement de la colonne vers le milieu est une force qui se contient et, pour employer une comparaison familière, on dirait un dos qui se ramasse pour mieux porter son fardeau.

Le chapiteau n'a qu'un tailloir très mince qui se glisse sous l'architrave. Des oves, des feuilles, des rangs de perles forment le couronnement de la colonne. Mais le trait le plus caractéristique, ce sont les volutes, force souple, résistante, élastique, qui se joue sous le poids des architraves, qui semble pouvoir tour à tour céder et se relever sous la pression et qui protége la colonne, lui rendant plus douce la masse qu'elle supporte. La colonne, dans un monument, est la partie expressive, vivante; c'est un être avec sa constitution propre et complète; elle peut ne tenir à rien, elle n'a besoin de rien pour exister. Sur sa base, avec son chapiteau, elle ressemble à une statue sur son piédestal : de toutes parts elle peut être vue et comprise. Les colonnes votives en sont la preuve. Crésus envoyait des colonnes aux Éphésiens comme cadeau, ainsi qu'on envoie des statues. Les principaux citoyens de l'Asie, les villes elles-mêmes, donnaient une colonne pour la construction d'un temple et y inscrivaient leur nom. Dans le temple d'Éphèse, une colonne avait été travaillée par Scopas : c'était la plus belle, la plus célèbre, la reine de toutes ses sœurs. Au-dessous du chapiteau, on ajouta même, comme si l'on continuait la comparaison de la colonne avec un être humain, un collier, un gorgerin orné de palmettes et de fleurs.

Au-dessus des parties essentielles qui portent, si nous envisageons les parties qui sont portées, d'autres différences se laissent constater.

L'architrave n'est plus simple et unie comme dans l'ordre dorique. Trois divisions superposées la rendent plus légère. Leur saillie est inégale; la deuxième surplombe la première, la troisième surplombe la deuxième. On croirait qu'elles peuvent s'emboiter, rentrer l'une dans l'autre, qu'elles sont articulées comme le corps des reptiles. Tout en haut, à la place de la bande et des gouttes des triglyphes, paraît un rang d'oves et de perles, bandeau léger qui isole l'architrave de la frise, tandis que les gouttes doriques la rivaient étroitement aux triglyphes.

La frise ne montre plus ni triglyphes ni métopes. Elle ne représente plus la charpente intérieure et ses aboutissants. Tout a disparu : un bandeau continu court au-dessus de l'architrave, décoré parfois d'une série de sculptures ou de peintures.

La corniche est très simple également : elle n'a plus de mutules, image des planches de la toiture en bois, elle n'a plus de clous et de boulons pour les fixer. Une simple saillie protége l'entablement; les dessins qui décorent cette saillie n'ont rien qui tienne aux nécessités de la construction figurée.

Des différences de forme et d'ornementation, je passe aux différences de proportions : car les proportions sont l'âme de l'architecture et son essence.

Le stylobate a toujours trois degrés de hauteur. Mais partout ces degrés sont doux, accessibles, puisqu'ils n'ont en moyenne que 25 centimètres, au lieu de 60 ou 70 centimètres, qui sont la moyenne des degrés doriques.

La colonne, avec sa base et son chapiteau, a huit diamètres de hauteur : c'est sa proportion normale, tandis que le dorique n'avait, au sixième siècle, que quatre diamètres 1/2. Le temple de Thésée, contemporain du temple de la Victoire, n'arrive qu'à cinq diamètres 1/2. La diminution du fût est peu considérable, elle n'offre qu'une nuance de 1/7 ou 1/8 du diamètre total, afin d'obéir aux lois, ou plutôt aux apparences de la solidité. Au contraire, le vieux dorique diminuait de près de moitié et sa base s'élargissait en forme de pyramide.

L'entre-colonnement, qui était d'un diamètre 1/2 dans l'ordre dorique, s'accroit jusqu'à deux diamètres, deux diamètres 1/2.

Avec la hauteur des colonnes ioniques, la tête est un peu chargée : les volutes, qui pendent à droite et à gauche, les font paraître plus frêles, plus délicates, d'une taille plus élancée, c'est-à-dire plus élégantes.

L'entablement n'est plus que le quart et bientôt que

le cinquième de la colonne, tandis qu'il en était la moitié dans le vieux dorique.

Le fronton est moins haut, plus fin, sans sculptures en ronde bosse, sans ce peuple de statues que le puissant entablement dorique, avec sa magnifique et éclatante charpente, soutient si naturellement.

De sorte que si l'on demande, après cet examen, quel est le principe de l'ordre ionique, on pourrait répondre que c'est le désir, le soin de différer du dorique. Le dorique est court, trapu, puissant, l'ionique élancé, élégant, délicat; le dorique nu et austère, l'ionique orné et cherchant la décoration. Dans sa nudité, le dorique accuse sa constitution la plus intime, sa charpente, ses attaches, comme la sculpture de Phidias accuse les saillies des os et des muscles; l'ionique efface toutes ces saillies, il étend sur sa charpente des formes molles, unies, harmonieuses, comme la sculpture de Praxitèle. Le Thésée du fronton du Parthénon et le Faune du Capitole, voilà les deux expressions de la sculpture auxquelles je comparerais deux expressions non moins distinctes de l'architecture, le dorique et l'ionique. Plus de poutres, plus de clous, plus de bandes qui relient vigoureusement les diverses parties de l'édifice, plus d'arêtes tranchantes, plus de pans équarris, plus d'audacieuse simplicité. Tout s'adoucit, s'amortit; on interpose des soutiens, des intermédiaires élastiques, moelleux; on cache la résistance, on dissimule la force, la solidité elle-même sous les ornements. Enfin, le principe de l'ionique, c'est de différer du dorique. Malgré moi, je laisse échapper des comparaisons qui assimilent les deux ordres aux deux sexes : il vaut mieux exprimer franchement une opinion qui trouve, du reste, pour la justifier, la sanction des architectes anciens.

Je répéterai donc, après eux, que le dorique c'est le principe de l'homme, le principe mâle, l'ordre mâle; l'ionique, c'est le principe de la femme, le principe féminin, l'ordre féminin. Eh! pourquoi non? L'architecture, ce grand art qui crée et paraît ne rien imiter, mais donner une forme à l'inconnu, nous avons vu cependant qu'il avait dû nécessairement commencer par imiter, chercher autour de lui, dans la nature organique ou inorganique, dans l'homme ou dans les produits de la main de l'homme, ses éléments d'imitation : éléments qui s'abstraient, se dénaturent, se transforment, s'idéalisent, mais qui n'en ont pas moins été fournis par l'expérience. Le principe qui dirige cette assimilation et l'inspire, c'est encore l'expérience : l'homme choisit des exemples en lui ou autour de lui. Ainsi le sentiment de la proportion, de l'unité, la constitution du temple ou de la colonne avec des lois constantes, ces êtres inanimés qui grandissent ou se rapetissent, montent ou s'abaissent, avec ensemble, en maintenant le rapport de toutes leurs parties, c'est l'assimilation au corps humain, à ses lois de croissance et de rapport. Pourquoi donc, à leur insu, sans le vouloir, mais subissant la loi de l'impuissance humaine, impuissance féconde qui ne crée pas mais qui combine, pourquoi les architectes n'auraient-ils pas assimilé les ordres aux sexes, en même temps qu'ils assimilaient les monuments aux êtres animés? Pourquoi l'humanité a-t-elle donné un sexe à des choses qui n'existent pas, à des idées, à des mots? Pourquoi, dans les langues humaines, les noms des choses ont-ils un sexe? Pourquoi y a-t-il des choses mâles et des choses femelles, distinctions si arbitraires que la même chose, femelle dans une langue, devient mâle dans une autre langue?

C'est le besoin d'assimilation qui explique ces habitudes de l'esprit. L'homme rapporte tout à lui; avec sa courte vue, il ne peut atteindre plus haut que le monde réel et se fait la mesure de toutes choses. L'antiquité païenne, représentée par ses plus grands esprits, n'a pu donner aux Dieux une autre forme que la forme humaine ou animale. Raphaël et Michel-Ange eux-mêmes, soutenus par la foi chrétienne, n'ont pu que peindre la Divinité à l'image de l'homme.

L'homme n'invente point, il combine, il assimile. L'architecte, sans calcul, conduit par les lois inflexibles de l'expérience et l'effort spontané de son esprit, a trouvé les éléments de l'architecture dans le monde extérieur. Troncs d'arbre, feuilles, fleurs, fruits, cornes de bélier, coquillages, perles, plis d'étoffe, il a tout simplifié, ajusté, déguisé, idéalisé, rien de plus. Les proportions, c'est-à-dire les règles qui assemblent et fondent en un seul corps toutes ces parties, il les a trouvées en lui, dans les êtres organisés, toujours à son insu et par la secrète impulsion de sa personnalité. En cela, comme en toutes choses, il n'a été que le copiste du grand, du seul Créateur. Il ne nous reste qu'à aller un pas plus loin. Quand l'architecte a cherché la variété, quand il a voulu ajouter à un type ancien un nouveau type, établir des distinctions, des ordres, des familles de monuments, il a copié encore l'humanité et reproduit la division des sexes.

De même que nous voyons, d'un côté, dans l'homme, la force, des formes vigoureuses et puissantes, une simplicité qui ne craint point de se montrer nue, la saillie des os et l'effort des muscles accusé avec hardiesse, et de l'autre côté, dans la femme, la faiblesse élégante, des proportions élancées, la grâce, des formes que l'on voile et qui sont elles-mêmes le voile le plus idéal du squelette humain, une perfection qui aime la parure et qui l'appelle, de même l'architecture dorique est sévère, grandiose, énergique dans la force tranquille qu'elle montre partout, en un mot elle est mâle, c'est le principe de l'homme. Au contraire, l'architecture ionique, délicate, qui dissimule sa construction intérieure, qui ne produit au dehors sur tous ses membres que des contours harmonieux, des surfaces légères et légèrement ornées, qui se couvre de peintures fines, qui ajoute à ses chapiteaux de marbre des guirlandes de bronze doré, à ses plafonds des étoiles d'or, à ses tores des pierres précieuses, est le principe de la femme, c'est-à-dire de ce qu'il y a à la fois de plus semblable à l'homme et de plus différent.

Ce ne sont point là des subtilités ni des fantaisies vaines : ce ne sont même pas des commentaires crédules d'un texte de Vitruve qui est populaire dans nos écoles d'architecture. Je crois toucher par l'analyse au fond de l'art grec et de l'humanité elle-même. L'homme se retrouve partout : le monde extérieur est pour lui une chambre remplie de miroirs ; il ne peut se détacher de lui-même. Telle est l'explication des ordres. C'est la répartition, en deux classes, de qualités qui s'excluent les unes les autres et qui toutes, ayant leur raison d'être, leur charme, veulent être développées : la force et la délicatesse, la simplicité et la richesse, la solidité immuable et la souplesse pleine d'élasticité, la nudité et la parure, la majesté et la grâce. On ne se lasserait pas de suivre cette échelle d'oppositions, cette double ligne de beautés qui s'excluent sur le même corps ou sur le même monument et qui cependant sont toutes des beautés, qui sont un plaisir pour l'art, un besoin. La division des ordres est venue satisfaire ce besoin.

Quelles sont les origines historiques de l'ordre ionique ? Que nous apprennent les anciens sur ce sujet ?

Vitruve raconte que les colonies ioniennes, parties de la

Grèce pour s'établir en Asie-Mineure, fondèrent douze villes et bâtirent en commun le temple de *Neptune Panionien*. Ce temple était semblable à ceux de la mère patrie et dorique, par fidélité à la tradition. Plus tard, on se proposa d'élever à Diane d'Ephèse un monument immense, magnifique, national, auquel devaient contribuer toutes les cités ioniennes. On voulut que ce temple fût national, même par son architecture, et l'on chercha un ordre nouveau; cet ordre, créé et adopté par les Ioniens, fut nommé l'ordre ionique.

Que faut-il croire du récit de Vitruve? Faut-il tout admettre, faut-il tout rejeter? Il y mêle certainement des fables empruntées aux écrivains grecs, lorsqu'il compare les détails de l'ordre ionique aux formes et aux vêtements d'une femme et prétend que le pied de la femme, huit fois répété, avait donné la mesure typique. Mais je trouve aussi des indications non moins plausibles que curieuses. D'abord le dorique n'a eu un nom que le jour où un ordre différent a été adopté; auparavant il était simplement l'ordre grec, national, unique, pratiqué par les Achéens aussi bien que par les Doriens qui les dépossédèrent. Comme ce fut à l'époque où les Doriens dominaient qu'un nom lui fut donné, il reçut naturellement celui des antagonistes des Ioniens. En second lieu, aux yeux des anciens, l'ordre ionique était plus jeune que l'ordre dorique. Ils croyaient qu'on l'avait appliqué pour la première fois à un grand édifice au milieu du vi[e] siècle, quand le temple d'Ephèse fut bâti.

Pline joint son témoignage à celui de Vitruve : « C'est
« dans le temple d'Ephèse, dit-il, que l'on donna aux co-
« lonnes des bases et des chapiteaux (avec volutes) et l'on
« choisit pour largeur de la colonne la huitième partie de
« sa hauteur (huit diamètres). »

Quand deux écrivains qui ont sous les yeux tant de traités composés par les architectes grecs, bien plus, par les architectes des temps reculés, par ceux même qui avaient construit le temple d'Ephèse, Chersiphron et Métagène, quand deux écrivains s'accordent sur le même fait, s'y appesantissent, en donnent le récit détaillé, il est impossible de ne point prendre leur récit en considération sérieuse. L'ordre ionique a donc été révélé, il a fait son apparition en Ionie et c'est le temple d'Ephèse qui fut la grande représentation de cette nouvelle architecture. Faut-il aller jusque-là et prendre à la lettre les récits des Romains et des Grecs? Aucun essai n'avait-il précédé le temple d'Ephèse? Un seul homme, d'un seul effort, était-il arrivé tout à coup à une formule qui semble demander le travail, les hésitations, les progrès de plusieurs générations? Bien plus, les Grecs n'avaient-ils emprunté aucun modèle, aucun élément aux civilisations antérieures et à l'Orient?

En cherchant les principes de l'ordre dorique, j'ai déjà eu l'occasion de dire que j'étais aussi disposé que personne à admettre, dans une certaine mesure, l'influence de l'Égypte et de l'Asie sur l'art grec. Le bon sens lui-même nous enseignerait, à défaut de l'archéologie, qu'en matière d'imitation les peuples ne sauraient se dérober à l'influence des peuples voisins, auxquels les unissent le commerce, des intérêts communs, une parenté de race, et qui les ont devancés, ne fût-ce qu'au point de vue chronologique, dans l'histoire du monde. J'ai pris l'art grec au moment où il a une existence indépendante, où il s'est créé ses lois, ses formules et la science divine des proportions. Mais je me suis réservé de reprendre plus tard la question de ses origines, quand les découvertes qu'on annonce de temps en temps en Asie et en Egypte se seraient étendues. Tout en réservant l'avenir et en ne marchant point plus vite que la science, je ne crains point de dire dès aujourd'hui que les monuments de l'Orient présentent des éléments qui ne sont pas sans analogie avec l'ordre ionique.

Je ne parle point de Persépolis, assez récente pour qu'on la soumette à l'influence des architectes grecs. Mais je vois sur les émaux et sur les ivoires trouvés à Ninive des rosaces, des trèfles, des entrelas, des palmettes, des volutes. Dans le palais de Sargon, que les inscriptions placent à la fin du huitième siècle, je remarque un bas-relief avec des colonnes qui ressemblent beaucoup à l'ionique par leur base et leurs petites volutes. (Consultez l'ouvrage de M. Botta, planche 114.) On a noté depuis longtemps le passage de la Bible où les soutiens des portes sont appelés *ail* (bélier), *ailim* (béliers), et Plutarque qui parle d'un autel construit avec des cornes fournit un rapprochement intéressant. Dans la Moabitide, il existe un chapiteau d'un caractère barbare, que reproduit l'ouvrage de M. de Saulcy, et où les germes très nets de l'ionique se laissent démêler. Si l'on suit les Phéniciens, on voit à Théra des tombeaux avec des pilastres semblables à l'ionique, anciens et d'un travail primitif. Sélinonte, si voisine des Carthaginois, nous a montré déjà des éléments ioniques mêlés au dorique, avant que la définition précise des deux ordres ne fût établie.

Je ne fais qu'effleurer tous ces points et indiquer quelques traces sur lesquelles il faudra revenir plus tard. Ce coup d'œil suffit pour nous faire savoir ce que les anciens ne nous apprennent point : il est évident que l'ordre ionique n'était point né d'un seul jet, que ses éléments existaient dans le vieil Orient. J'irai plus loin, car nous rencontrons en Grèce même des monuments ioniques antérieurs à la construction du temple d'Éphèse, tels que certains tombeaux de l'Asie-Mineure, de la Cyrénaïque, de Théra, et la confusion des deux ordres à Sélinonte n'est pas un essai sans signification. En outre, Pausanias nous signale un édifice ionique construit l'an 648, un siècle avant le temple d'Éphèse. C'est le Trésor que Myron, tyran de Sicyone, fit élever à Olympie dans la 33e Olympiade. Dans ce trésor, dit Pausanias (l. vi, c. 19), il y avait deux chambres, l'une était d'ordre dorique, l'autre d'ordre ionique : elles étaient revêtues de bronze.

Il est impossible qu'un homme, quel que soit son génie, invente d'un seul jet quelque chose d'aussi difficile à trouver qu'un ordre d'architecture. Il faut beaucoup de temps, de travaux, d'essais, de progrès lents; il faut un certain mouvement composé qui entraine tous les esprits créateurs. L'architecture est le plus impersonnel, le plus complexe de tous les arts, celui qui représente le mieux l'ensemble d'une civilisation. L'individu disparaît dans le flot universel : il suit, à son insu, le goût, les tendances de ses contemporains. Telle est la force irrésistible de l'éducation, tel est l'asservissement de notre imagination à nos sens, que nous ne saurions inventer brusquement des formes nouvelles. Il faut des siècles de transition pour passer de la plate-bande au plein cintre, du cintre à l'ogive. Rien n'est plus remarquable que l'impuissance des architectes à créer, je ne dirai pas des ordres, mais seulement des formes nouvelles, des types nouveaux. Est-ce parce que l'humanité a épuisé toutes les conditions de la matière? Je ne le crois pas : c'est plutôt que nous sommes enfermés dans le cercle fatal de l'expérience.

On conçoit donc qu'il n'a point suffi d'un seul homme dans l'antiquité pour créer l'ordre ionique. L'ionique existait déjà, à l'état latent pour ainsi dire ; ses éléments étaient dispersés, confondus parfois avec ceux du dorique; il y avait des petits monuments, des détails, des essais malheureux ou heureux. Un architecte de génie, Chersiphron, que l'on a appelé en Allemagne l'Homère de l'architecture, présenta dans de grandes proportions et avec des formules arrêtées tout le travail des générations précédentes : il résuma leurs découvertes, les mit en une belle et simple ordonnance, marqua l'œuvre de son cachet individuel et lui donna l'unité.

Voilà dans quel sens le temple d'Éphèse fut l'apparition de l'ordre ionique : voilà avec quelle restriction nous accepterons les témoignages de Vitruve et de Pline. Si l'on affirmait davantage, on serait entraîné au-delà de la vérité. Le temple d'Éphèse fut la manifestation et le type qui effaça le passé et servit de modèle à l'avenir. C'est ainsi que sous Justinien, après la longue transformation de l'art, en présence de besoins nouveaux, après de nombreux essais d'architecture religieuse, quand la basilique romaine, les bains romains avaient été appropriés successivement au culte chrétien par impuissance de rien inventer, Anthémius et Isidore, des Ioniens (le rapprochement est singulier), bâtirent Sainte-Sophie, résumèrent tout le mouvement des siècles précédents : par une manifestation éclatante, par l'étendue et la richesse de l'édifice, autant que par leur propre génie, ils arrêtèrent le type de l'architecture byzantine, dont Sainte-Sophie resta dès lors le modèle. Mais avant Sainte-Sophie, il y avait eu un long et secret enfantement de l'art byzantin.

Je reprends encore le texte de Vitruve, qui est un abrégé et un reflet des traités des grands architectes grecs, que l'architecte d'Auguste disait avoir entre les mains et que nous avons, hélas! perdus.

Vitruve estime l'ordre ionique beaucoup plus jeune que le dorique. On a soutenu de nos jours qu'il a dû être contemporain et aussi ancien. Pour moi, je me range complétement derrière l'autorité de Vitruve et ne puis croire l'ionique contemporain du dorique, non plus que la Vénus de Médicis n'est contemporaine de Phidias et l'Apollon du Belvédère des Éginètes. Dans nos temps d'éclectisme, nous goûtons tous les styles parce que nous sommes également indifférents à tous. Mais chez un peuple primitif, créateur, convaincu, ces styles se succèdent. On cherche d'abord la force, la puissance des formes, la solidité et les apparences les plus majestueuses de la solidité, les conditions logiques, les figures les plus directes, la simplicité, la nudité, toutes les qualités qui plaisent à des esprits déjà sensibles aux belles choses, mais sans délicatesse ni raffinement. Plus tard de nouveaux besoins se manifestent. Les imaginations développées, la culture générale, la richesse, le luxe, les mœurs somptueuses, l'élégance des costumes, une certaine mollesse, exigent des formes en harmonie avec l'état de la société. En se perfectionnant, les hommes s'efféminent : ils seront donc touchés par des beautés plus fines, plus gracieuses, plus douces. La littérature se fait plus humaine, plus charmante; la musique invente des rhythmes plus propres au plaisir; la peinture cherche des couleurs plus variées, la sculpture des formes plus voluptueuses, des costumes plus élégants. L'architecture suit le mouvement général, et l'ionique vient satisfaire aux nouveaux besoins de la société.

On voulait surtout du nouveau; on était las du dorique, que les Ioniens, autant par leurs tendances naturelles que par sentiment national, commencèrent à dédaigner. Ainsi Tarchésius, Pythéus ou Philéus, Hermogène, déclaraient dans leurs Traités, et cela aux beaux temps de l'art grec, que le dorique ne valait rien pour les temples (Vitruve, l. iv, c. 3), que ses arrangements étaient fautifs, ses proportions choquantes ; ils blâmaient la difficulté de distribuer les triglyphes et les métopes, le rapprochement des colonnes d'angle, le désordre que ces raccordements jetaient dans les divisions du plafond des portiques, l'énormité des colonnes qui n'avaient en hauteur que cinq fois leur diamètre. Vitruve dit encore que les architectes ioniens repoussaient l'ordre dorique, qu'ils n'en voulaient plus, et il en donne une preuve assez remarquable. Le même Hermogène, chargé d'achever un temple dorique consacré à Bacchus, le temple de Téos, je crois, trouva les marbres en place, le monument en partie préparé. Il fit tout changer, retailler, et il transforma le temple dorique en temple ionique.

Ainsi le goût de la nouveauté produisit l'ordre ionique : il est plus jeune que le dorique, et la philosophie de l'art est d'accord avec le témoignage des auteurs et des ruines pour nous convaincre de cette vérité. Il aura de l'influence sur le dorique qu'il rendra plus élancé, plus léger, et qu'il finira par détourner de sa voie et par gâter ; mais il complète l'architecture grecque et y introduit des beautés inconnues.

On a dit que l'ionique était un ordre funéraire, que, dans le principe, le chapiteau ionique était le trait distinctif de la demeure des morts. Je ne puis prouver rigoureusement que cette assertion n'est point conforme aux faits; mais l'on prouverait plus difficilement encore qu'elle y est conforme. Rien dans la religion, l'histoire, les mœurs, les écrits des anciens ne la justifie. On a vu l'ionique appliqué à un grand nombre de tombeaux, on en a conclu que c'était l'ordre des tombeaux. Est-ce logique ? Non, car l'on trouve aussi, et fréquemment, des tombeaux d'ordre dorique. Les tombeaux étant de petits édifices, il fallait en conclure que c'était l'ordre qui s'appliquait le mieux aux petits édifices et rien de plus. Le dorique a besoin de certaines dimensions : il devient mesquin si le monument est trop petit. Ainsi le temple de Thésée, malgré sa perfection, est un peu trop petit. Au contraire, l'ionique, délicat, orné, subtil, se prête à toute espèce de décoration.

On a dit encore que les cornes des victimes, suspendues en guise d'offrande ou de symbole funèbre au sommet de la colonne, y ont été appliquées, puis figurées : de là les volutes. Mais je n'ai appris dans aucun auteur que l'on suspendit des cornes aux tombeaux comme on suspendait des boucliers aux architraves et des guirlandes aux frises. En Lycie, on trouve sur un couvercle de tombeau ogival des oreilles et des cornes de bœuf en guise d'acrotères. Mais c'est la copie du casque des guerriers lyciens, ainsi que le turban au sommet des stèles funéraires des Turcs : il n'y a là rien qui tienne à l'ionique. L'autel de Délos, fait en cornes, autour duquel Thésée dansa (Plutarque, *Vie de Thésée*, XXI), ne pouvait ressembler aux doubles volutes, puisque c'était surtout des taureaux qu'on immolait à Apollon. Les chapiteaux à tête de taureau du temple de Délos en sont la preuve. D'ailleurs, on n'avait pris que les cornes du côté gauche, du bon côté (εὐώνυμος) pour en former l'autel. Le bucrâne ne fut placé sur les métopes qu'à une époque plus rapprochée, sans qu'on y attachât une idée funéraire. C'était le souvenir des victimes sacrifiées aux Dieux.

Enfin on a cru que le chapiteau ionique était une image funéraire parce qu'il rappelait l'incinération et représentait l'étoffe d'amiante enroulée qui recueillait les cendres des morts. Tout cela est cherché de bien loin. Pourquoi tant d'assimilation? En principe, la volute est une force; c'est la spirale avec toute son élasticité, sa résistance souple et sans violence, qui cède mais revient et porte toujours. Assimilation pour assimilation, au lieu des cornes de bélier, de l'étoffe pour l'incinération, des vrilles de la vigne, je préférerais encore celle des anciens qui comparaient les volutes aux boucles de la chevelure d'une femme.

Le premier projet du temple d'Éphèse semble remonter à la 45ᵉ olympiade. Alors Théodore de Samos, afin de consolider le sol du temple, qui était bas et marécageux, le fit battre, pétrir avec de la laine, remplir de charbons. Ces travaux préparatoires, ces vastes substructions furent-elles le seul travail de Théodore? on l'ignore. Vers la 50ᵉ olympiade, les Ioniens réunirent leurs efforts pour bâtir à Diane d'Éphèse un temple magnifique. Toute l'Asie (Pline, l. xxxvi, § 21) y contribua. Les rois, Crésus par exemple, donnèrent non-seulement de l'argent, mais des colonnes, afin de prendre une part directe à de pieuses constructions. La renommée de ces travaux arriva jusqu'en Italie où Servius Tullius proposa aux populations latines de suivre cet exemple et d'élever à Diane un temple à frais communs (Tite-Live, ɪ, 17).

Chersiphron de Gnosse, aidé par son fils Métagène, fut l'architecte du temple. On commença par chercher des marbres et on tira parti de ceux du mont Prion, à huit milles au-dessus d'Éphèse. Là, on tailla des fûts immenses, monolithes, auxquels on adaptait des boulons et un châssis quadrangulaire. Les chevaux, attelés sur une largeur de 60 pieds, s'avançaient sur des routes faites de rouleaux de bois juxtaposés. Pour les architraves, qui étaient quadrangulaires, Métagène, après qu'il eut succédé à son père, employa un procédé différent. Les longs blocs carrés furent engagés dans des roues de douze pieds de diamètre, au milieu de leur axe, et les chevaux furent attelés aux architraves qui mirent les roues en mouvement.

L'ouvrage entrepris était immense et Métagène ne le termina pas plus que son père. Il demeura interrompu comme le Jupiter d'Athènes, les temples de Sélinonte, de Samos, et ne fut achevé qu'après 220 ans par Démétrius et Pæonius d'Éphèse. La dédicace, selon Ottfried Muller (*Littérat. grecq.*, II, p. 286), aurait été célébrée par Timothée, contemporain d'Euripide, mais nous ne savons aucun détail sur la suite de la construction. Comment les idées de Chersiphron furent-elles réalisées? Quel était l'ordre intérieur du temple? Était-il en harmonie avec l'extérieur? Ce sont des questions insolubles.

A peine consacrée, cette merveille du monde fut brûlée par Érostrate, la nuit même de la naissance d'Alexandre. Un tel désastre eut dans l'univers autant de retentissement que la construction du temple. Les Éphésiens vendirent les colonnes gâtées par le feu, réunirent les parures de leurs femmes; plus tard Alexandre les aida, bien qu'ils eussent refusé de le laisser reconstruire le temple de Diane à ses frais; ils avaient répondu qu'un dieu ne pouvait élever un temple à un autre dieu. Dinocrate et Thrason furent chargés de la reconstruction. Ce dernier agrandit le temple et y joignit un opisthodome avec une statue d'Hécate; l'on appelait pour cette raison l'opisthodome *Hécatésion*.

Nous ne pouvons nous faire une idée des splendeurs de ce temple, quoiqu'il y en ait peu sur lesquels les anciens nous aient laissé autant de détails. Pline dit qu'il faudrait plusieurs volumes pour énumérer toutes les beautés qu'il contenait. Nous savons que trente-six colonnes étaient travaillées avec une recherche très grande. Nous savons encore que la charpente était en bois de cèdre, les portes en bois de cyprès, bois incorruptible. Une salle de banquet ou *Hestiatérion* fut construite en marbre blanc par le sophiste Damianus. Un portique fut bâti aux frais du même personnage, afin de relier le temple à la ville : de la sorte, le service religieux n'était point interrompu en temps de pluie. Des statues des plus grands maîtres, des tableaux de Zeuxis, de Parrhasius, de Timanthe, d'Apelle, des œuvres de tout genre et des offrandes magnifiques étaient accumulées dans ce sanctuaire.

Détruit par les Goths en 262, sous le règne de Gallien, détruit de fond en comble, le temple fut effacé du monde et aucun débris n'a encore révélé à la postérité son existence ou du moins ses traces. L'antiquité a déclaré qu'il n'en restait pas une pierre : mais elle n'est pas infaillible, heureusement, et des fouilles peuvent amener encore quelque découverte importante. Dans le mémoire de Hirt sur le temple d'Éphèse, dans les *Ephesiaca* de Guhl, publiés à Berlin en 1843, en latin, on trouvera des détails nombreux sur le temple et des hypothèses que je crois prudent de m'interdire. Je me contente de reproduire les faits.

Pline nous apprend que le temple avait 425 pieds de long, 220 de large ; que les colonnes avaient 60 pieds de hauteur. Les montants, les jambages des portes étaient d'un seul morceau de marbre et mesuraient trente pieds. Il y avait 127 colonnes : ce nombre a été contesté, augmenté, diminué par les critiques, selon les besoins de leurs systèmes divers.

Le temple, nous dit Vitruve, était diptère, c'est-à-dire avec un double portique. Il comptait huit colonnes sur les façades (octostyle). J'ai cité les portes en cyprès, les poutres en cèdre : Vitruve prétend que les poutres étaient en cyprès également. Il faut indiquer encore un immense rideau, rehaussé par tout l'éclat des couleurs orientales, qui tombait du haut du plafond, soit devant la statue pour la protéger, soit derrière elle pour la faire ressortir. Il en était de même à Olympie où le rideau se remontait avec des cordes, tandis qu'à Éphèse il se baissait. Il ne faut pas oublier des escaliers faits avec des ceps de vigne. Un seul cep colossal formait un des escaliers : il venait de Chypre.

Quel était le style du temple primitif d'Éphèse ? Il est possible de s'en faire une idée d'après les ruines du temple de Junon à Samos, qui sont postérieures de peu au temple d'Éphèse. Nous avons vu que Rhœcus et son fils Théodore, au VIIe siècle, avaient commencé le temple, en adoptant l'ordre dorique. Polycrate, auquel Hérodote semble attribuer tous les grands travaux de Samos, le fit peut-être continuer, soit en retaillant les colonnes comme le fit Hermogène pour le temple de Bacchus, soit en rejetant les colonnes pour prendre un ordre nouveau, comme le fit Cossutius pour le Jupiter Olympien d'Athènes.

Il reste du temple de Samos une colonne debout, un fragment de chapiteau, une base : ces ruines sont gigantesques. Les colonnes n'ont pas moins de six pieds à la base : avec la proportion de l'ionique primitif on doit compter huit fois le diamètre de la base pour la hauteur, ce qui donne 48 pieds. On remarquera la base avec

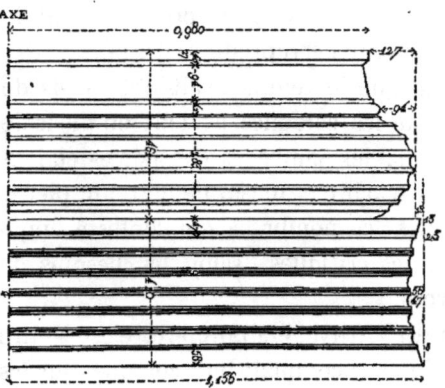

Fig. 60. — Base de la colonne (Temple de Samos).

ses moulures compliquées, sa richesse un peu exubérante ; elle n'a point encore la mesure, la sobriété parfaite, qui n'est point inconciliable avec la richesse et qui lui donne le caractère et le style. Au-dessous de la base, il y a une sorte de plinthe à huit cannelures horizontales. Puis la base elle-même, en forme de tore, présente neuf autres cannelures. Ces cannelures sont inspirées par les cannelures à baguette plate et verticale des colonnes ordinaires et sont en harmonie avec elles. Plus tard, la base ionique arrivera à un type plus libre et plus simple à la fois. Selon la règle, elle a un demi-diamètre de hauteur.

La colonne qui reste debout n'est point cannelée, sans doute parce qu'elle n'avait point été achevée : le temple fut brûlé par les Perses. Du chapiteau on n'a retrouvé encore que le tore orné d'oves sculptés. Entre les oves sont les fers de lance. Les oves sont larges du bas, peu refouillés, tandis que plus tard ils seront amincis du bas, refouillés, détachés de la coque qui les entoure. Un fragment de volute qui ne semble point avoir appartenu au temple est donné par les auteurs des *Antiquités ioniennes*. Il faut attendre des fouilles, faciles, peu dispendieuses et d'un résultat certain, pour se prononcer sur ce sujet.

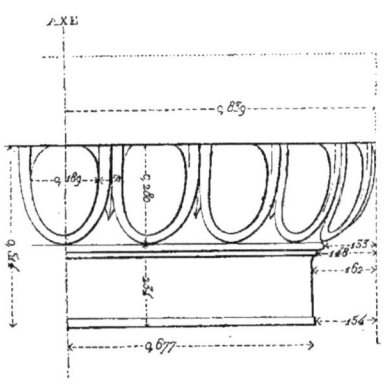

Fig. 61. — Fragment du chapiteau (Temple de Samos).

Je ne parle que pour mémoire du temple de Sardes, ville mal bâtie, couverte en roseaux, que les Grecs incendièrent avec tant de facilité. Le temple de Cybèle fut brûlé en même temps. Cockerell cite quelques ruines ioniques qu'il rapporte à ce temple (note à l'ouvrage de Leake sur l'Asie-Mineure, p. 344), et M. de Prokesch en parle dans ses *Souvenirs d'Égypte et d'Asie-Mineure* (t. III, p. 143).

Mais il est plus intéressant de se demander s'il reste des fragments d'ordre ionique antérieurs aux guerres médiques. L'histoire ne nous apprend rien : ce n'est que sur des approximations, sur des jugements fort contestables, parce qu'ils sont personnels, que je pourrais m'appuyer. Je ne trouve que deux points de repère, le temple de la Victoire sans ailes, à Athènes, pour le début du siècle de Périclès, le temple de Samos pour le siècle de Pisistrate : ce sont deux jalons insuffisants. Les tombeaux innombrables qu'on a partout taillés dans le rocher sont sans date, ou sans inscription caractéristique. Les chapiteaux ioniques que l'on voit peints sur les vases, comme accessoire ou décoration, sont d'un style conventionnel, abrégé, et ne peuvent guère servir pour l'histoire de l'architecture. Je ne donnerai donc que quelques indications, toutes provisoires, et qui sont uniquement le résultat d'observations personnelles.

Je signalerai, par exemple, à Théra, des tombeaux taillés dans le rocher avec des pilastres d'un caractère encore incertain, lourds : à droite et à gauche

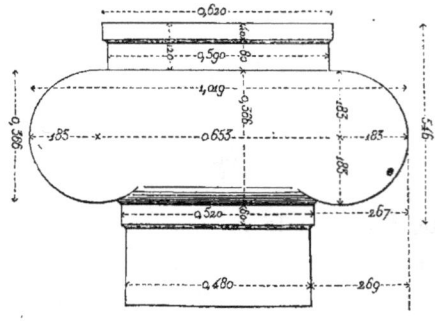

Fig. 62. Chapiteau d'un tombeau de Telmissus.

deux montants simulent assez grossièrement deux volutes.

En Asie-Mineure, il existe sur certains tombeaux des volutes simplement massées, à surface plate, avec la silhouette seulement de la volute (Texier, III, *pl.* 171). La même chose se remarque dans la Cyrénaïque (Pacho, *pl.* 47). Cette surface devait être revêtue d'ornements peints. De même que dans le dorique, on avait commencé par peindre les ornements avant de les sculpter.

Je trouve des tâtonnements, des hésitations qui semblent annoncer les premiers temps de l'ionique. Tantôt la palmette est sur les aisselles des volutes ; tantôt elle se relève. Ici, elle est au milieu du chapiteau et renversée, comme

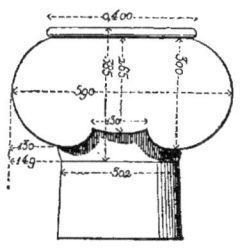

Fig. 63. Chapiteau d'un tombeau de Cyrène.

sur un tombeau de la Cyrénaïque (Pacho, *pl.* 43); là elle est debout à la base du chapiteau, comme sur un tombeau d'Antiphellus en Lycie. Je remarque des chapiteaux où la volute est très simple, par exemple, avec un gros cordon qui marque ses enroulements, à Acræ en Sicile et à Myra en Lycie. De même à Athènes, on a déposé dans l'acropole d'Athènes et dans le temple de Thésée des chapiteaux ioniques avec les ornements peints sur des surfaces lisses ou avec des sculptures destinées à recevoir la décoration peinte. Ces chapiteaux sont

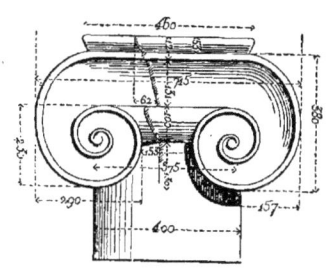

Fig. 64. Chapiteau du grand tombeau de Myra.

reproduits dans le savant ouvrage de M. Le Bas. Les profils sont irréguliers, mais tout s'explique de face, et l'on reconnait les principes de l'archaïsme. Je n'oserais pas en dire autant d'un autre chapiteau d'Athènes avec la palmette double, qui pourrait être une imitation du style archaïque comme l'éginétique du siècle d'Adrien, et qui est reproduit dans l'Histoire de l'Architecture de M. Kugler (t. I, p. 249).

CHAPITRE XIV.

LA POLYCHROMIE.

La question de la polychromie, ou de la couleur appliquée aux monuments, est une question toute moderne, qui date de notre siècle bien plus que de la génération qui nous précède. Il y a trente-cinq ans seulement que l'on a remarqué des traces de couleur sur les temples de la Grèce, et l'on s'est aperçu qu'il fallait appliquer à l'antiquité entière un système que l'on n'avait cru d'abord pratiqué qu'à Herculanum et à Pompéi. Ceux qui constatèrent des parcelles de couleur sur les monuments grecs se demandèrent s'il fallait attribuer ce fait au hasard, à la barbarie des temps primitifs, à la barbarie des temps postérieurs, ou à des principes arrêtés et formulés par le génie grec. Il fallait que notre étonnement fît place à une étude patiente, raisonnée, avide de comprendre tous les aspects de l'art antique, et de se plier, à force d'imagination, à toutes ses habitudes. Bien plus, ces habitudes sont des beautés qui veulent être goûtées avec d'autant plus d'effort qu'elles sont en opposition avec celles que nos contemporains admirent. Le début naturel par lequel nous devons entrer dans le sujet, c'est de présenter un abrégé historique de la question.

Reportons-nous par la pensée en 1824. A cette époque, on croyait connaître suffisamment les monuments grecs. Des ouvrages remarquables, tels que ceux de Stuart et des auteurs des *Antiquités ioniennes*, les travaux de Leroy et de Revett, ceux de De la Gardette, l'*Histoire de l'architecture* par Hirt, les dessins d'artistes distingués, depuis ceux qui avaient accompagné lord Elgin à Athènes, au commencement du siècle, jusqu'à ceux qui venaient de découvrir les statues d'Égine, tout semblait avoir révélé à l'Europe savante les temples grecs dans leur pureté et leur magnificence véritable. Cependant il n'était point question de la couleur qui les avait rehaussés, qui avait donné à leurs moulures et à leurs ornements les plus fins le relief, la valeur, l'éclat. On avait mesuré le Parthénon, l'Érechthéion, le Théséion, les Propylées, sans relever la moindre trace de peinture, ou, du moins, sans la signaler. Peut-être avait-on aperçu çà et là quelque croûte bleue ou rouge, mais sans y attacher d'importance; d'autres peut-être avaient cru devoir passer respectueusement sous silence le goût encore barbare des anciens. J'ai entendu dire que la métope du Parthénon apportée au Louvre par le marquis de Nointel gardait quelques restes de couleur : on les fit disparaître par une pieuse vénération pour l'antiquité. Ne valait-il pas mieux jeter un voile sur ce goût inexcusable? L'examen eût été injurieux; la preuve plus injurieuse encore.

Quatremère de Quincy, qui a le premier présenté, dans un éminent ouvrage, la sculpture antique avec toute sa richesse, avec sa diversité de matériaux et d'effets, avec le mélange d'or, d'ivoire et de métaux précieux, a été conduit par ses études sur la sculpture à quelques observations sur les monuments. Car on trouve, aux pages 30 et 31 de son *Jupiter Olympien*, cette phrase : « Je dirai ailleurs, « en rapportant les témoignages à l'appui, jusqu'où fut « porté par les anciens l'usage de peindre et de colorer les « édifices. » La pensée de Quatremère ne s'appliquait-elle qu'aux sculptures des temples, et, sans sortir du cercle d'études qu'il parcourait, ne songeait-il qu'à la statuaire polychrome? Je ne le sais. Quels sont les témoignages à l'appui qu'il promet? les textes anciens, peu nombreux, que je citerai plus bas? les rapports de quelques voyageurs? les papiers de Dufourcy, qui existent à la Bibliothèque impériale et qui contiennent quelques mots sur des débris de couleur observés sur des monuments anciens? Je l'ignore, car la promesse de Quatremère n'a point été réalisée. Dodwell, Stackelberg, auraient pu aussi fournir quelques renseignements. Du reste, avant toute découverte, il y a toujours des bruits précurseurs, des aperçus, des idées fugitives qui passent dans l'air, dont personne n'apprécie la portée : puis, quand la découverte s'est faite, quand un grand coup a retenti, on se souvient, on recueille de petits faits épars, des mots auxquels on attache une importance rétrospective, et l'on conteste les services les plus graves rendus à la science ; on refuse à l'inventeur le mérite même d'avoir trouvé. Nous serons plus équitables, et nous reporterons dans son entier à M. Hittorf l'honneur d'avoir proclamé que les temples grecs étaient peints, l'honneur d'avoir, le premier, exposé tout un système, réuni tout un corps de preuves, présenté une restitution complète de la polychromie des anciens.

Ce fut en 1824 que M. Hittorf, après avoir exploré les monuments de Sélinonte, d'Agrigente, de Syracuse, d'Aeræ, rapporta à Rome la conviction que la peinture avait contribué, aussi bien que la sculpture, à décorer les temples grecs, de sorte que les trois branches de l'art avaient uni leurs procédés et leur science diverse pour concourir à un même but et à un effet plus magnifique. Au retour de son voyage, M. Hittorf s'arrêta à Rome et trouva dans la ville éternelle les sculptures d'Égine que Thorwaldsen restaurait. Les couleurs dont ces statues portaient encore de notables restes s'accordaient singulièrement avec les résultats que rapportait M. Hittorf. La sculpture et l'architecture se montraient toutes les deux à la fois sous un aspect nouveau et se prêtaient une mutuelle autorité. Au mois d'avril 1830, M. Hittorf lut à l'Académie des Beaux-Arts un mémoire qui fut développé plus tard dans l'ouvrage intitulé : *Restitution du temple d'Empédocle à Sélinonte, ou l'Architecture polychrome chez les Grecs*. Dans cet ouvrage se trouvent consignés les textes relatifs à la couleur appliquée aux monuments grecs, les discussions qu'ont soulevées ces problèmes et tous les problèmes partiels qui s'y rattachent; en outre, toutes les indications fournies à l'auteur par les ruines, les vases, les terres cuites, les peintures, les monuments figurés. C'est, je le répète, un corps de preuves à l'appui d'un système vaste et absolu. Un temple de Sélinonte, celui que M. Hittorf appelle le temple d'Empédocle, est le type sur lequel sont réunies les différentes données de la polychromie : il en est le symbole.

Je parlais de discussions : il y eut, en effet, des discussions vives, passionnées, dont l'écho est parvenu jusqu'à nous. Si nous ouvrons les recueils savants de la France et de l'étranger, nous voyons que des esprits éminents, que les chefs de l'archéologie française descendirent dans la lice; que des savants étrangers les y avaient précédés où les y suivirent, et que là, distribués en plusieurs camps, les adversaires et les défenseurs de la polychromie se livrèrent des combats mémorables. Le résultat de ces luttes fut le progrès de la science, l'attention attirée sur les questions, le public excité, des recherches ardentes dans tous les sens, l'esprit moderne accoutumé à des idées qui lui répugnent naturellement et entrant dans le point de vue ancien, tous les textes retournés et commentés, les monuments examinés de nouveau, pierre par pierre, avec une minutie et une patience infinies, les architectes de Rome prévenus par l'Académie des Beaux-Arts elle-même et découvrant sur les monuments d'Athènes et de la Grèce propre des traces de couleur. Il faut considérer cette polémique d'un point de vue élevé, pour rendre justice aux hommes qui ont aplani la route devant nous et qui nous ont signalé tous les écueils en s'y heurtant courageusement eux-mêmes. Aussi laisserons-nous la polémique de côté pour n'examiner que les idées et les systèmes.

Il y a naturellement trois systèmes : l'un qui nie la couleur, l'autre qui l'admet sans réserve, un troisième qui l'admet avec mesure, c'est le système de la polychromie mixte.

Le système qui nie la couleur est abandonné aujourd'hui. Il est impossible de venir accuser plus longtemps les Romains, les Byzantins, les Arabes d'avoir peint les édifices grecs. Les faits ont surgi partout si nombreux, les preuves si incontestables, qu'il a fallu se rendre, à moins de faire comme un savant illustre qui, pendant un voyage, détournait les yeux des places où on lui voulait montrer de la couleur, afin de conserver la liberté de ses opinions. On a pu se retrancher derrière les considérations esthétiques et se demander comment les anciens altéraient ainsi la blancheur de leurs marbres. Nous reviendrons plus tard aux questions de goût; il s'agit ici d'une question de fait. Le fait, c'est qu'on trouve de la couleur sur les monuments grecs, à Pæstum comme en Sicile, en Sicile comme en Grèce, sur les grands comme sur les petits édifices, sur les tombeaux aussi bien que sur les temples. C'est pourquoi la querelle n'existe plus aujourd'hui qu'entre la polychromie *mixte* et la polychromie *absolue*. Y avait-il de la couleur partout? Les ornements, les moulures, les parties hautes de l'édifice étaient-elles seules décorées? La couleur répandait-elle sur le monument entier son éclat, son opposition, son harmonie, ou n'était-ce qu'un auxiliaire invoqué?

Les anciens, quand ils parlent des monuments, ne décrivent ni leur aspect ni l'impression de leurs divers détails. Quelques mots, échappés çà et là aux auteurs, ont donc une portée qui a pu être aisément contestée. Vitruve, parlant des triglyphes (1), prétend que dans le principe ils représentaient l'extrémité des poutres aboutissant sur la frise; sur cette extrémité, on appliquait des planches enduites de cire bleue. — On a objecté que rien n'était plus naturel pour les temples en bois, mais que cela n'était plus applicable aux temples en pierre. — Il y avait à Athènes le tribunal *rouge* et le tribunal *vert*, désignés par leur couleur (2). — On a répondu que c'était une exception, une bizarrerie, de même qu'on désignait par dix lettres de l'alphabet les dix tribunaux d'Athènes. Sur les murs du temple d'Olympie (3) et sur une stèle située près d'un temple de Minerve en Eubée (4), il y avait un enduit

---

(1) L. ɪv, ch. 2.
(2) Paus., 1, 28.
(3) Pline, xxxvi, 23.
(4) Plutarque, *Vie de Thémist.*, vɪɪɪ.

de lait et de safran que l'on frottait du doigt et qui conservait, après des siècles, non-seulement la couleur, mais le goût du safran. Le mur d'appui qui entourait le Jupiter Olympien de Phidias était peint en bleu (1). — On a vu là encore des exceptions : du reste, pour l'intérieur des édifices, Pompéi et les tombeaux avaient accoutumé depuis longtemps les esprits à admettre une décoration peinte. Le problème concernait les grands édifices et les façades. — Vitruve parle de portiques peints de minium. — Mais ces portiques sont de son temps, et lui-même, dans un autre passage, cite le minium comme une couleur chère et difficile à fixer. Quant à l'imitation peinte des marbres veinés dont parle Pline, ce fut une mode introduite seulement sous l'empereur Claude.

Ainsi les textes prêtaient aux objections. C'était beaucoup, cependant, d'en avoir trouvé qui pouvaient servir de précédent, d'appui moral. Mais les découvertes qui dès lors se succédèrent coup sur coup, dans les différentes parties du monde grec, furent pour le système de la polychromie un secours bien autrement puissant. La pierre, en effet, porte un témoignage non moins éloquent que celui des manuscrits. Il devint impossible aux partisans de la polychromie mixte de méconnaître la couleur qu'on trouvait successivement sur les parties diverses des temples. Les colonnes de Métaponte et d'Égine étaient couvertes de stuc jaune; le chapiteau de Pæstum portait des traces de palmettes peintes; l'architrave d'Égine était peinte; les frises et les corniches l'étaient en tous pays; les murs du Théséion et du temple d'Égine portaient des traces de couleur; le sol même était peint à Égine et à Sélinonte.

---

(1) Paus., v, 11.

Mais on s'est retranché derrière une argumentation plus difficile à réfuter : on a allégué la différence des matériaux, du marbre blanc et de la pierre. Que la pierre soit peinte, couverte de stuc, que le stuc soit teint lui-même, soit! Mais les édifices en marbre blanc, le marbre Pentélique, si magnifique, le Paros transporté à grands frais à Delphes et à Siphnos, devaient-ils disparaitre sous un enduit? Le choix qui a présidé aux tambours des colonnes du Parthénon, et qui a fait rejeter des blocs énormes parce qu'une tache verdâtre en altérait l'éclat, n'annonce-t-il pas le contraire?

Les partisans de la polychromie absolue répondent que le marbre n'est point pour les anciens une substance précieuse : ce n'est qu'une pierre plus dure, d'un grain plus fin, plus serré, d'un poli plus beau et plus persévérant. Le marbre n'avait même pas de nom; on disait la *pierre blanche*, la *pierre du Pentélique*, la *pierre de Paros*. D'ailleurs on a trouvé du jaune sur les colonnes du Parthénon lui-même. — Ici les partisans de la polychromie mixte reprennent : — Mais ce jaune n'est pas de la couleur, c'est une oxydation naturelle. Le marbre blanc se colore ainsi par l'effet du temps, par certaines combinaisons chimiques avec l'air. Voyez les carrières du Pentélique, les débris des monuments, les éclats sur les colonnes et sur les murs : tout se dore sous le soleil.

Cela est vrai, et il faut alors, pour attaquer la polychromie mixte, se rejeter sur des considérations d'esthétique, sur la crudité des tons, sur la dureté du blanc opposé à des couleurs vives, le bleu, le rouge, le vert. Tandis que les murs et les colonnes restent d'une blancheur éblouissante, la frise, l'entablement, les parties hautes seront-elles étincelantes de couleurs? Quoi de plus violent, de plus contraire aux harmonies discrètes de l'art grec? —

Au contraire, répondent les partisans de la polychromie mixte. Le blanc a une solidité magnifique qui supporte l'ensemble et sert de base, tandis que les couleurs sont distribuées, sur les parties hautes, par petits éléments, qui sont alternés et se combinent par leur alternative et par la distance. Ce sont des broderies sur un fond blanc, comme les étoffes orientales, comme les robes et les chemises des Albanaises, qui sont blanches et bordées d'encadrements où le bleu, le jaune, le vert, le rouge, sont juxtaposés en légères quantités. Aucun effet n'est plus architectural.

D'ailleurs, reprennent les partisans de la polychromie absolue, nous ne demandons pour les colonnes de marbre qu'une teinte adoucie, pâle, à peine un enduit qui déguise le grain, un peu de cire punique frottée doucement à l'aide de la chaleur et pénétrant, par l'effet de la dilatation, dans les pores du marbre nouvellement taillé. Ainsi certains sculpteurs anciens traitaient leurs statues de marbre, leur donnant une teinte moins crue, moelleuse, jaunâtre comme de l'ivoire vieilli, laissant briller la magnificence du marbre, tout en la mettant en harmonie avec l'ensemble des couleurs. De plus, votre marbre blanc s'altérera vite au soleil et à la pluie. Il jaunira du côté du soleil, noircira du côté de la pluie; il sera rongé par le vent salé de la mer; il se couvrira de mousse du côté du vent du nord, qui est le vent d'hiver. Alors vous n'aurez plus que des teintes de hasard, des dégradations, une pittoresque saleté, et pendant ce temps, vous réparerez les parties colorées, qui demeureront fraîches et éternellement jeunes. Est-ce admissible? A cela, les partisans de la polychromie mixte répondent que l'on peut protéger l'épiderme du marbre, le rendre insensible à l'action du climat par des procédés encaustiques sans altérer sa blancheur.

De sorte que les deux camps finissent par se tenir à une bien petite distance. Une teinte plus ou moins pâle, une question de matériaux, qui ne concerne qu'un très-petit nombre de monuments (car les temples en marbre étaient rares en Grèce), à cela près on serait d'accord ; les faits ne permettent plus d'autre négation. J'avoue que j'ai moi-même pour le marbre, ce beau marbre blanc de Paros et du Pentélique, autant d'admiration que personne ; mais ce préjugé, je m'en rendrais maître. Je m'efforcerais de reconnaître que, pour les Grecs, le marbre n'était qu'une pierre plus belle qu'on employait comme les Carrarais emploient leurs marbres et les Égyptiens ou les Bretons leur granit. Là n'est pas le problème. Mais il faut que l'histoire de l'art se place à un point de vue plus élevé qu'une question de nuances et de matériaux ; c'est elle qui élève les difficultés les plus sérieuses ou qui les résout. La méthode et les procédés les plus rigoureux de la raison doivent donc être invoqués, afin d'établir sur ses véritables bases le problème de la polychromie.

Je suis chaque jour frappé de la manière dont se traitent beaucoup de points spéciaux dans l'archéologie. Lorsqu'on veut éclairer d'une lumière complète une coutume de l'antiquité, on recueille soigneusement tous les textes, grecs et latins, depuis les temps les plus reculés jusqu'à la décadence ; on rapproche ces textes les uns des autres, on fait un tout des éléments divers qu'ils présentent, et ce tout paraît constituer un fait général, une vérité suffisamment une et homogène. Voilà bien ce que faisaient les Grecs ; pendant sept ou huit cents ans ils n'ont point changé. La phrase de l'historien grec qui parlait au cinquième siècle avant J.-C. est complétée par la phrase de l'écrivain latin qui parlait au deuxième siècle de notre ère. Le témoignage est ancien, cela suffit : on met tout au même plan. De même, lorsqu'on consulte les œuvres de l'art, lorsque l'on veut savoir comment un sujet ou un procédé était conçu par les artistes anciens, on réunit tous les monuments figurés qui se rapportent au même objet ; on prend chez les Grecs, on prend chez les Romains. Il n'y a qu'une chose dont on ne tienne pas compte, c'est le temps, ce sont les siècles, ce sont les lois de l'humanité qui change sans cesse, qui se transforme, se perfectionne ou se gâte, mais ne vit que par le progrès et la mobilité.

Le problème de la polychromie a été traité, si je ne me trompe, de la même manière. Non pas que je prétende critiquer la méthode de M. Hittorf. S'il a accumulé les terres cuites du vieux Parthénon et des peintures gréco-romaines, des monuments de la Palestine et des tombeaux de la Cyrénaïque, l'entablement d'Égine et des colonnes de Pompéi, des terres cuites d'une élégance raffinée et des vases peints avec des décorations capricieuses, c'est qu'il venait le premier et qu'il fallait frapper un grand coup. Il fallait tout présenter, au risque de tout confondre, afin que l'abondance des preuves produisît plus de lumière. De même un conquérant, s'il veut, à la paix, gagner une province, doit, pendant la guerre, en prendre trois.

Mais quoi? pendant sept siècles, huit siècles même, depuis la construction du temple de Corinthe jusqu'à la ruine d'Herculanum et de Pompéi, l'art ne s'est-il pas modifié? Je ne dis rien du style ; mais les principes eux-mêmes n'ont-ils pas changé? Le goût général, les habitudes, le système de décoration, tout est-il resté constant, inaltérable? Pratiquait-on et aimait-on au siècle d'Auguste ce que l'on avait estimé et pratiqué au siècle de Pisistrate? Une telle opinion ne se pourrait soutenir, si l'on n'avait allégué une de ces théories qui arrêtent la discussion et répondent à tout par cela même, la théorie de la tradition.

On a dit que par tradition hiératique, c'est-à-dire par respect pour la religion et sous sa jalouse surveillance, la décoration des temples était copiée fidèlement d'âge en âge. Les couleurs avaient leur place, leur signification religieuse. « Le rouge et le bleu, dit Stackelberg, étaient, « comme en Égypte, des couleurs sacrées (*Temple de* « *Bassœ*, p. 33). » Le chevalier Brönsted, après lui, a poussé bien plus loin ces affirmations. Il y aurait donc eu impiété à altérer, non-seulement les ornements peints, mais leur disposition.

On a pu accepter cette théorie à une époque où l'on n'avait d'attention que pour l'Égypte, récemment explorée par l'expédition française. On était accoutumé à subordonner la Grèce à l'Égypte comme une province à sa capitale; l'art grec, architecture, sculpture, peinture, tout venait d'Égypte; or, en Égypte, l'art était héréditaire, on le croyait du moins; la religion dominait et asservissait l'art. Quoique les progrès de la science aient réduit ce système à de justes limites, il a laissé des traces; son influence déguisée agit parfois sur nos idées, et de semblables idées sont contraires au véritable génie grec.

Ce qui a fait la grandeur du génie grec, et qui l'a constitué le représentant le plus glorieux de l'humanité, le principe et le modèle de l'humanité, c'est qu'il s'est développé librement. Il a rompu cette tradition hiératique, qui n'est que l'immobilité, pour créer une admirable tradition qui est le mouvement, le progrès continu, la poursuite de la perfection et de la beauté infinie. Le mot hiératique ne peut s'appliquer qu'aux époques primitives de l'art grec. Car le principe sacerdotal, la domination religieuse n'existe plus aux temps historiques. Les castes sacerdotales ont perdu leur importance, et la civilisation d'Homère nous présente déjà le pouvoir spirituel confisqué par le pouvoir temporel. On ne voit point de prêtres puissants, organisés, ligués, rien de ce qui pourrait ressembler à un clergé. Des devins qui mettent leur charlatanisme au service des ambitieux ou de la crédulité publique, des gardiens de temples, des prêtres isolés, desservant un sanctuaire, vivant des offrandes : çà et là quelques lieux plus célèbres, où le personnel est plus nombreux, Olympie, Délos, Delphes, Eleusis. Par les oracles, par les mystères, le prêtre exerce quelque action, mais il en exerce peu dans la société. Il attire la foule pieuse, il ne la conduit pas; et de plus, l'art est un auxiliaire qu'il implore, au lieu de le dominer. Au milieu de divinités innombrables, de temples inégalement célèbres, au sein de l'anarchie mythologique, quand la religion n'est qu'extérieure, quand ce qu'elle adore est une forme, et, pour la multitude, n'est rien de plus qu'une forme, l'art n'est pas un esclave, il est le maître. C'est lui qui élève les temples, c'est lui qui fait les dieux. Plus le temple sera beau, plus il attirera les étrangers; plus la statue sera colossale et magnifique, plus elle inspirera de respect aux visiteurs, ou, du moins, plus elle appellera de visiteurs. Athènes a une Minerve de Phidias : Olympie demandera à Phidias un Jupiter plus grand encore, non pas le Jupiter des Curètes ou celui des Pélasges, mais le Jupiter d'Homère. Les rivalités des sanctuaires s'ajoutent aux rivalités des peuples.

Je me figure les prêtres de la Grèce, non pas arrêtant l'essor de l'art, imposant aux architectes des lois inflexibles, mais excitant leur audace, demandant à leur science des proportions plus heureuses, un aspect plus grandiose, une décoration plus brillante : tant il est vrai que chez la race privilégiée qui occupait la Grèce tout concourait à la liberté et au progrès !

En matière d'art, et surtout d'art grec, je ne crois vraie

qu'une seule théorie, la *théorie des époques,* parce que c'est elle précisément qui analyse le génie grec dans tous ses développements, qui suit ses lentes transformations, en marquant de loin en loin un temps de repos, afin de mieux constater les progrès et les différences. La théorie des époques est applicable à tout, il faut l'appliquer à tout; car c'est l'histoire elle-même qui conduit ainsi la science, et la logique des faits est bien autrement puissante que la logique de nos complaisants systèmes. Nous appliquerons donc à la polychromie la même méthode qu'à toutes les questions de l'art grec, nous l'étudierons par époques.

Comment les différentes époques ont-elles entendu la polychromie? On trouve de la couleur dans tous les temps, mais en trouve-t-on partout et sur des monuments semblables? Aimait-on les mêmes ornements et les mêmes couleurs au siècle de Pisistrate et au siècle d'Alexandre? Professait-on les mêmes principes? Outre le besoin de nouveauté, qui est la condition de l'homme, les mœurs, les climats n'ont-ils pas introduit d'importantes modifications?

Je citais, au début de ce chapitre, trois systèmes : la polychromie absolue, la polychromie mixte ou tempérée, l'absence de couleur. Ces trois systèmes n'ont-ils pu recevoir successivement leur application? N'a-t-on pu commencer par peindre entièrement les monuments? Puis, ne les a-t-on pas peints avec discrétion? N'a-t-on pas fini par ne plus les peindre du tout et par substituer la sculpture à la peinture? Je pose là des questions sans les résoudre : je laisserai les conclusions scientifiques se dégager des faits. Quand la réponse manquera, c'est qu'il conviendra d'attendre de nouvelles découvertes.

Nous marcherons donc avec les époques, relevant les caractères généraux de la polychromie pendant chaque siècle. Lorsque les ordres d'architecture se succèdent dans la faveur publique, lorsque les proportions changent sans cesse et s'améliorent, quand les sculptures des frontons et des frises se modifient, quand les formes de l'architecture deviennent plus exquises ou plus fines, ses lignes plus pures ou plus molles, ses profils plus harmonieux ou plus secs, quand des détails disparaissent pour faire place à d'autres détails, quand tout, en un mot, n'est qu'une continuelle transformation et que la colonne de Corinthe aboutit à la colonne dorique de Pompéi, nous avons le droit de nous demander si la peinture seule, j'entends la décoration peinte, s'est dérobée à cette loi du progrès, si rigoureuse et si logique même dans la décadence. Jusqu'ici on a démontré l'existence de la polychromie; il reste une œuvre plus difficile, que notre génération ne peut encore qu'ébaucher, c'est d'en retrouver l'histoire. Commençons donc par rechercher quels ont été les caractères de la polychromie au siècle de Pisistrate.

Il n'est peut-être pas inutile, avant toutes choses, de dire comment les couleurs se retrouvent sur les temples. Si le temple est debout, on doit les chercher sur les parties creuses et refouillées qui sont protégées naturellement contre les intempéries du climat, corniches, frontons, triglyphes, becs de corbin des chapiteaux d'ante. Il faut monter avec une échelle et étudier de très-près, avec une attention minutieuse, toutes les retraites de la pierre et du marbre où les couleurs ont pu demeurer à l'abri. Sur les murs lisses, sur les colonnes, sur les saillies à surface plate, la peinture, si elle a existé, est tombée facilement. Il suffisait d'une blessure pour que tout l'enduit, s'écaillant de proche en proche, finît par disparaître avec les siècles. Là, en effet, tout était solidaire et également soumis à l'action du soleil qui fait éclater, de la pluie qui dissout. Assez souvent une décomposition chimique s'est produite : soit qu'une croûte se soit élevée naturellement, soit que la poussière se soit incrustée sur la peinture, on ne voit rien qu'une surface rugueuse et grisâtre. Mais soulevez légèrement avec un instrument tranchant cette croûte protectrice, la couleur apparaît aussitôt, vive, brillante et fraîche d'hier : seulement le contact de l'air la fait pâlir et s'effacer promptement.

Si le temple est renversé, c'est dans le sol qu'il faut chercher les fragments enduits de couleur. L'humidité de la terre conserve ces précieux restes de la décoration peinte et les rend au jour avec un éclat admirable. Malheureusement les couleurs ainsi ravivées, c'est-à-dire rongées par les sels terrestres, ne sont que plus rapidement dévorées par la lumière et disparaissent en très-peu de temps. Le stuc, à cause de son grain et de l'épaisseur de la couleur, garde mieux que la pierre les tons dont on l'a revêtu. Il est donc très-important que celui qui découvre un monument ou un fragment note aussitôt les couleurs dont il porte les traces : bientôt il n'est plus temps. Voilà pourquoi le témoignage des voyageurs ou des explorateurs est précieux et l'eût été surtout jadis, quand les découvertes étaient faciles et fréquentes. Lorsque les fragments colorés sortent du sol, il est impossible de se tromper, tant leur teinte est franche et saisissable. Plus tard, l'erreur est facile. Sur les monuments qui sont restés debout, il faut avouer aussi que la contradiction n'est point inévitable, parce que le temps a altéré les couleurs et en a rendu les traces pâles et fugitives. Ainsi, sur le mur du Théséion, M. Semper, un de ceux qui ont adopté avec le plus d'exagération le système de la polychromie, a cru voir du bleu, d'autres du jaune. M. Paccard a vu du rouge sur le fond des frontons du Parthénon, tandis que j'y ai vu du bleu. La science ne peut que rester suspendue dans les cas où les témoignages se contredisent. Il faut n'admettre que ce qui est certain, incontesté : plus tard, de nouvelles découvertes résoudront les questions débattues.

Après avoir fait ces réserves, nous prendrons le temple dorique, le parcourant depuis le sol jusqu'au faîte, et nous poserons les couleurs partout où elles se sont retrouvées. Les documents seront empruntés tous, comme il est juste, à des temples du siècle de Pisistrate.

Le *sol* proprement dit était-il peint? Le temple d'Égine en offre un exemple. Dans le pronaos et dans la cella, il y avait un stuc épais de six millimètres, enduit de vermillon. Ce vermillon avait même plus d'épaisseur que le stuc, comme si des couches nombreuses eussent été appliquées successivement pendant le cours des siècles; on conçoit, en effet, qu'il fallait réparer les altérations d'une surface peinte que le pied des hommes foulait fréquemment. Sur ce fond rouge, y avait-il des ornements, principe de la mosaïque? c'est ce qu'on n'a pu reconnaître.

Les *degrés* n'ont offert encore aucune trace de couleur. Cependant, je puis, par anticipation, signaler le temple de Jupiter Olympien, à Agrigente, où les rainures des assises gardent encore du stuc qui a nécessairement reçu jadis un ton.

Les *colonnes*, au siècle de Pisistrate, étaient peintes. A Corinthe, elles conservent encore le stuc qui revêtait la pierre, mais la couleur n'est plus appréciable. On a prétendu que ces colonnes avaient été peintes de manière à imiter le granit, mais cette supposition, que toutes les habitudes grecques réfutent, a été évidemment inspirée par l'influence du système égyptien. A Métaponte, les colonnes sont recouvertes d'un stuc jaune, et la couleur n'est point appliquée, elle est pétrie dans le stuc. A Égine, le ton paraît également fondu dans le stuc; mais le stuc est mince, le ton très-pâle, de sorte qu'il est difficile de rien préciser. Le jaune clair est cependant très-reconnaissable, et cette coïncidence avec Métaponte a son importance.

Le *chapiteau* était peint. Égine le laisse supposer, puisque les chapiteaux étaient recouverts de stuc. Sur ce stuc est demeuré un ton d'ocre jaune foncée que M. Garnier attribue au mélange du rouge et d'un oxyde de dorure qui distinguait les ornements. Ici, nous arrivons aux suppositions; mais ce qui n'est pas une supposition, ce sont les curieux chapiteaux du portique de Pæstum, où les palmettes sont restées en relief, étant protégées par un enduit coloré; tandis que, tout autour des palmettes, la pierre tendre du chapiteau, moins protégée, était rongée par le vent salé de la mer. Il en est résulté que ce qui était peint anciennement fait saillie aujourd'hui et porte un curieux témoignage de la décoration des chapiteaux. Je cherche sur les vases grecs, non pas une preuve, mais une indication. Je vois sur un vase reproduit par M. Hittorf (*pl.* xx, *fig.* 12) des motifs analogues, des palmettes montées sur des spirales. Lorsqu'on donne au quart de rond du chapiteau dorique des oves, comme l'a fait M. Garnier dans sa restitution du temple d'Égine, on prend pour autorité le chapiteau de la grande tombe de Cornetto. Mais pour nous, provisoirement du moins, l'art étrusque n'est point une autorité suffisante pour suppléer aux lacunes de l'art grec. Je sais que plus tard l'ordre ionique adopte ces oves, sur le tore au-dessous des volutes, et, par analogie, on pourrait les supposer sur le lobe du chapiteau dorique. Sans apprécier leur effet, sans dire si les oves déforment ou non le galbe du chapiteau dorique et altèrent son caractère, je me contente de constater qu'il n'y a point d'exemple assuré de cet ornement sur les monuments grecs du sixième siècle avant J.-C. Il y a, au contraire, un exemple de palmettes alternant avec le lis marin et montées sur une élégante spirale.

Le *tailloir* portait-il un méandre comme aux siècles suivants? Les preuves manquent; il faut attendre.

L'*architrave* s'est retrouvée à Égine, peinte en rouge et sans ornements. M. Hittorf cite de très-belles terres cuites, qui sont des frises de vases, où sont représentés des entablements de temples. Les réminiscences du couronnement des temples ont donné le motif du couronnement des vases. Au-dessous de la frise, sur la partie qui paraît correspondre à l'architrave, on voit de grands rinceaux formés de feuilles de lierre et de baies. Ces terres cuites, dont les ornements se détachent en relief, n'appartiennent point à l'époque archaïque, et le lierre, attribut bachique, a sa place toute marquée sur les vases : l'induction ne doit donc pas s'étendre rigoureusement de la frise d'un vase à la frise d'un temple. Les rinceaux que M. Garnier a supposés dans sa restauration sont également un emprunt fait à des monuments d'un tout autre ordre. Je ne dis pas que l'architrave n'ait pu être décorée. Toutefois, les boucliers qu'on y suspend plus tard, les inscriptions qu'on y attache, comme au Parthénon, me feraient croire qu'elle demeurait lisse : on n'aurait point caché ou interrompu une décoration aussi importante. Il est certain qu'on n'a encore trouvé, pour le sixième siècle, qu'un ton rouge et égal sur les architraves.

La *frise* avait ses triglyphes peints en bleu. Dans tous les pays, en Sicile, à Athènes, à Égine, le témoignage de Vitruve se trouve confirmé par les monuments. Le vieux Parthénon nous a laissé des triglyphes où le bleu se distingue encore : le mur qui ferme l'entrée de l'Acropole offrait des traces de bleu bien visibles sur ses triglyphes, quand je l'ai trouvé enterré sous vingt pieds de débr.s. A Egine, MM. Leake, Cockerell, Blouet, Ottfried Müller successivement virent du bleu sur des fragments de triglyphes qu'on trouvait enfouis dans le sol. Leur témoignage est unanime : depuis, la couleur s'est effacée.

Sur la bande qui unit les triglyphes et qu'on appelle *tænia*, il y avait du rouge : MM. Leake, Blouet, Ottfried Müller, en ont constaté au temple d'Egine. Il n'existe plus aujourd'hui sur le listel de l'ordre extérieur; mais sur le listel de l'architrave du pronaos, M. Garnier l'a remarqué avec des palmettes renversées, courant sur toute la bande. Il est peut-être permis de transporter du pronaos à l'entablement extérieur cette décoration. Les *gouttes* redevenaient bleues comme les triglyphes.

Les *métopes* étaient quelquefois sculptées : dans ce cas le fond était rouge, ainsi qu'on le constate à Sélinonte. Quand les métopes n'étaient pas sculptées, ce qui était plus fréquent, quelle était leur décoration? Y avait-il simplement un ton rouge? ou bien, sur ce fond rouge, en opposition vigoureuse avec le fond des triglyphes, appliquait-on des ornements peints, des animaux, des monstres, afin de justifier le nom grec de la frise (ζώφορος)? Je le supposerais volontiers, mais les preuves manquent encore. Il est certain que les plaques de marbre blanc, glissées à coulisse entre des triglyphes de pierre et sur des temples construits entièrement en pierre, donnent à réfléchir. Pourquoi rechercher une matière plus délicate, plus brillante, si c'était uniquement pour la badigeonner d'un ton rouge? N'était-ce point plutôt afin d'y appliquer des peintures plus fines? Les frises de vases siciliens que je viens de citer ont des métopes décorées de palmettes et de spirales compliquées qui se regardent et se font pendant de manière à remplir un carré. Malheureusement ces vases, je le répète, ne peuvent fournir des documents assez plausibles pour l'époque archaïque.

La *corniche* nous présente du bleu sur les mutules. En Sicile, à Egine, à Athènes, cela se trouve constamment. Les entre-mutules étaient rouges, le filet au-dessous des mutules, rouge. Quant aux gouttes, elles étaient rapportées en marbre blanc ou peintes en jaune, comme à Egine. Le larmier, dont un fragment a été rapporté à Munich, était peint en rouge. Sur ce fond, y avait-il une palmette, alternativement droite et renversée, montée sur une spirale et peinte en vert et en bleu? On a contesté, et la place de ce fragment, et la disposition des ornements, et leur ton : il faut donc laisser ce point indécis.

Le *bec de corbin*, moulure de la corniche du temple, de la corniche rampante du fronton et du chapiteau d'ante, est toujours décoré de feuilles, alternativement rouges et vertes ou rouges et bleues, ou même, ce qui est encore plus archaïque, rouges et brunes. Ces feuilles sont séparées par des bordures blanches qui, aux beaux siècles de l'art, seront dorées : on ne sait si elles l'étaient dans les anciens temps.

Le *fronton* est peint en bleu, image du ciel, sur lequel se détachent mieux les figures. Nous venons de dire que la corniche rampante recevait une décoration analogue à la corniche droite. Seulement la *doucine*, moulure qui raccorde la corniche avec le fond du fronton, présente un feuillage d'une autre forme, pointu, avec des séparations et des fers de lance. Les lances sont bleues, les feuilles rouges et vertes.

Les *chéneaux* qui couronnent l'entablement offrent des ornements magnifiques, surtout en Sicile. Je les ai décrits en traitant des temples de Sélinonte, et n'y reviendrai pas, car la richesse et le caractère exquis des ornements m'inspirent des doutes sur leur époque. Il serait possible que le couronnement du temple eût été achevé ou refait au cinquième siècle, avec l'éclat et le goût du temps. Les chéneaux trouvés en Attique n'offrent que des feuilles d'olivier et des palmettes : il y a deux tons de terre cuite, un ton jaune sur un ton brun.

Enfin, les *tuiles*, les *acrotères*, les *antéfixes*, tout ce qui était d'ordinaire en terre cuite à l'époque archaïque était peint. Les tuiles se retrouvent à Egine rouges ou bien d'un jaune éclatant, ce qui laisse supposer une sorte de dessin sur la toiture. En Sicile, on voit des tuiles qui sont peintes par-dessus et par-dessous ; il est donc permis de croire que les toits étaient à double rampant et que, dans l'intérieur du temple, on voyait les chevrons comme dans les basiliques. Les antéfixes portent une palmette montée sur une spirale, ou bien des têtes de Gorgone tirant la langue, montrant les dents, monstres véritables, d'un caractère étrange, qui donnent une haute idée de l'art céramique, dès le sixième siècle, et prouvent quels progrès avait faits l'invention de Dibutade. Ces têtes de Gorgone ont été trouvées dans l'Acropole : elles appartenaient aux vieux temples d'Athènes.

Je ne parle pas de l'intérieur des temples. On n'a jamais nié qu'il pût être peint. Du reste, le temple d'Egine seul a montré des traces de couleur. On a reconnu du bleu sur les colonnes, du rouge sur les murs, du vert et d'autres tons sur les corniches. Le dessous des portiques était nécessairement aussi décoré de méandres, d'oves ; les soffites, les caissons à fond bleu avec des étoiles d'or étaient peints également ; là n'est pas le problème. Le problème est l'extérieur du temple, l'aspect général du monument, son effet d'ensemble. Nous avons trouvé de la couleur partout, excepté sur le mur extérieur de la cella. Les colonnes revêtues d'un ton pâle se détachaient-elles sur un fond vigoureux? MM. Blouet et Wagner ont dit que le mur du temple d'Egine était peint en rouge. Derrière les Propylées d'Athènes, j'ai retrouvé du stuc rouge sur un mur plus ancien, dont Mnésiclès n'a laissé subsister qu'un pilier.

Il nous reste trop peu de fragments de l'ordre ionique au VIe siècle, pour restituer les peintures qui le décoraient. Il est probable, comme il procédait de l'ordre dorique, que les ornements avaient beaucoup d'analogie; ils devaient être plus délicats et plus répétés sur les monuments ioniques. Il y a, dans l'Acropole d'Athènes, deux chapiteaux et un troisième dans le temple de Thésée. J'ai déjà signalé ces précieux débris que M. Le Bas a publiés et sur lesquels M. Landron a restitué des tons qui sont conformes aux valeurs qu'aimait l'archaïsme. Le tracé est demeuré seul, et l'on reconnaît les feuilles, les oves, les grecques, disposés sur les moulures que leur forme est propre à faire valoir. On voit la palmette, encore gauche, à l'angle qui surmonte la volute. Sur les côtés du chapiteau, la grecque, les feuilles, les écailles qui s'appliquent sur le bandeau des coussinets sont également faciles à distinguer.

Je ne puis faire ici qu'une revue rapide des peintures appliquées aux temples du VIe siècle. Dans les ouvrages spéciaux on trouvera les petits détails, l'ornement des moulures délicates, que j'ai dû omettre. Nous en avons recueilli assez pour être bien convaincus qu'au siècle de Pisistrate les temples étaient complétement peints. Il n'est point de partie où l'on n'en ait retrouvé, et cela après tant d'années, tant de destructions, et l'action prolongée du climat.

Maintenant, quel est le caractère, quel est le style de la polychromie archaïque? Il sera naturellement en harmonie avec le caractère et le style de l'architecture. Quand les proportions sont encore pesantes, les moulures simples, un peu carrées et même aplaties, les ornements ne seront point exempts d'une certaine pesanteur, d'une gravité qui fera place plus tard à une ingénieuse délicatesse. Le damier qu'on voit sur un fragment d'Athènes est d'un effet interrompu, peu architectural; il disparaitra plus tard et descendra sur le sol, où il deviendra un motif cher aux mosaïstes. La palmette du vieux Parthénon (voyez la planche 33) est pesante : ses contours sont accusés durement par une rainure où la couleur rouge est restée. Combien elle est éloignée de la palmette légère et élégante que préféreront les siècles suivants! A Égine, l'époque est plus avancée et les ornements offrent déjà plus de richesse et plus de grâce.

Les couleurs seront elles-mêmes subordonnées à la logique des époques. Les tons de l'archaïsme sont plus durs, plus austères. D'abord ils subirent l'influence de la terre cuite, fréquemment employée, et qui ne se prêtait qu'à un petit nombre de couleurs, le jaune, le rouge, le brun, le noir. En outre, on aimait les harmonies graves et tristes, le jaune et le brun, le brun et le rouge, le bleu et le vert, le jaune sur noir, le rouge sur noir. Les tons plus chantants étaient le rouge et le bleu ou le rouge allié au vert. Ces effets n'étaient ni sans grandeur ni sans beauté. La distance effaçait peut-être ce qu'ils avaient de dur : d'ailleurs, cette dureté même avait quelque chose d'architectural et faisait mieux ressortir la décoration.

Jusqu'ici nous avons mis de côté toute théorie, toute idée préconçue, tout esprit de système, pour ne considérer que les faits, n'écouter que leur témoignage logique et infaillible, ne formuler que leurs conclusions. Il me sera peut-être permis maintenant de présenter quelques hypothèses, que l'on pourra accueillir avec toute la défiance que méritent des hypothèses. Ces hypothèses seront de deux sortes : les unes essaieront, à l'aide du raisonnement, de retrouver l'histoire de la polychromie; les autres, à l'aide de l'imagination, chercheront à se figurer ses effets.

Pour l'histoire de la polychromie, voici ce que je me représente. Les premiers temples furent en bois, cela paraît incontestable, et, en admettant même que l'influence de l'Égypte et de l'Asie, qui peignaient tout, n'ait point été considérable, la condition même du bois appelait la couleur, ne fût-ce que pour se conserver. La cire bleue, dont parle Vitruve, pour les triglyphes, n'a rien qui m'étonne. Cet enduit remplissait les fissures, les trous, les nodosités du bois, en le protégeant. Cet enduit était coloré de tons crus, uniformes, primitifs autant qu'on le souhaitera : mais je vois là une nécessité avant d'y voir de l'art et une intention d'art.

Bientôt la pierre se substitue au bois. Mais en l'imitant, en conservant ses assemblages, ses principes de stabilité et d'ajustement, sa charpente, sa figure, il était naturel de conserver ses couleurs. Était-ce par tradition religieuse? je l'ignore. C'était surtout par une tradition tout aussi forte, l'habitude. Telle est la tyrannie de l'habitude, qu'elle ne cède au progrès que par de lentes et insensibles transitions. Après des siècles et encore des siècles, on arrivera à aimer les monuments sans couleur ; mais brusquement, le jour où on est passé du bois à la pierre, cela n'était point possible. Si la pierre a un grain inégal, si elle est percée de trous, marquée de défauts qui se prêtent mal à la couleur, la pierre aura aussi son enduit, le stuc. Les plus vieux temples, Corinthe comme Pæstum, Métaponte comme Égine, seront couverts de stuc.

Les découvertes ultérieures enseignent de plus beaux

matériaux, plus unis, un calcaire dur et serré. Ce seront les morceaux de choix, pour les parties exposées, pour le couronnement des temples, cimaises et chéneaux : les vieux temples de Sélinonte nous l'attestent. Là, on osera appliquer la couleur à nu. Dans certains pays le calcaire est d'un très-beau grain : telle est la pierre du Pirée, à Athènes : là encore, la couleur sera appliquée directement, sans l'intermédiaire d'un enduit.

Enfin, les découvertes avancent, et voici le marbre, la *pierre blanche*, car la langue grecque, déjà formée, n'a pas de nom pour le marbre. Va-t-on appliquer la couleur à nu et en égale abondance? Va-t-on laisser briller dans leur éclat cette matière magnifique que les Alcméonides offraient aux Amphictyons de Delphes, dont les habitants de Siphnos étaient si fiers, dont les Pisistratides se servaient pour leurs monuments? Ici s'arrêtent les suppositions. D'un côté, la blancheur du marbre tranche durement avec l'ensemble de la décoration et contrarie toutes les habitudes de l'art du vi^e siècle; de l'autre, on a peine à croire que des matériaux achetés au loin pour construire des façades entières et des édifices fussent déguisés sous un badigeon et tellement semblables, dès lors, à la pierre et au stuc, que les constructeurs seuls en pouvaient admirer la richesse, devenue invisible. Le moyen terme, propre à tout concilier, serait de supposer une préparation encaustique, pâle et transparente, qui amortirait la dureté éclatante du marbre, sans cacher la beauté de son grain et son poli. Mais, entre une logique absolue et trop de complaisance pour nos préjugés modernes, la voie est incertaine : il vaut mieux s'abstenir.

Quant aux temples en pierre, qui sont en beaucoup plus grand nombre, nous savons, de preuve certaine, qu'ils étaient entièrement peints au siècle de Pisistrate. Aux tons primitifs on avait ajouté peu à peu des ornements, des détails plus délicats, des bandes courantes sur les moulures, et ce fut un progrès naturel pour l'art d'aller multipliant cette décoration, de chercher la variété, l'éclat, et, ce qui est supérieur à l'éclat, la clarté; car l'ornementation peinte, sur les temples grecs, loin de nuire aux effets de l'architecture et d'altérer ses formes, les fait valoir, les met en lumière. J'excepterais peut-être les chapiteaux ioniques dont je parlais tout à l'heure, où les formes semblent cherchées pour les ornements et non les ornements pour les formes. C'est, en effet, le trait caractéristique de l'ordre ionique d'effacer les principes, l'interprétation extérieure, la transparence de l'ordre dorique, pour substituer sur toutes les surfaces l'ornement, la délicatesse, la fantaisie. Mais qu'on se figure un temple d'ordre dorique en pierre et enveloppé de stuc. Laissera-t-on ces tons blancs, monotones, insipides? Le stuc est un étui qui cache l'appareil des pierres, ce bel appareil de joints qui sont la sécurité de nos yeux et qui nous assurent que l'édifice est solide et logiquement bâti. De même un vêtement épais détruit, en les cachant, les formes du corps et ne laisse plus à la sculpture qu'une enveloppe. Que fait la sculpture? Elle met cette enveloppe en harmonie avec le corps : ici, elle l'applique, là elle lui donne des plis profonds; elle soumet la draperie à un jeu d'ombres et de lumière, à un mouvement qui modèle parfois le corps, qui toujours l'accuse, de sorte qu'à travers les voiles nous sentons toute la beauté des formes. L'architecture, dans un tout autre ordre d'idées, demande à la couleur de donner au stuc, qui est l'enveloppe de son temple, une forme, un sens, la vie, en se mettant en rapport intime avec la pierre, c'est-à-dire avec le corps du temple. La couleur marquera les triglyphes et toutes les parties de la charpente; elle marquera les joints et toutes les parties essentielles de la construction ; sur les parties où le stuc n'a rien à traduire, il recevra son ornement propre, créé par la fantaisie, qui lui donnera l'élégance et la légèreté, de même qu'un vêtement à plis nombreux et étoffés a ses bordures et ses broderies.

Nous sommes accoutumés, dans nos climats froids et pluvieux, à ne plus voir que des monuments gris ou noirâtres. Les couleurs et les enduits disparaissent promptement sous les brouillards gras et rongeurs : la couleur, cet enchantement du regard, n'est point faite pour les habitants du Nord. Nous grattons nos monuments, ils se noircissent le lendemain. Nous les grattons encore, et nous passons ainsi du blanc au noir, avec le gris pour intermédiaire, tons funéraires par excellence, qui ont sur l'aspect d'une ville et sur l'humeur de ses citoyens plus d'influence qu'on ne le pense.

Faisons un effort d'imagination, sortons nos sens d'une routine qui est la seule source de nos préjugés, mettons-nous au point de vue des siècles passés, à l'aide de la science qui assouplit et façonne à neuf les idées. Voilà la Grèce, la Sicile, l'Asie, avec leur ciel bien digne d'éclairer la jeunesse de l'humanité. Voilà un soleil éclatant qui embrase tout, qui colore tout ce qu'il frappe et dore les rochers eux-mêmes : voilà une nature où tout est vie, éclat, ardeur. Autour des cités grecques, peuple de marins, s'étend la mer, avec sa vaste et changeante surface, puissamment colorée. Les levers et les couchers de soleil ont une magnificence inconnue à nos régions : les Grecs modernes appellent encore aujourd'hui le coucher du soleil *son règne*, sa gloire par excellence, βασιλεῦσις. Les montagnes elles-mêmes reflètent mille nuances qui varient avec les heures du jour. Au milieu de cette nature inondée de riantes splendeurs, voyons un peuple aux vêtements élégants, aux draperies charmantes : le blanc relevé de vives couleurs, la pourpre dans tout son feu, le lin teint et brodé par la main des jeunes vierges, des couronnes de fleurs sur toutes les têtes, dès qu'il s'agit d'un sacrifice ou d'un festin. L'on vit en plein air, avec une gaîté et un sang qui courent sur tous les visages; on s'assemble, on cause, on délibère, on plaide, on juge en plein air : les hippodromes, les gymnases, les palestres, les écoles des philosophes, tout est à ciel ouvert. Partout des portiques, des fontaines, des leschés, des lieux de repos d'où la foule oisive peut contempler sa ville chérie, ses guerriers qui reviennent d'une expédition avec leurs armes brillantes et leurs boucliers peints, ses galères qui sillonnent les flots de leur proue enduite de vermillon, et tendent aux vents leurs voiles plus jaunes que le safran. Partout la lumière, la beauté, la couleur, lumière de la beauté. Au milieu de cette société grecque, enivrée de son génie, de son ciel enchanteur, de ses arts qui grandissent, dans ces villes où tout resplendit et chante sous le regard de Dieu, irons-nous transporter des monuments blafards, aux teintes lugubres, dont les ornements même s'effacent sous l'enduit qu'y déposent la fumée et la pluie? Ou bien, si leurs façades restent blanches, elles brûlent le regard, quand le soleil y darde ses rayons.

Ayons plus de courage, secouons nos préjugés, déclarons que les anciens voyaient mieux que nous, plus hardis à la fois et plus sages, qu'ils étaient privilégiés, que leur climat était admirable, et jouissons, au moins par une heure de rêverie, des beautés qu'ils avaient créées et que nous avons perdues. Sur les hautes collines qui dominent les villes, sur les places publiques, sur les esplanades et les promontoires de la Grèce, qui s'avancent au milieu de la mer, voyons ces temples brillants de couleurs, toujours jeunes, parce qu'ils sont toujours rajeunis : on ne les gratte pas, on les repeint, et ce ne sont pas des badigeonneurs, ce sont des artistes qui les peignent. Les colonnes, d'un fond jaune pâle, s'enlèvent et se détachent vigoureusement sur le mur rouge de la cella, avec leurs chapiteaux délicatement ornés. Les triglyphes puissants montrent leur tête bleue et de bien loin accusent la charpente. Sur les frontons, qui sont de la couleur du ciel, combattent Ajax, Hector et les héros d'Homère. Les moulures fines des portiques et des entablements sont distinguées des fonds unis par des ornements qui les signalent aux yeux et les font valoir. Les tuiles peintes brillent sous les rayons obliques du soleil ; les antéfixes à tête de Méduse, les acrotères, les griffons à la patte étendue, couronnent l'édifice, et la couleur prête à ces monstres l'illusion et la vie. Leur silhouette, en se découpant sur l'horizon, donne à tout le monument plus de légèreté et plus de mouvement. Joignons les bandelettes, les guirlandes de fleurs, les boucliers d'or cloués sur l'architrave, les inscriptions en lettres d'or, les grilles de bronze, les trophées, les statues, les autels, les vases, les offrandes innombrables. Contemplons avec une attention passionnée et nourrie par l'étude, contemplons au dedans de nous-mêmes cette apparition rayonnante du temple antique et osons dire, comme on l'a fait quelquefois, que c'était là une œuvre de barbares !

Les barbares ! j'ai bien peur que ce ne soient pas les anciens. Nous sommes des gens pleins de goût, nous en sommes persuadés et cela est vrai ; mais le goût est une bien petite chose auprès du sentiment, du grand sentiment de l'art. Et de quel droit, nous, modernes, dont les sens dégénérés ne peuvent plus supporter que des nuances affadies et maladives, le violet, le rose pâle, le gris perle, le bleu tendre, nous qui avons inventé, ou plutôt appris dans les boudoirs, des harmonies de couleurs aussi fausses que banales, qui ont une déplorable influence sur notre école de peinture, de quel droit dirons-nous aux Grecs, à nos maîtres que nous n'avons jamais pu égaler dans les arts : « Vous étiez des barbares! » Nous ressemblerions fort à ces descendants de vieilles familles qui ricanent devant les énormes lances de leurs aïeux et ne pourraient même les soulever. Ces lances ont gagné des batailles : de même ces couleurs dont les Grecs peignaient leurs temples ont été un objet d'admiration, une cause de jouissances, pour un peuple entier, qui a été autrement puissant que nous dans les arts et qui a compris avec bien plus de grandeur la divine beauté.

Inclinons donc la tête, au lieu de railler nos maîtres, nous qui sommes déshérités des richesses qu'ils possédaient et que nous ne pouvons même plus nous figurer. Ils voulaient que toutes les branches de l'art, peinture, sculpture, architecture, contribuassent à former les temples des dieux. Dédaigner la polychromie, c'est paraître ne l'avoir ni étudiée ni comprise. Avons-nous été moins étonnés d'entendre parler de statues en or et en ivoire, de statues peintes, de bronzes de Corinthe aux teintes si diverses? Ne songeons-nous pas aux mosaïques immenses des églises byzantines, aux peintures des édifices gothiques, aux porches, vitraux, tombeaux, statues, que l'art du moyen âge coloriait, depuis Westminster jusqu'à Naples et jusqu'en Sicile? Pompéi et Herculanum, qu'était-ce autre chose qu'une page immense de peinture? Toutes ces découvertes n'ont-elles pas embarrassé successivement les modernes? A mesure qu'ils avançaient dans la science, ils comprenaient, goûtaient, louaient ce qui, tout d'abord, les avait choqués. L'éducation est bien puissante en matière d'art. Il faut attendre que notre siècle fasse son éducation pour la polychromie. On l'a appliquée déjà à Athènes, à Munich, à Paris même. Le climat a ses exigences, mais l'art peut les vaincre ou les satisfaire : c'est une question de matières et de procédés. Si un jour nous reprenons le goût des édifices peints, je ne dirai point alors que nous sommes des barbares, je dirai que nous faisons une conquête ; car nous aurons reconquis un héritage auquel nous avions renoncé, une beauté que nous avions perdue.

CHAPITRE XV.

L'ÉCLAIRAGE DES TEMPLES.

Comment les temples anciens étaient-ils éclairés? — Si l'antiquité s'était appliquée à nous léguer une énigme aussi obscure que possible, si les écrivains s'étaient promis de ne laisser échapper sur ce point que des indications vagues et contradictoires, si les temples avaient été dégradés à plaisir, de manière à ne nous transmettre sur ce même point aucun renseignement, tout en se conservant à travers les âges, je ne crois pas que l'antiquité eût réussi mieux que le hasard, le hasard qui préside à l'oubli et aux ruines.

Le champ a donc été ouvert aux hypothèses : elles furent diverses, contradictoires. Après avoir voulu que les temples fussent sans ouverture et sans lumière, on voulut qu'ils fussent tous inondés de lumière et sans toiture; plus tard, on se demanda, la modération aidant, s'ils ne pouvaient être à la fois couverts et éclairés.

Lorsque les savants modernes se prirent à étudier les

temples anciens, ils remarquèrent qu'ils n'avaient point de fenêtres. Les quatre murs qui forment les quatre côtés de la cella n'étaient percés d'aucune ouverture : il n'y avait que les portes, les portes du pronaos et du posticum. Le temple de Théséc, le Parthénon, le temple d'Agrigente, le temple de Nîmes, offraient des murs de cella conservés jusqu'au sommet, avec leurs corniches, mais sans fenêtres. Telle est la disposition du temple périptère, avec ses colonnes, que les fenêtres auraient dû tomber dans les entre-colonnements. Et alors, comment se seraient-elles conciliées avec les divisions intérieures du temple et leurs murs de séparation? D'ailleurs, sous un portique, le jour est pauvre, la projection des portiques et de leurs ombres l'atténue encore; nous en pouvons juger par nos rues décorées d'arcades.

Primitivement, quand le temple était en bois, les métopes pouvaient servir de fenêtres : un texte d'Euripide le laisse supposer. Pylade engage Oreste à enlever la statue de Diane Taurique, à attendre la nuit et à se glisser entre les triglyphes :

Ὅρα δέ γ'εἴσω τριγλύφων ὅποι κενὸν
Δέμας καθεῖναι.

Plus loin, on retrouve la même idée :

Πέφευγα
Κέδρωτα παστάδων ὑπὲρ τέρεμνα Δωρίκας τε τριγλύφους.

Agavé, dans les *Bacchantes* (v. 1216), appelle son fils Penthée pour monter à l'échelle et clouer entre les triglyphes une tête qu'elle croit être celle d'un lion, et qui est la tête de son fils. Mais cette sorte d'éclairage n'était possible, et encore à peine possible, que dans les temples en bois, formés de minces cloisons, sans portique, sans colonnes sur les côtés. Du moment qu'il y a un portique, les jours des métopes n'éclairent que le portique, et non le temple, qui a son mur et son propre couronnement.

Au contraire, quand la pierre fut employée, quand les exigences de l'architecture eurent donné à l'entablement une assez grande épaisseur, le jour n'était plus suffisant, même sur les temples sans portiques. Les métopes sont de petits carrés, l'épaisseur des parois est considérable, les saillies et les ombres portées des énormes corniches doriques ne le sont pas moins; l'éclairage est donc impossible latéralement. Il n'y a de fenêtres que dans un petit nombre de cas exceptionnels, à l'Erechthéion, par exemple, sur un couloir obscur, au temple de la Concorde, à Agrigente, sur les cages des escaliers.

On remarqua cet usage, et l'on en conclut, dès le dix-septième siècle, que les temples n'étaient point éclairés. Toutes les charpentes, toutes les parties hautes des monuments encore debout avaient disparu : on ne se demanda point s'il y avait eu une grande ouverture dans le toit, une lanterne. Il fut décidé que les temples anciens étaient plongés dans d'épaisses ténèbres. Spon et Wheler, Perrault l'architecte, Stuart, l'abbé Barthélemy, Winckelmann lui-même, Chandler, tous proclamèrent que les temples étaient hermétiquement fermés et servaient uniquement d'abri à la statue du dieu.

Mais cette statue, comment la voyait-on au moment des sacrifices? Comment la foule rassemblée en avant du temple, autour de l'autel, pouvait-elle adorer Jupiter ou Minerve, distinguer, dans le fond d'une ténébreuse cella, l'œuvre de Phidias ou de Praxitèle? On supposa que le jour qui entrait par la porte suffisait, comme si les grottes ne nous apprenaient pas que la lumière horizontale pénètre à bien peu de profondeur. D'autres voulurent que des lampes éclairassent la statue, comme si, avec l'éclatante lumière du soleil, des lampes dans le fond d'un sanctuaire étaient autre chose que de petits points brillants, propres à éblouir plutôt qu'à éclairer. D'ailleurs, rien ne prouve l'emploi de ces lampes. Dans l'Erechthéion brûlait une lampe perpétuelle, parce que l'huile, fruit de l'olivier, était consacrée à Minerve. En outre, pourquoi les objets précieux entassés dans les temples? Pourquoi les peintures sur les murs, œuvre des grands maîtres? Pourquoi la couleur? Ne les visitera-t-on que la torche à la main? C'est au nom de notre ignorance que nous fermons les temples : nous ne savons pas comment ils étaient éclairés, nous en concluons qu'ils ne l'étaient pas.

On trouvera des temples complétement obscurs cités par les auteurs anciens; mais ce sont des sanctuaires souterrains ou cryptes, comme le tombeau de Palémon à l'isthme de Corinthe, transformé en chapelle funéraire. Vitruve, critiquant les temples *pycnostyles* et *systyles,* où les colonnes sont très-resserrées et les entrecolonnements trop petits, ajoute que le défaut de ces sortes de portiques est de rétrécir à l'œil la largeur des portes, et d'obscurcir les sculptures : *Valvarum adspectus obstruitur columnarum crebritate, ipsaque signa obscurantur.* Ce passage de Vitruve pourrait être interprété dans un sens favorable au système qui éclaire les temples par la porte, si Vitruve ne parlait pas des monuments de son temps; car les proportions d'entrecolonnements qu'il donne pour modèle sont romaines, et mesurent trois fois le diamètre de la colonne. Quant au mot *signa*, qui dit qu'il ne s'applique pas aux frises sculptées sur le mur de la cella? Si même il s'agit de la statue du dieu, en rétrécissant les portes par la projection des colonnes trop serrées, on nuit à son effet; on ne la laisse plus voir que de face, et les angles de vision deviennent moins nombreux. Chez les Grecs, quand on voulait couvrir entièrement un temple et l'éclairer, on ne mettait ni mur, ni porte sur la façade : le temple de la Victoire sans ailes en est la preuve.

Le meilleur argument qu'emploient les partisans de ce système, c'est le thème général de toutes les négations. « Nous n'avons trouvé aucune trace d'éclairage, donc le « temple n'était pas éclairé. Ceux qui prétendent qu'il l'é- « tait, qu'ils le prouvent. C'est l'affirmation qui a besoin « d'être démontrée. »

On chercha donc des faits à l'appui du système contraire, et l'on produisit au jour un passage de Vitruve (1) : « Le temple hypèthre a dix colonnes au pronaos et au pos- « ticum. Semblable aux grands temples dont la colonnade « extérieure est double, il a, dans l'intérieur de la cella, « deux rangs de colonnes superposées, éloignées des murs, « laissant de l'espace pour la circulation, comme les por- « tiques du péristyle. L'espace compris entre les deux por- « tiques de l'intérieur est à ciel ouvert et sans toiture, *me-* « *dium autem sub divo est, sine tecto;* il y a des portes de « chaque côté, et dans le pronaos, et dans le posticum. « Nous n'avons point à Rome de temple hypèthre, mais il « y en a à Athènes, avec huit colonnes sur les façades, par « exemple, le temple de Jupiter Olympien (ou bien avec « la conjonction *et*), et le temple de Jupiter Olympien. »

Le temple de Jupiter avait plus de huit colonnes sur les façades. L'indication de Vitruve serait donc fautive; d'un autre côté, la conjonction *et* donne à la phrase latine une singulière tournure. Un passage aussi important s'est trouvé malheureusement incorrect, et les variantes se contredisent. La discussion a donc été aussi vive que confuse. Que signifient ces dix colonnes au posticum et au pronaos?

---

(1) L. III, c. 1.

Pourquoi les seuls exemples cités par Vitruve sont-ils une exception aux règles qu'il pose? Ces portes de chaque côté, sont-ce les portes ordinaires en avant de la cella, ou bien des portes latérales, comme celles qui existent au temple de Jupiter Olympien, à Sélinonte, uniquement destinées à la foule? D'ailleurs, pourquoi la foule circulait-elle dans les temples hypèthres plutôt que dans les temples ordinaires? Quels sont ces temples à huit colonnes dont parle Vitruve? Le Parthénon? mais il a un opisthodome qui assurément ne servait point de passage à la foule, puisqu'il contenait le trésor public. Le temple de Jupiter Olympien? mais il a plus de huit colonnes sur les façades. Le temple d'Olympie? mais il n'en a que six. Faut-il ajouter ou retrancher la conjonction *et?* — Les incertitudes sont nombreuses et sans issue : il faut donc attendre une leçon meilleure du texte de Vitruve. Toutefois, en laissant de côté les discussions de détail, l'existence de l'hypèthre est attestée clairement par le témoignage de l'architecte d'Auguste. Les anciens avaient des temples hypèthres, rares peut-être, dont les dispositions et les règles étaient formulées par les architectes grecs : Vitruve, qui parle d'après eux, donne un résumé de leur formule.

L'existence de l'hypèthre, Quatremère de Quincy le fait très-bien observer, était un coup funeste porté au système de l'obscurité. Comment admettre chez le même peuple deux coutumes aussi opposées? Comment concevoir, à côté de temples hermétiquement couverts et plongés dans les ténèbres, des édifices inondés de lumière, de poussière et de pluie?

D'abord, qu'est-ce que l'hypèthre? Quel sens exact doit-on attacher à ce mot? Ὑπὸ αἴθερος signifie sous l'éther, sous la voûte du ciel. On dit d'une cour qu'elle est à ciel ouvert, ὕπαιθρος. L'atrium des maisons de Pompéi est un hypèthre.

Le temple hypèthre est donc complétement découvert, *sub dio, sine tecto*. Pour le réduire à son expression la plus simple, c'est un mur rectangulaire flanqué d'un portique de chaque côté : le portique extérieur est le péristyle, le portique intérieur forme une cour, et tout l'espace entouré par ce portique intérieur est l'*hypèthre*.

Il semble que cette disposition rappelle les temples primitifs, qui n'étaient qu'une enceinte consacrée, entourée de palissades ou de murs; au milieu était la statue du dieu. Plus tard, on ajouta à cette clôture des portiques pour abriter la foule. Les Grecs avaient conservé quelques-unes de ces anciennes enceintes.

Mais l'hypèthre, à son tour, devait soulever de nombreuses objections. Quoi! les magnifiques statues de Phidias, les colosses d'or et d'ivoire, le marbre, le bois sculpté, tout cela sera exposé aux rayons dévorants du soleil, à l'action lente, mais infaillible, du froid et des pluies! Car il fait froid en Grèce, il y pleut, le vent du sud y arrive imprégné de sels rongeurs. Quoi! les offrandes, les objets précieux, les tableaux d'Apelle et de Zeuxis, les fresques de Polygnote et de Parrhasius, tout cela restera exposé à l'intempérie des saisons! Ces arguments, et bien d'autres, ont été présentés avec force par M. Ross dans ses *Hellenica*. Le titre de son mémoire ressemble à un cri de guerre : *Plus de temples hypèthres!*

Malgré l'anathème de M. Ross, les temples hypèthres firent des progrès dans l'opinion. Je vois même la plupart des architectes qui étudient les monuments grecs les supposer hypèthres dans leurs restaurations, qu'il s'agisse du Parthénon ou du temple de Thésée, du temple d'Égine ou des monuments d'Athènes et de la Sicile. Partout, même dans les plus petits temples, on veut une cella complétement découverte. D'un excès on passe à l'autre; on a horreur des ténèbres, on souhaite partout le soleil et la clarté. Est-ce à dire que les monuments aient fourni des preuves que l'on n'avait point trouvées dans les auteurs? Non, car les ruines n'ont donné encore aucun indice précis, sûr, incontestable. On a bien remarqué au Parthénon que le sol sur lequel posaient les colonnes des portiques intérieurs était un peu plus élevé que le sol de la cella; mais sur les dalles de marbre on ne voit aucune trace de la chute des pluies, aucun conduit pour leurs eaux. On signale bien à Égine un certain nombre de couches de peinture sur le stuc qui recouvrait le sol de la cella; mais ces réparations peuvent avoir été amenées par le pas des hommes, beaucoup plus que par l'action du climat. On dira encore qu'à Pæstum le dallage est effondré sur les côtés et intact au milieu du temple. Mais Pæstum a été abandonné; les modernes l'ont détruit pour construire une ville nouvelle. N'a-t-on pu enlever les charpentes et les parties hautes avant qu'elles ne tombassent? On a cité quelques fragments de corniche, quelques moulures qui semblaient s'accommoder à l'hypèthre : ainsi, M. Lebouteux a signalé au temple d'Apollon Épicourios un morceau de corniche intérieure avec un larmier. Cependant, d'un débris heureusement interprété on ne peut tirer une conclusion générale, et qui s'applique à tous les temples grecs. Car, d'un autre côté, tandis que M. Thomas suppose que le temple de Pæstum était hypèthre, M. Labrouste donne un fragment qui prouverait que ce même temple était couvert.

Pour le Jupiter Olympien d'Athènes et de Sélinonte, l'hypèthre se démontre par une raison bien simple, c'est qu'il était impossible de couvrir ces vastes monuments, et de trouver des matériaux d'une portée aussi énorme. Les anciens eux-mêmes nous signalent de tels édifices. Le temple d'Apollon Didyméen à Milet, dit Strabon (1), est resté sans couverture, à cause de sa grandeur. Parfois, un motif religieux exigeait que le sanctuaire restât découvert. Jupiter, dieu de la poussière, Κόνιος, avait un temple sans toit, de même que Jupiter Fulgur à Rome, le Ciel, le Soleil, si l'on en croit Varron : la cause en est facile à deviner.

Par conséquent, l'existence de l'hypèthre doit être admise dans deux cas : lorsque l'édifice est trop vaste pour être couvert, lorsque les dieux sont de telle nature qu'ils doivent descendre, au gré de l'imagination des croyants, dans l'intérieur de leurs temples, que ce soient la poussière, la lumière ou la foudre divinisées. Mais la connaissance de ces deux catégories de temples hypèthres, assez rares en comparaison des innombrables temples que nous indiquent les auteurs, nous autorise-t-elle à voir des hypèthres partout? Non, assurément, et je vais plus loin. Je crois que la double colonnade qu'on trouve dans l'intérieur des temples, tels que le Parthénon, les temples de Pæstum et d'Égine, se prête beaucoup mieux à une toiture qu'à l'hypèthre, en diminuant la largeur de la cella et la portée des poutres, qu'elles soient en pierre ou qu'elles soient en bois; ils rendent la couverture à plates-bandes plus facile. Car Vitruve dit que les hypèthres ont deux ordres de colonnes superposées; mais il ne dit pas que les temples qui ont deux ordres superposés fussent nécessairement hypèthres.

Si le système de l'hypèthre semble plus vraisemblable que le système des temples complètement fermés, il faut reconnaître cependant qu'on l'a appliqué d'une manière aussi absolue et tout aussi exclusive. N'était-il point possible de s'arrêter entre les deux extrêmes, de concilier les

---

(1) L. xiv, p. 634.

difficultés, ou, à proprement parler, de résoudre le problème? car ce n'est point le résoudre, c'est l'éluder, que de couvrir le temple sans l'éclairer ou de l'éclairer sans le couvrir. Ne pouvait-il y avoir dans la toiture une interruption, une vaste ouverture qui laissât tomber cette belle lumière perpendiculaire que nous aimons dans nos grands édifices et nos musées? Ici se présente une troisième hypothèse, qui aborde directement le problème en essayant à la fois d'éclairer le temple et de le couvrir. Cette hypothèse est à la fois la plus satisfaisante, parce qu'elle plait au bon sens et à l'admiration respectueuse que nous professons pour les anciens, et la plus embarrassante, parce que les monuments ne donnent aucune preuve et que nos architectes ne trouvent point de solution qui paraisse digne du génie grec.

Ce système de conciliation a été exposé en détail par un esprit éminent, qui est toujours conduit par une haute raison et par l'intelligence de l'art. M. Quatremère de Quincy, dans le troisième volume des *Mémoires de l'Institut* (classe d'histoire et de littérature), a réuni presque tous les arguments qui militent en faveur de l'éclairage des temples couverts. Seulement, M. Quatremère lui-même a éludé la difficulté en donnant au temple grec une voûte pour couverture, erreur considérable, qui tient à une époque où l'architecture romaine était beaucoup mieux connue que l'architecture grecque.

Avant tout, il est intéressant de savoir si les textes anciens nous permettent de supposer l'existence d'une ouverture dans le toit d'un temple grec. Je remarque déjà que la langue grecque avait un mot pour désigner cette ouverture, c'est l'ὀπαῖον, l'ὀπή, mots voisins de ὄπτομαι, ὄμμα : l'ouverture était l'œil du monument, c'était par là qu'il voyait le jour. Les Latins traduisent par *lumen*, *trans-*

enna, photagogos, mot grec lui-même, qui signifie conducteur de la lumière. Le temple d'Éleusis, commencé sous Périclès, devait recevoir la foule des initiés. Son immense cella était éclairée par une ouverture au sommet du temple; car Plutarque raconte que l'architecte Xénoclès, qui termina le temple, le *couronna de son ὀπαῖον*, construisit *l'ouverture du couronnement*, ὀπαῖον τοῦ ἀνακτόρου ἐκορύφωσε. Par un rapprochement significatif, Lucien, dans son *Pseudomantis*, parle d'un imposteur qui imitait les mystères d'Éleusis. La foule assistait aux amours de Diane et d'Endymion : une femme nommée Rutilia faisait Diane. On voyait Diane descendre du ciel par une ouverture ménagée dans le plafond.

De même, Justin nous fait savoir qu'à l'approche des Gaulois, au moment où Delphes était menacé, les Grecs crurent voir Apollon descendre du ciel et sauter dans son temple par l'ouverture du toit : *Advenisse deum clamant, eumque se vidisse desilientem in templum per culminis aperta fastigia*. Le mot *culminis* empêche de songer à l'hypèthre.

Quand la statue colossale de Jupiter fut placée dans le temple d'Olympie, Phidias pria ce dieu de lui manifester si son ouvrage lui était agréable (1). La foudre tomba aussitôt et frappa le pavé même du temple. A la place qu'elle avait touchée, on plaça un vase d'airain, analogue au *puteal* des Romains. Cela prouve que le temple était hypèthre, dira-t-on? Non pas, car Strabon raconte que la statue de Jupiter était si grande, quoique assise, que si elle se fût levée, sa tête eût heurté le plafond. Donc, il y avait un plafond et une ouverture.

Sans quitter Olympie, du temple de Jupiter passons au

---

(1) Pausanias, **v**, 11.

temple de Junon. Les Lacédémoniens attaquèrent un jour l'enceinte sacrée d'Olympie, et les guerriers éléens qui la défendaient montèrent sur les toits pour accabler les Lacédémoniens de leurs traits. Un des guerriers, blessé grièvement, se glissa entre le toit et le plafond du temple de Junon, et là, il expira. Son corps ne fut retrouvé que longtemps après. La phrase de Pausanias est explicite (1) : il se glissa entre le toit qui supporte les tuiles et le toit qui reçoit l'ornement, la décoration, c'est-à-dire le plafond. Mais il fallait qu'il y eût quelque part une interruption entre ces deux parties de la toiture, entre les poutres horizontales et les chevrons qui formaient son triangle. Cette interruption, n'était-ce pas l'ὀπαῖον?

L'art grec et l'art romain ne doivent point être confondus, la différence des époques et des mœurs s'y oppose. Toutefois, l'analogie peut nous prouver que ce que nous croyons impossible ne l'est pas. Lorsqu'on construisit le temple de Jupiter Capitolin, le dieu Terme refusa de céder sa place, et on dut l'enfermer dans le temple nouveau. Comme le dieu Terme ne pouvait être adoré qu'en plein air, on ménagea un trou dans le toit au-dessus de la statue (2). Varron, d'ailleurs, rapporte que Jupiter, le dieu du Jour, était adoré en plein air : aussi son toit était-il percé, *inde ejus perforatum tectum, ut videatur divum, id est cœlum.* Ce sont des exceptions, dira-t-on. Ces exceptions prouvent qu'il était possible de ménager des ouvertures dans le temple grec, car le temple de Jupiter Capitolin était d'ordre dorique.

Les textes anciens nous autorisent donc à croire que les toits des temples pouvaient se prêter au passage de la lu-

---

(1) Paus., v, 20.
(2) Servius, *ad Virg.*, ix, 448 ; Ovid., *Fast.*, ii, 671.

mière. Il est certain qu'on se demandera comment cette ouverture était fermée à la pluie et aux intempéries du ciel. Soit qu'on étendît des voiles magnifiques, soit qu'on employât le verre, la difficulté était moins grande que ne le croient les modernes. Winckelmann a vu trouver à Pompéi des vitres de 28 à 30 centimètres carrés (1). Le musée de Berlin en possède de semblables, très-épaisses. Je ne parle ni des pierres spéculaires, feuilles de talc qu'on trouve entre les couches de plâtre, ni d'une pierre jaune et transparente qui ne fut découverte en Cappadoce qu'au temps de Néron. Blouet a trouvé devant le temple d'Olympie des fragments de pâte de verre transparente et d'une grande épaisseur (2). Était-il difficile de disposer ces substances favorables à la lumière sur des châssis? Une inscription déposée dans le temple d'Égine ne parle-t-elle pas de quatre fragments appartenant à l'ὀπή d'un temple (3)? L'habileté des anciens dans le travail des charpentes est constatée par le Digeste (4), puisqu'on faisait pour les cours des charpentes mobiles qui se montaient l'hiver et se démontaient l'été. A Cyzique, selon Pline, le lieu où se réunissait le sénat était couvert de la même manière. La charpente était assemblée sans boulons ni ferrements; les poutres se démontaient et s'ajustaient à volonté (5).

En admettant que les anciens ne sussent point fermer l'ouverture du toit, elle peut rester sans voile et sans fenêtre. La statue n'en sera pas moins protégée, et une très-petite partie du temple demeurera exposée à la pluie; l'a-

---

(1) Tome III, p. 207, éd. Carlo Féa.
(2) *Expéd. scientif. de Morée*, t. I, p. 70.
(3) Raoul-Rochette, *Journal des Savants*, 1846, p. 775.
(4) XVI, 242, § 2.
(5) Plin., *Hist. nat.*, XXXVI, 28.

vantage sur l'hypèthre est, en cela, considérable. Cependant il y a une objection plus grave, c'est qu'aucun des architectes de notre temps, qui ont étudié avec le plus de religion les ruines antiques, n'a trouvé de combinaison satisfaisante pour ouvrir la charpente et la toiture d'un temple rectangulaire. Je ne veux pas dire qu'il ne soit facile de se figurer un grand trou carré dans le plafond, interrompant la suite de la construction, ou bien des jours de combles, mesquins, disséminés. Mais un arrangement clair, simple, répondant à tous les besoins de solidité et d'élégance que les Grecs faisaient passer avant toute chose, on n'en a point encore trouvé; sans cela, tout le monde eût abandonné l'hypèthre comme on avait abandonné le temple fermé. M. Fergusson a imaginé un système d'éclairage ingénieux qui nécessite une foule de petites fenêtres sur la toiture et des complications que le génie grec comporte peu. D'ailleurs, les monuments figurés de la Grèce écartent son système, aussi bien que l'hypothèse qui veut une lanterne surhaussée protégeant l'ouverture du toit. Les bas-reliefs, les vases peints, les monnaies, représentent parfois des temples vus par leur long côté. L'arête de la toiture est toujours continue, et l'on ne peut rien découvrir qui ressemble à une lanterne ni à des fenêtres.

Comment donc se prononcer entre les trois systèmes que je viens d'exposer? J'avoue que j'incline vers le dernier, quoiqu'il soit le plus difficile à justifier par des preuves. Je répugne également à croire que les Grecs aient laissé leurs temples plongés dans les ténèbres et qu'ils les aient laissé dévorer par la poussière ou inonder par la pluie. Il y a eu de grands monuments hypèthres, cela paraît assuré. Il y a eu quelques petits sanctuaires fermés, obscurs, comme nos cryptes chrétiennes. Mais la généralité des temples, pleins de richesses, d'offrandes magnifiques, d'armes, de meubles, d'objets précieux, décorés de peintures des grands maîtres, contenant des statues en or et en ivoire, ne pouvaient être obscurs comme des caves ou lavés par la pluie comme des places publiques. Voilà qui passe toutes les idées que nous nous faisons de la vie antique, où tout est lumière, et de l'art antique, qui protége ses chefs-d'œuvre avec un soin si jaloux et qui les adore. Les textes anciens n'ont rien de décisif, puisque toutes les opinions y trouvent des armes. Il faut donc attendre que les monuments parlent ou qu'un architecte archéologue trouve une heureuse solution du problème et nous démontre qu'un temple pouvait être fermé tout ensemble et éclairé.

CHAPITRE XVI.

LES VILLES DU SIXIÈME SIÈCLE.

Nous avons étudié successivement les temples et les ruines qui remontent aux anciennes époques. L'imagination est trop portée à les voir isolés au milieu des souvenirs classiques et à oublier que la vie, la foule, le bruit, les entouraient jadis. Il ne sera donc point inutile de terminer ces études en esquissant d'un trait rapide la physionomie d'une cité grecque.

Les villes les plus anciennement fondées en Grèce étaient situées sur des hauteurs, d'où elles dominaient une plaine. La crainte des pirates les avait jetées à quelque distance de la mer : telles sont Athènes, Corinthe, Argos, Sicyone, Egeste de Sicile. Plus tard, les colonies arrivées par mer, toutes commerçantes, puissantes par le nombre de leurs vaisseaux, ne vivant, ne respirant que par la navigation, se riaient des pirates. Elles s'établirent sur le rivage même, sur les rochers et les collines : Syracuse, Sélinonte, Messine, les villes d'Ionie en sont un exemple. Quand la civilisation triomphe, quand les mers sont purgées et le droit des gens reconnu, les villes, dont la population s'est accrue, brisent l'enveloppe tutélaire qui les a longtemps contenues. On sort des vieilles citadelles, on bâtit sur le penchant des collines, puis plus bas, mais de manière à se réfugier dans les murs au premier danger, comme les oiseaux qui s'essaient hors du nid. Alors Athènes, Corinthe, puissances maritimes, relient leurs acropoles à la mer par des fortifications magnifiques et comptent avec orgueil jusqu'à six lieues de tour. La ville haute est abandonnée, des temples somptueux sont élevés aux dieux protecteurs du berceau national : tel est le changement produit dans les idées qu'il sera défendu un jour d'habiter des lieux qui primitivement étaient toute la ville.

Aussi, lorsqu'on a bien présentes à l'esprit ces transformations successives de la cité grecque, on considère un passage remarquable de la *Politique* d'Aristote (vii, 10), non pas comme une conclusion historique, mais comme une formule dogmatique. « Les villes situées sur la hau« teur, dit-il, favorisent la tyrannie, les villes situées en « plaine la démocratie; des collines distinctes et plusieurs « points faciles à fortifier plairont à l'aristocratie. » En effet, Cylon, Pisistrate, Phalaris, s'emparèrent des acropoles pour s'assurer la tyrannie; c'est pourquoi les archontes athéniens ne tenaient qu'un seul jour et tour à tour les clefs de l'acropole. Athènes, au temps de la liberté, est descendue des hauteurs et sa population est dispersée dans toute la plaine, où elle s'adonne à l'agriculture. Sparte, enfin, était située sur de petites collines, chères à son aristocratie; les Géomores avaient leurs somptueuses habitations sur les rochers de Syracuse. Mais cette harmonie entre la disposition des lieux et la forme des gouvernements est un pur accident. On trouverait autant de faits pour combattre l'observation d'Aristote que pour la justifier, d'autant plus que les mêmes villes ont passé de l'aristocratie à la tyrannie, puis à la démocratie, selon les phases diverses de l'histoire.

Dans le même ouvrage, Aristote donne aux fondateurs de cités des conseils qui nous ouvrent des aperçus précieux sur les villes grecques, non-seulement au siècle d'Alexandre, mais dans les temps plus reculés. Il veut d'abord que la ville soit établie sur une hauteur, tournée vers le levant, ou, si cela n'est point possible, vers le nord. Dans les pays chauds, le vent du nord réussit seul à dissiper les fièvres de l'automne et les miasmes accumulés pendant les mois d'été. Vitruve recommande de même (1) de chercher toujours le nord et la fraîcheur.

Le second précepte d'Aristote a trait à la sécurité. Que la situation préférée soit favorable à la guerre, la sortie facile, l'accès difficile. Dans la prévision des sièges, l'ancien système de construction est préférable au nouveau système, au système Hippodamien. Ici nous nous arrêtons. Quel était donc l'ancien système? Quel était, surtout, le système Hippodamien?

Hippodamus, fils d'Euryphon, était un architecte de Milet, un Ionien, par conséquent. Nous savons que les Ioniens ont introduit, dans les arts et les mœurs de la Grèce, la politesse, l'élégance, le goût du luxe et des jouissances. Hippodamus, homme délicat, aux vêtements somptueux, avait tracé les plans de plusieurs villes, de Thurium notamment, du Pirée reconstruit après les guerres médiques, de Rhodes, la ville du Soleil. Ces plans étaient d'une régularité admirable, conçus dans le principe que nous appliquons aujourd'hui : les rues étaient larges et tirées au cordeau. Rhodes,

---

(1) VII, 1.

en particulier, était ordonnée avec une si belle symétrie qu'on l'appelait, non pas une ville, mais une maison (1). Tout cela se passait au siècle de Périclès. Par conséquent, au siècle de Pisistrate, on s'en tenait au vieux système, et ce vieux système était l'opposé du nouveau, offrant des rues étroites, sans alignement, tortueuses, les maisons empiétant sur la voie publique; ici des saillies, là des enfoncements; plus loin des ruelles sans issue. Nos anciennes villes, en Europe, certains quartiers de l'Orient nous donnent une idée de ce désordre pittoresque auquel avait présidé le hasard, alors que la ville s'accroissait sans plan, sans police, dans des temps de barbarie.

Les rues étaient extrêmement étroites, non-seulement parce qu'en Orient on entretient ainsi plus de fraîcheur, en écartant les traits du soleil; mais Aristote nous apprend quels avantages signalés on tirait de cette disposition en cas de siége et d'assaut. L'ennemi était déconcerté, s'il franchissait les murs de la ville; on pouvait défendre pied à pied le terrain, ménager partout des embuscades. Dans un dédale barricadé par mille obstacles, l'ennemi se perdait et se faisait écraser. C'est ce qui arriva à Pyrrhus lorsqu'il prit Argos, une ville antique s'il en fut. Aristote veut donc qu'un fondateur de ville emploie les deux systèmes : le nouveau, pour l'ornement de la ville et l'agrément des habitants, l'ancien, pour leur sécurité et dans la prévision des siéges. Une partie de la ville est spacieuse, bien coupée, magnifique; l'autre est sombre, tortueuse, et propre à arrêter l'ennemi.

On se figure sans peine quel aspect original, curieux, plein d'imprévu et d'accidents offrait une ancienne ville

---

(1) Meursius, *Rhod.*, I, 10.

de la Grèce, où les monuments les plus divers s'élevaient les uns auprès des autres, au milieu de vieilles maisons en bois, en brique, en terre séchée au soleil : ceux-ci vénérés pour leur antiquité, ceux-là admirés pour leur beauté nouvelle et nés d'hier. Le désordre est purifié par l'éclat des couleurs, par la lumière de l'Orient qui pénètre les réduits les plus secrets, et par le goût grec qui fait sentir sa délicatesse dès l'enfance de l'art. Le plan de certains quartiers de Stymphale en Arcadie, de Syracuse, d'Athènes elle-même, est demeuré écrit sur les rochers où ces quartiers étaient bâtis. Les Grecs aimaient à tailler le rocher, à y établir l'assiette de leurs demeures, à y creuser leurs citernes, leurs silos, leurs armoires. On retrouve donc aujourd'hui des indications nombreuses, des rues avec les ornières creusées par les chars et les conduits des eaux ; à droite et à gauche, à des distances et à des niveaux inégaux, des surfaces aplanies sur lesquelles s'élevaient les maisons, très-petites d'ailleurs. Ces emplacements se disposent en terrasses et montent peu à peu avec la colline. Des escaliers étroits sont restés, qui accusent les étages supérieurs ou les communications de maison à maison. Parfois des sièges taillés également dans le roc annoncent une petite place où les passants pouvaient s'asseoir ; parfois le pas du voyageur s'arrête devant l'orifice d'une citerne. Lorsqu'on étudie ces plans, où la confusion et la clarté se mêlent, lorsqu'une imagination patiente les consulte et cherche à reconstruire les édifices qui ont disparu, on entrevoit la physionomie d'une ville antique et ces fugitives apparences reposent sur une base solide, réelle : car cette base, ce plan sont là écrits sur le rocher ; il se touche du doigt. Eh bien ! à Syracuse, à Stymphale, à Athènes, que retrouvons-nous ? le vieux système et la vieille ville. A Athènes, les rochers qui portent tant de traces précieuses sont voisins de l'Acropole, de l'Aréopage et du Pnyx ; c'est l'ancienne Athènes par excellence.

Quant aux maisons elles-mêmes, elles sont petites, chétives, à un point qui nous paraîtrait à peine croyable, si nous n'étions accoutumés, nous modernes, à vivre entassés cinq et six fois les uns au-dessus des autres, dans des cubes de quelques mètres que nous appelons des appartements. Dans ces appartements, cependant, nous vivons, nous respirons, enfermés pendant de longs hivers, tandis que les anciens ne demandaient à leurs demeures qu'un abri pour la nuit et le repas du soir. La vie se passait en plein air, dans l'agora, sous les portiques; on mangeait au tribunal ou au théâtre, et, pendant tant d'admirables nuits d'été, le peuple dormait au seuil de sa porte ou sur sa petite terrasse, ainsi que le font les Grecs d'aujourd'hui. Plus tard, les Ioniens, gagnés à leur tour par la mollesse asiatique, entraînés par leur rapide prospérité, inventèrent des maisons spacieuses, élégantes, richement décorées. Aussi disait-on : « bâtir une maison à la mode ionienne. » Les Alexandrins ajoutèrent encore de nombreux raffinements, et il est probable que la maison grecque, telle que la décrit Vitruve, est celle des Alexandrins, plutôt que celle des Ioniens.

Mais au siècle de Pisistrate la vie privée est encore pauvre et la demeure privée restreinte. Ainsi qu'il arrive dans les places fortifiées, le terrain est compté à chacun ; si la population augmente, les maisons doublent de hauteur. Le rez-de-chaussée est habité par l'homme, le premier étage par la femme : c'est le gynécée. Le discours contre Eratosthène fait clairement comprendre cette disposition, qui existe encore au temps de Démosthène. Du reste, dans la vie des Grecs, tant qu'ils furent grands et libres, la vie privée eut peu d'importance. La richesse, l'art, le luxe ne s'appliquaient qu'aux édifices publics. Dicéarque rapporte quel effet produisait Athènes sur le voyageur, lorsqu'il l'apercevait pour la première fois. Les monuments publics dominaient seuls, éclatants, incomparables. Le reste de la ville avait un aspect singulièrement humble : le bois et la boue séchée au soleil formaient la plupart des maisons. Qu'était-ce dans les villes doriennes, où les mœurs étaient plus rudes? Qu'était-ce à Sparte, surtout, où Lycurgue voulait que la hache et la scie fussent seules employées pour construire les charpentes, les planchers, les toitures?

Dans nos villes modernes, les maisons ont une hauteur si considérable que la plupart des édifices sont noyés dans un océan de constructions et de toits. Dans les villes anciennes, les maisons étaient basses ; les temples, les palais publics, les théâtres, tout dominait et se voyait de loin, surtout quand les villes étaient situées sur des collines. Les Grecs admiraient surtout celles qui se disposaient en amphithéâtre, Delphes par exemple, Rhodes, Halicarnasse. La ville de Gênes peut nous donner aujourd'hui une idée de cet effet grandiose et si naturel. En outre, comme les temples étaient en général situés sur des hauteurs, ils n'en étaient que plus apparents. Les premiers autels avaient été dressés sur les collines; les hommes se croyaient ainsi plus près de la Divinité. Par tradition, les temples étaient placés de même et on ne pouvait déroger à cette coutume sans y être autorisé par un oracle d'Apollon (1).

Ne faut-il pas admirer souvent, chez les Grecs, combien les habitudes de la vie, les superstitions mêmes sont favorables à l'art? L'architecture grecque a pour principe la plate-bande; elle procède par supports verticaux et par

---

(1) Arist., Polit., VII, 12.

traverses à portées franches. Ce principe se prête merveilleusement aux conditions de solidité et aux lois les plus exquises de la raison, mais il ne permet point de pousser les constructions à une hauteur considérable. Dans les plaines immenses de l'Asie, au milieu des déserts de l'Egypte, dans les vallées bien arrosées où nous asseyons nos villes, il faut des tours de Bélus, des pyramides, des cathédrales. En Grèce, les temples sont placés sur la pente des montagnes, au sommet des promontoires, des collines. La nature entre dans les calculs de l'architecte, elle lui fournit un magnifique piédestal, qui met la base même du monument bien au-dessus de la tête de l'homme. Dès le premier coup d'œil, le temple nous force à lever la tête, à regarder de bas en haut, action que les Latins traduisaient par le mot *suspicere*, qui impliquait l'idée d'admiration.

En outre, qui n'a pas été frappé de l'harmonie qui existe entre la nature de la Grèce et l'architecture des Grecs, entre les lignes des horizons et les lignes des monuments? En Grèce, les horizons sont fins, déliés, d'un mouvement léger et, pour ainsi dire, rasant, parce que leur étendue est immense. La mer est presque toujours voisine, la mer, sur laquelle tout se détache, et dont la vaste surface fait couler le regard sur un plan horizontal. Le principe des plates-bandes se prête donc à l'aspect général de la nature en Grèce : en retour, le temple emprunte à la nature un piédestal et une grandeur qui lui donnaient déjà ses proportions, mais que sa position rend plus sensibles.

Au-dessous des temples, Aristote veut qu'on place l'agora. C'est ainsi que le Pnyx d'Athènes est situé au-dessous de l'Acropole. L'orateur pouvait, d'une main, attester les dieux protecteurs de la ville et montrer leurs temples; de l'autre main, il indiquait la mer et invoquait le glorieux souvenir de Salamine. On distinguait l'agora politique et l'agora des marchands.

La place destinée aux assemblées politiques s'étendait et s'ornait en proportion de la liberté conquise par les citoyens. Dans les villes soumises à la tyrannie ou à l'oligarchie, elle était aussi peu commode que possible, pour dégoûter le peuple; dans les États démocratiques, elle était décorée de portiques, de siéges, de statues, de fontaines. Les anciennes places publiques étaient vastes et irrégulières : elles n'avaient point été entourées de constructions, dans le principe, et les premiers portiques qu'on y construisit étaient dissemblables, d'époque diverse, placés au hasard, coupés par les rues. Telle était la place publique de Pharæ, en Achaïe (1): telle était celle d'Elis. Pausanias remarque expressément que c'était l'ancien système, très-différent du système adopté par les Ioniens. Le système ionien préférait une place rectangulaire, entourée de portiques réguliers sur les quatre côtés. A Elis, on trouvait un portique dorique supporté par trois rangs de colonnes, puis un autre portique double, c'est-à-dire que deux portiques adossés à un mur commun regardaient, l'un le levant, l'autre le couchant. Le Pœcile d'Athènes était de même, si l'on en juge par la copie qui en reste dans la villa Adrienne.

Décrire les diverses espèces de monuments qu'on bâtissait au sixième siècle, prytanées, palais pour les magistrats, tribunaux, c'est ce que je ne pourrais faire : les anciens nous laissent dans une ignorance complète sur ce sujet. Il n'y avait point encore de théâtres en pierre. Les gymnases existaient, mais simples et réduits. Les stades et les hippodromes ne devaient offrir que des siéges pour les juges des jeux, des talus en terre pour la foule, quelques

---

(1) Paus., *Ach*,, 22.

abris pour les épreuves préliminaires et les festins. Plus tard, ces sortes d'édifices furent construits avec une véritable magnificence. Si nous considérons les fortifications, les ports, les môles, les travaux de nécessité publique, nous en trouverons des débris qui remontent à cette époque : j'ai signalé les plus considérables, dans le cours de ces études. Mais ces ruines, qui intéressent si vivement lorsqu'on voyage, offrent peu de ressources lorsqu'on s'applique à l'étude critique de l'art. L'utilité a des lois impérieuses et, dans des cas semblables, l'art digne d'éloges est celui qui se conforme strictement à ces lois. Nous avons cité également les fontaines et les aqueducs magnifiques que possédaient déjà Corinthe, Athènes, Mégare, Samos. Les Grecs ont donc précédé les Romains dans ces sortes de travaux. Les Occidentaux, dans leurs pays inondés par les fleuves et arrosés de pluies fréquentes, ne songent qu'à se prémunir contre les eaux et ne craignent guère d'en manquer. En Orient, on apprend bien vite le prix d'une source pure et intarissable et on lui bâtit, pour la conduire dans les villes, de véritables arcs de triomphe.

Les tombeaux, surtout à ces époques reculées, contribuaient à l'ornement des villes et ajoutaient à leur physionomie un trait grave et religieux. Les fondateurs des cités, leurs héros et leurs rois, les grands citoyens, avaient leurs tombeaux sur les places publiques, auprès des temples, dans des enceintes réservées : ici, de petites pyramides; là, de simples stèles; plus loin, de petits édifices avec des colonnes; parfois, le roc taillé et décoré d'une façade rapportée. Les villes, en s'étendant, enclavèrent aussi les tombeaux moins illustres qui se trouvaient d'abord hors des portes. Les anciens ne trouvaient pas que le souvenir des morts eût rien de pénible; ils conservaient leurs demeures au milieu des demeures des vivants, au lieu de leur assigner une grande fosse commune loin des regards oublieux. Les routes, les abords des villes étaient ornés de monuments funéraires de toute sorte. La voie des tombeaux à Pompéi, les rochers taillés de Syracuse, de Cyrène, de l'Ionie, la voie Appienne, récemment dégagée, nous apprennent comment l'art tirait parti de motifs toujours restreints mais toujours variés. Tous ces édifices, de quelque nature, de quelque dimension qu'ils soient, suivaient la marche des époques, et leur style était celui des temples contemporains : car il n'y a point d'art qui offre un caractère d'unité plus frappant que l'art grec. Tout y avance, pendant le progrès ainsi que pendant la décadence, avec l'ensemble et la régularité d'une armée bien disciplinée.

FIN.

TABLE DES CHAPITRES.

I. — Principes généraux 1
II. — Histoire de l'ordre dorique par les proportions 33
III. — Corinthe et Mégare 48
IV. — Le temple de Delphes 61
V. — Les temples de Syracuse 69
VI. — Les ruines de Sélinonte 84
VII. — Le temple de Jupiter à Sélinonte 105
VIII. — Les temples de Pæstum 119
IX. — Métaponte, Crotone 144
X. — Assos, Paros, Siphnos, Trœzène, Sparte 160
XI. — Les monuments de Pisistrate 185
XII. — Le temple d'Egine 199
XIII. — L'ordre ionique 215
XIV. — La polychromie 238
XV. — L'éclairage des temples 271
XVI. — Les villes du sixième siècle 287

www.ingramcontent.com/pod-product-compliance
Lightning Source LLC
Chambersburg PA
CBHW071336150426
43191CB00007B/748